CHRISTEL RUPP

BIO GÄRTNERN
für
Selbstversorger

DIE GU-QUALITÄTSGARANTIE

Wir möchten Ihnen mit den Informationen und Anregungen in diesem Buch das Leben erleichtern und Sie inspirieren, Neues auszuprobieren. Bei jedem unserer Produkte achten wir auf Aktualität und stellen höchste Ansprüche an Inhalt, Optik und Ausstattung.
Alle Informationen werden von unseren Autoren und unserer Fachredaktion sorgfältig ausgewählt und mehrfach geprüft. Deshalb bieten wir Ihnen eine 100 %ige Qualitätsgarantie.

Darauf können Sie sich verlassen:
Wir legen Wert auf einen nachhaltigen Umgang mit der Natur im eigenen Garten. Wir garantieren, dass:
• alle Übungen und Anleitungen in der Praxis geprüft und
• durch klar verständliche Texte und Illustrationen einfach umsetzbar sind.

Wir möchten für Sie immer besser werden:
Sollten wir mit diesem Buch Ihre Erwartungen nicht erfüllen, lassen Sie es uns bitte wissen! Nehmen Sie einfach Kontakt zu unserem Leserservice auf. Sie erhalten von uns kostenlos einen Ratgeber zum gleichen oder ähnlichen Thema. Die Kontaktdaten unseres Leserservice finden Sie am Ende dieses Buches.

GRÄFE UND UNZER VERLAG. *Der erste Ratgeberverlag – seit 1722.*

CHRISTEL RUPP

BIO GÄRTNERN

für
Selbstversorger

SO WIRD DER GARTEN ZUM BIO GARTEN

Was heißt biologisch gärtnern?

Biologisch gärtnern ist mehr als nur das Weglassen von Chemie. Es bedeutet, die Natur zu erleben. Es macht einfach Spaß, die vielen alltäglichen kleinen Wunder zu beobachten, die sich einstellen, wenn man ein Stückchen Land mit ein wenig Liebe und Hingabe pflegt.

> *Ein fruchtbarer Gartenboden ist die Grundlage für eine reiche Ernte. Schonendes Lockern der Erde gehört zu den wichtigsten Pflegearbeiten.*

Warum ein Bio-Gartenbuch? Kaum jemand, der duftende Kräuter heranzieht, Salat und Tomaten frisch aus dem Beet holen und eigenes Obst ernten möchte, wird heute noch Chemie einsetzen. Schließlich soll alles, was der Garten liefert, gesund und rückstandsfrei sein. Doch Gärtnern mit der Natur bedeutet weit mehr als das Weglassen von Chemie oder eine Läuseplage gelassen zu ertragen.

Das ökologische Gleichgewicht

Meist stellt sich erst mit der Zeit ein gutes Gleichgewicht zwischen Schädlingen und Nützlingen ein: Die großen und kleinen tierischen Helfer brauchen Zeit, um das neue Biotop für sich zu entdecken. Je länger man einen Garten biologisch bewirtschaftet, desto besser funktioniert das Zusammenspiel. Das gilt auch für viele Pflanzenkrankheiten.

- Eine gute Beobachtungsgabe trägt viel dazu bei, rechtzeitig zu erkennen, wo Eingreifen nötig ist.
- Mit der Wahl widerstandsfähiger Sorten ist schon viel gewonnen. Wer es ernst meint mit »bio«, wird biologischen Züchtungen und Sorten den Vorzug geben, die mit vielen Standorten gut zurechtkommen oder sich seit Jahrzehnten bewähren.
- Zur zusätzlichen Stärkung der pflanzeneigenen Abwehrkräfte eignen sich selbst hergestellte Pflanzenauszüge oder in Gartenmärkten erhältliche Produkte auf der Basis von Naturstoffen.

Boden und Umwelt schonen

Den Boden fruchtbar zu machen und die Fruchtbarkeit durch schonende Bodenbearbeitung, Mulch und Gründüngung zu erhalten, ist Grundlage der meisten biologischen Anbaumethoden (→ Seite 14). Dazu gehört, die Umwelt so wenig wie möglich zu belasten und Ressourcen nachhaltig einzusetzen.

- Der eigene Kompost ist wertvoller als gekaufter Gartendünger. Für das »Gärtnergold« braucht man nicht mit dem Auto ins Gartencenter zu fahren. Mineraldünger sind schon deshalb tabu, weil sie mit hohem Energieeinsatz hergestellt werden. Bei tierischen Produkten wie Guano sind die Rohstoffe ebenfalls nur begrenzt. Sie stammen von weit her oder, wie Hornspäne, aus Massentierhaltung. Auch das sollten Sie sich als Biogärtner vor Augen halten und eventuell pflanzliche Alternativen wählen.
- Vor nicht sehr langer Zeit war der saure Regen Dauerthema. Ölheizungen und Verkehr sorgten für einen enormen Eintrag von Schwefelverbindungen in die Luft. Heute kann man bedenkenlos sammeln, was der Himmel an kostbarem Nass hergibt: Wegen der vorgeschriebenen Rauchgas- und Kraftstoff-Entschwefelung ist die Belastung stark zurückgegangen. Den Pflanzen bekommt gesammeltes, leicht erwärmtes Regenwasser sowieso meist besser als eiskaltes aus der Leitung.

Nicht nur die Ernte zählt

Der eigene Garten muss nicht perfekt sein. Viel wichtiger ist, dass es immer etwas zu entdecken gibt. Im Frühling in der Erde graben, Samen ausstreuen oder die Pflänzchen, die man auf der Fensterbank gehegt und gepflegt hat, ins Beet oder in Kästen und Kübel zu pflanzen, ist so befriedigend, dass man ein paar Rückschläge gelassen wegstecken kann. Und wer im Blumenbeet durch bewusste Sortenwahl und eine vielseitige Pflanzengemeinschaft einen Beitrag zur Erhaltung der genetischen Vielfalt leistet, kann auch darauf mit Stolz verweisen.

〉 *Salat hat rund ums Jahr Saison. Frisch vom Beet und garantiert ohne »Chemie« schmeckt es noch besser, und die Ernte macht viel mehr Spaß.*

〉 *Mit nektarreichen Blüten Schmetterlinge und andere Nützlinge in den Garten zu locken, gehört auch zur Strategie erfolgreicher Biogärtner.*

Der beste Platz für Obst & Gemüse

Ein Küchengarten – und sei er noch so klein – lohnt sich auf jeden Fall. Gut, dass sich auf jedem Grundstück geeignete Flächen für den eigenen Anbau finden. Die folgenden Hinweise helfen Ihnen, das Beste aus den vorliegenden Gegebenheiten zu machen!

❯ *Sommerblumen lockern Gemüsereihen auf und sind eine hübsche Alternative zu Kohl und Rüben.*

Je nach Größe des Gartens ist alles möglich, vom Minibeet mit ein paar Kräutern, Salat und Tomaten bis zu einem Gemüse- und Obstgarten, der fast unabhängig vom Obst- und Gemüsehandel macht.

Individuelle Lösungen

Wo passen Obst und Gemüse am besten hin? Wie viel Fläche brauche ich? Schauen Sie sich Ihr Grundstück nach diesen Gesichtspunkten an.

Wie viel Platz für Gemüse, Obst und Kräuter?

Um eine vierköpfige Familie vom Frühling bis zum Herbst mit frischem Salat, Gemüse, Kräutern und Beerenobst zu versorgen, genügen bei guter Planung bereits 100 m² Beetfläche. Wer rund ums Jahr auf weitgehende Selbstversorgung setzt und genug Platz, geeignete Lagerräume sowie Spaß am Einkochen und Einfrieren eigener Lebensmittel hat, benötigt dafür mindestens 250 m² Nutzfläche. Hinzu kommen mindestens 10–30 m² für einen kleinen Obstbaum. Ein richtiger Hausbaum mit großer Krone beansprucht leicht das Dreifache und wirft dazu noch ziemlich viel Schatten.

- Bei wenig Platz bzw. rauem Klima bieten sich Pergolen bzw. sonnige Hauswände für Obstspaliere an.
- Äpfel und Birnen lassen sich als schmale Obsthecke an der Gartengrenze ziehen und nehmen so anderen Kulturen kaum Licht weg.
- Beerensträucher gedeihen auch nah am Zaun. Praktischer ist ein Beet, das die Pflege und Ernte von zwei Seiten ermöglicht. Auch hier müssen Sie pro Strauch 1–2 m² einplanen.

Wohin mit den Gemüse- und Kräuterbeeten?

Gemüsebeete, Frühbeet und Kompostplatz gehören zusammen. Die Wege dazwischen sollten möglichst kurz sowie bei jedem Wetter bequem begehbar

sein. Ideal ist, wenn Sie hier noch Platz haben für ein kleines Gerätehaus. Dann müssen Sie Hacke, Rechen und Pflanzkelle nicht weit tragen oder sind rasch in die Gartenschuhe geschlüpft, um ein paar Radieschen oder Kräuter zu ernten.

- Nach dem Beispiel der Bauerngärten können Sie in größeren Gemüsegärten ein paar Quadratmeter für den Anbau von Sommerblumen abzweigen.
- Ist die Fläche knapp bemessen, lassen sich Ziergemüse, z. B. buntstieliger Mangold oder Roter Grünkohl, und Kräuter wie Zitronenmelisse auch im Staudenbeet unterbringen.

Wann die Topfkultur sinnvoll ist

Für einen Topfgarten auf der geschützten Terrasse oder dem Balkon (→ Seite 182/183) spricht vor allem, dass wärmebedürftige Arten wie Basilikum dort – vor allem in kühlen Sommern – besser gedeihen. Noch ein Vorteil: Nach Tomaten und Erdbeeren in der Hängeampel brauchen Sie nur die Hand auszustrecken. Auch der Sitzplatz muss nicht unbedingt von Kletterrosen umgeben sein: Stangen- oder Feuerbohnen bezaubern mit rosaroten, violetten oder leuchtend roten Blüten und liefern einen Sommer lang zarte Hülsen für die Küche.

Beim Zeitaufwand flexibel bleiben

Der erforderliche Zeitaufwand für regelmäßig anfallende Arbeiten von der Beetvorbereitung bis zur Ernte ist schwer zu kalkulieren. Er richtet sich nach den jeweiligen Standortbedingungen, dem persönlichen Bedarf sowie den angebauten Pflanzenarten. Einen schweren Boden in lockere, feinkrümelige Erde zu verwandeln, erfordert am Anfang einen regelmäßigen Arbeitseinsatz. Wenn Sie sich rund ums Jahr aus Beeten und eingelagerten Vorräten versorgen möchten, reicht ein Wochenende kaum aus, und aus warmen Regionen stammende Auberginen und Basilikum brauchen mehr Zuwendung als Gartensalbei und Radieschen.

Um den Aufwand besser einschätzen zu können, fangen Sie am besten zunächst klein an und kalkulieren Erweiterungsmöglichkeiten ein. Ist ein größerer Nutzgarten bereits fest vorgesehen bzw. vorhanden, können Sie auf einem Teil der Beete eine Gründüngung einsäen und mit Zinnien, Ringelblumen und Tagetes die Zeit, in der der Garten noch wachsen soll, aufs Schönste überbrücken. Bienen, Hummeln, Schmetterlinge und andere Blütenbestäuber warten geradezu auf eine solche Einladung!

Was gehört in den Biogarten?

Ein Biogarten lebt von seiner Vielfalt. Er strotzt geradezu vor Leben und bietet nicht nur einen Lebensraum für Obst und Gemüse, sondern auch für viele Tiere und Pflanzen. Je bunter die Mischung, desto weniger Chancen haben Krankheiten und Schädlinge.

❯ *Eine Trockenmauer stützt Hänge ab, schützt Gemüse und Blumen vor Wind und bietet Platz für aromatische Kräuter. Mit ein wenig Geschick entstehen aus aufgeschichteten Steinen der Umgebung nostalgisch anmutende oder schlichte, moderne Formen, und es dauert nicht lange, bis die ersten Eidechsen über die Steine huschen und Polsterthymian und Bergbohnenkraut die Ritzen und Spalten erobern.*

Wenn man einen älteren Garten übernimmt, fällt die Gestaltung relativ leicht. Meist genügt es, ein paar Gehölze zu entfernen, umzupflanzen oder zu ergänzen. Eventuell braucht der Rasen eine Verjüngungskur, und anstelle des Steingartens soll ein Kräuterbeet entstehen. Neubaugrundstücke stellen eine größere Herausforderung dar, dafür kann man sie ganz nach den eigenen Vorstellungen anlegen.

Eine harmonische Einheit

Wer die weitgehende Selbstversorgung für die ganze Familie plant, sollte die dafür vorgesehenen Flächen möglichst früh in die Gestaltung einbeziehen.

Ziehen Sie klare Grenzen

Eine Abgrenzung zwischen Nutz- und Ziergarten ist nicht nur aus praktischen Gründen sinnvoll:
- Eine Buchenhecke passt zu jedem Gartenstil und sorgt als Windbrecher für günstiges Kleinklima.
- Eine Beetumrandung aus Buchs erfordert mehr Pflege, schützt aber ebenso gut vor rauen Winden und verleiht dem Garten auch im Winter Struktur.
- Hohe Sonnenblumen oder ein paar Reihen Zuckermais verstecken den Kompostplatz, bis Holunder und Haselstrauch dafür groß genug sind.
- In ländlichen Regionen schützt ein Staketenzaun aus Kastanienholz das Beet mit Möhren und Salat vor Kaninchen und unerzogenen Katzen.

Prächtige Wiesenblüte

Eine Blumenwiese anzulegen, erfordert Geduld. Je magerer, also nährstoffärmer der Boden ist, desto größer ist später die Pflanzenvielfalt. Nur wenige Arten, z. B. Himmelsschlüssel und Wiesenmargerite, bevorzugen feuchte, nährstoffreiche Erde. Rasenflächen also grundsätzlich nicht düngen. Bei einer Neuanlage reichlich groben Sand einarbeiten. Nehmen Sie besser keine Samenmischungen, die eine wahre Blütenexplosion versprechen. Kaufen Sie ausschließlich Saatgut heimischer Wildpflanzen, im Idealfall aus regionaler Herkunft. Diese werden von Jahr zu Jahr schöner.

> *Wiesenblumen wie Himmelsschlüssel wachsen auch in nährstoffreichen Rasenflächen.*

- In kleinen Stadtgärten erfüllen Flechtwände aus Weide denselben Zweck.

Natürlichen Sichtschutz schaffen

Eine Hecke aus Wildfruchtgehölzen wie Kornelkirsche, Sanddorn und Wildrosen erweitert das Obstangebot und bietet Vögeln, Schmetterlingen und anderen Insekten Nistplätze und Nahrung. Auch bei Schnitthecken sollte man heimischen Sträuchern den Vorzug geben. Liguster und Hainbuche lassen sich bestens formieren und bieten mit ihren dichten, fein verzweigten Ästen und dem lange haftenden Herbstlaub auch im Winter Sichtschutz. Wer gar keine Einblicke zulassen will, wählt immergrüne Eiben, in milderen Regionen oder mitten in der Stadt eignen sich Stechpalme und Berberitze. Feldahorn verträgt ebenfalls strengen Rückschnitt und schirmt mit seinen dichten Zweigen ab.

Lebensraum für nützliche Tiere

Ein größerer Naturteich ist Lebensraum für viele Tier- und Pflanzenarten und ermöglicht spannende Beobachtungen. Die offene Wasserfläche (Tief- und Niedrigwasserzone) sollte mindestens 2 m² groß sein, um ihre ökologische Funktion zu erfüllen. Ebenso wichtig ist ein großer, flacher Uferbereich mit Sumpfzone, die auch bei niedrigem Wasserstand nie völlig austrocknet. Geht es weniger um das Naturerlebnis, sondern eher um Spaß und Spiel für die Kinder, kann eine Kiesgrube mit Brunnen oder Wasseranschluss die bessere Entscheidung sein.

> *Nützlinge lassen sich durch ein vielseitiges Nahrungsangebot und Verstecke leicht anlocken. So sind Ohrwürmer für mit Holzwolle gefüllte Tonhütchen als Herberge dankbar.*

Die wichtigsten biologischen Anbaumethoden

Wer den Garten biologisch bewirtschaftet, kann sich an bewährten Verfahren orientieren. Was steckt hinter den Begriffen »biologisch-dynamisch«, »organisch-biologisch« und »Permakultur«? Verschaffen Sie sich hier einen Überblick!

> *Biologisch-dynamische Gärtner berücksichtigen bei Aussaat, Pflanzung und Ernte auch kosmische Kräfte. Eine praktische Anleitung liefert Maria Thuns Mondkalender.*

vorhanden. Organisch-biologisch, biologisch-dynamisch oder Permakultur – es ist gar nicht so leicht, sich einen Überblick zu verschaffen, geschweige denn, sich für eine Methode zu entscheiden. Das müssen Sie zum Glück auch gar nicht, denn alle Anbauverfahren haben mehr gemeinsam, als sie trennt.

Biologisch-dynamischer Landbau

Das Prinzip der »Biologisch-Dynamischen Wirtschaftsweise« geht auf Rudolf Steiner, den Begründer der Anthroposophie, und seine Vortragsreihe »Der landwirtschaftliche Kurs« zurück. Biologisch-dynamisches Wirtschaften setzt die Anwendung von Kompost- und Spritzpräparaten voraus. Sie werden aus Quarz, Kuhmist und Heilpflanzen wie Kamille und Schafgarbe hergestellt und fördern das Bodenleben, die Kompostqualität und eine harmonische Pflanzenentwicklung. Langjährige Versuche bestä-

Wer sich für biologische Anbaumethoden interessiert, stellt schnell fest, dass »bio« nicht gleich »bio« ist. In der landwirtschaftlichen Produktion und der Lebensmittelverarbeitung sind die Unterschiede zwischen den Regeln und Vorschriften der verschiedenen Verbände entscheidend für die Anerkennung als Bioland-, Demeter- oder Naturland-Betrieb. »Erfunden« wurde der Biolandbau in den 1920er-Jahren von der Lebensreform-Bewegung. Sie wandte sich gegen die Verstädterung und Industrialisierung und forderte die Rückkehr zu einer naturgemäßen Lebensweise. Zeitschriften über das idyllische Landleben und Urban Gardening kannte man damals nicht – Parallelen zu heute sind aber durchaus

> *In der Permakultur halten Enten Schädlinge in Schach und liefern obendrein Mist zum Düngen.*

tigten ihre positive Wirkung: Der Humusgehalt, die Zahl der Bodenlebewesen, die mit den Pflanzenwurzeln eine Lebensgemeinschaft bilden, ist bei regelmäßiger Anwendung deutlich erhöht – die beste Voraussetzung für ein gesundes Pflanzenwachstum! Die Berücksichtigung von Planetenkonstellationen beim Säen, Pflanzen und Ernten ist dagegen keine Bedingung für die Demeter-Anerkennung. Doch auch hier gibt es viele Nachweise für eine Wirkung. Noch zwei Besonderheiten: Demeter-Betriebe gibt es auf der ganzen Welt. Hobbygärtner erhalten einen monatlichen Rundbrief.

Organisch-biologischer Landbau

Verbände, die nach organisch-biologischen Methoden arbeiten, wie Bioland oder Naturland, legen genauso großen Wert auf Kreislaufwirtschaft wie die Anhänger des biologisch-dynamischen Landbaus. Durch eine vielseitige Fruchtfolge, Nutzung von hofeigenem Dünger, Anbau von Gründüngung und eine schonende Bearbeitung wird die Fruchtbarkeit des Bodens erhalten und verbessert. Organisch-biologisches Gärtnern nach Biolandrichtlinien wurde von dem Agrarpolitiker Hans Müller entwickelt. Hierbei spielen auch die Verantwortung für Natur und gesunde Ernährung eine Rolle. Dazu gehören artgerechte Tierhaltung, Erzeugung wertvoller Lebensmittel, Förderung der Vielfalt, Bewahrung natürlicher Lebensgrundlagen und die Sicherung einer lebenswerten Zukunft.

❯ *Kamille steigert im biologisch-dynamischen Garten die Kompostqualität.*

❯ *Eine Mischung, bei der sich Kräuter, Gemüse und Obst ergänzen, ist Bestandteil aller Anbaumethoden.*

Nachhaltig: die Permakultur

Dieses Konzept hat seinen Namen vom englischen permanent agriculture, für das sein Entwickler Bill Mollison 1981 den Alternativen Nobelpreis erhielt. Der Permakultur-Pionier stammt aus Tasmanien, und seine Idee von einer nachhaltigen, verantwortungsvollen Lebensweise ging um die Welt. Dahinter steckt ein ganzes Bündel unterschiedlicher Denkansätze. Biologisches Gärtnern gehört auch dazu, der Leitfaden der Permakultur umfasst jedoch weit mehr. Im Garten beruht das Konzept auf der Beobachtung der Natur und dem bewussten Umgang mit vorhandenen Ressourcen. Dabei werden Lebensräume als ökologische Kreislaufsysteme aufgefasst, die langfristig stabile Gleichgewichte zwischen Geben und Nehmen schaffen. Noch wichtiger ist es, durch individuelles Handeln neue Perspektiven zu schaffen, ob im städtischen Umfeld oder auf dem Land. Auch die beliebte Kräuterspirale (→ Seite 179) ist ein Element aus der Permakultur.

PRAXIS
FÜR BIO
GÄRTNER

Mein Garten als Standort

Gärtner sind darauf bedacht, ihren Pflanzen möglichst optimale Wachstumsbedingungen anzubieten. So gedeihen sie am besten und bilden wertvolle Inhaltsstoffe. Deshalb ist es wichtig, den jeweils richtigen Standort für die Gemüsebeete und Obstgehölze zu finden.

❯ *Verschaffen Sie Pflanzen in zu dicht gewachsenen Beständen rechtzeitig Luft und Licht.*

Pflanzen haben bestimmte Ansprüche an ihren Standort. Sie betreffen den Boden (→ Seite 20–23) sowie Licht, Wasser, Temperatur und Luft.

Für Sonnenanbeter und andere

Gemüsepflanzen, Obstgehölze und Kräuter fühlen sich in der Regel nur auf der Sonnenseite des Gartens wohl (→ Seite 10/11). Folglich planen Sie Platz für Beete bzw. Pflanzstellen an der Südseite ein.

Richten Sie Beete möglichst in Nord-Süd-Richtung aus. Dann sind sie selbst im Winter gut besonnt. Möchten Sie Flächen an der Ost- oder Westseite des Hauses bzw. im Schatten hoher Bäume, Hecken oder Mauern nutzen, beobachten Sie, wo die Sonne mindestens sechs Stunden pro Tag scheint. Hier gedeihen Arten, die Halbschatten vertragen (→ Porträts). In Nordrichtung, wo selbst im Sommer nur Morgen- oder Abendsonne Licht in den Schatten bringt, gedeihen Radieschen, Salat, Dill, Petersilie, Schnittlauch, Sauerampfer, Mangold, Rote Bete, Kohlrabi, Brombeere, Rhabarber und Sauerkirsche.

Regen bringt (meist) Segen

Gefühlt herrscht bei uns viel öfter Regenwetter als strahlend blauer Himmel. Wann und wie ergiebig der Himmel seine Schleusen tatsächlich öffnet, lässt sich am besten mit einem Regenmesser beurteilen, denn auch regional sind die Unterschiede oft größer, als man denkt. Nur so können Sie sicher sein, dass das vom Himmel fallende Nass auch für die gerade reifenden Himbeeren oder den frisch gepflanzten Kohlrabi ausreicht und ob Sie sich den Gang mit der Gießkanne sparen können (→ Seite 38/39).

Das Mikroklima nutzen

Wärme bzw. Kälte wirkt sich im engen Wechselspiel mit Licht und Wasser auf das Pflanzenwachstum aus. Bei starker Sonneneinstrahlung herrscht meist zugleich Hitze. Der Boden trocknet schnell aus. Das führt dazu, dass Radieschen pelzig und Kohlrabi holzig werden. Eine Kälteperiode kann die gleiche Auswirkung haben. Darunter leiden dann auch wärmebedürftige Arten wie Gurken und Basilikum. Im Frühling und im Herbst müssen Sie zudem mit Frösten rechnen. Empfindliche Kräuter und Gemüse

> *Ein sonniges Beet mit nährstoffreicher Erde ist ideal für den Anbau von Buschbohnen, Rote Bete, Möhren, Kohl-rabi, Salat und duftendem Muskateller-Salbei. Rhabarber und würziger Beifuß gedeihen auch im Halbschatten.*

dürfen erst ins Freiland, wenn sicher keine Minus-grade mehr zu erwarten sind. Für früh blühende Obstgehölze wählen Sie besser südliche, (wind-)geschützte Standorte mit günstigem Mikroklima. Wärmeliebende Birnen, Aprikosen, Weinreben oder Pfirsiche bevorzugen sonnige Südostwände. Dort wird es im Sommer nicht zu heiß, und Aprikosen, die es gerne trockener haben, stehen im Regenschat-ten. Im Spätherbst können Sie einiges tun, um die Gewächse vor Frost zu schützen (→ Seite 104/105).

Von lauen Lüftchen

Pflanzen bevorzugen hinsichtlich des Wachstums-faktors Luft die goldene Mitte. Ist sie zu feucht, drohen Pilzkrankheiten, ist sie zu trocken, kann das Wasser knapp werden, oder Spinnmilben machen sich breit. Im Winter drohen bei Kahlfrost und Wind sogar Gehölze zu erfrieren. Meiden Sie daher zugige Stellen als Standort, oder setzen Sie Wind-schutzhecken. Luftig sollte er dagegen sein. Dann trocknet der Boden im Frühling schneller ab und erwärmt sich rascher. Erreger von Pilzkrankheiten breiten sich auf Blättern, die nach Tau oder Regen nur langsam abtrocknen, leichter aus. Gemüseflie-gen und Schadschmetterlinge suchen für die Eiablage eher windgeschützte Plätze. An luftigen Standor-ten bleiben Pflanzen eher vor Befall verschont.

PRAXISTIPP

Salat, Zwiebeln, Möhren, Sellerie, Weißkohl, Wirsing, Mangold und Rote Bete schossen leicht, d.h. sie gehen in Blüte, wenn sie im Frühling einer Käl-teperiode ausgesetzt sind. Halten Sie vorgezogene Jungpflanzen dann bes-ser im Warmen, bis die Kälte vorüber ist. Schützen Sie bereits gesäte oder gepflanzte Gemüse bei Spätfrostge-fahr vor allem nachts mit Gärtnervlies.

Guter Boden – gesunde Pflanzen

Der Boden ist die Grundlage für gesundes Pflanzenwachstum. So einzigartig wie Ihr Garten, so eigen setzt sich darin auch die Erde zusammen. Lernen Sie den Boden kennen! In den meisten Fällen müssen Sie für dessen Fruchtbarkeit nicht mehr viel tun.

❭ *Ein lebendiger Boden ist die Garantie für dauerhafte Fruchtbarkeit und widerstandsfähige Pflanzen. Und wer das Ökosystem zu seinen Füßen kennt, kann Pflege und Bearbeitung viel besser darauf abstimmen.*

Locker, gut durchlüftet und feinkrümelig – so sieht der ideale Gartenboden für den Anbau von Obst, Gemüse und Kräutern aus. Die 25–30 cm dicke obere Schicht enthält alle wichtigen Nährstoffe für das Pflanzenwachstum. Es lohnt sich, etwas für die Verbesserung der Fruchtbarkeit zu unternehmen, und zwar im Einklang mit den Bodenorganismen.

Lernen Sie Ihren Boden kennen

Um die Fruchtbarkeit Ihres Bodens beeinflussen zu können, müssen Sie zunächst die Bodenart bestimmen. Boden besteht aus unterschiedlichen Anteilen an hellerem Sand, Lehm oder Ton und dunklem

Humus. Der eine Boden wird als leicht bezeichnet, der andere als schwer – je nachdem, wie viel Mühe die Bearbeitung macht. Wie es um Ihren Boden bestellt ist, sagt eine Fingerprobe aus: Kneten Sie ein walnussgroßes Stück feuchte Erde.

• Sandboden fühlt sich rau und körnig an, haftet nicht und rieselt einfach durch die Finger. Die Erde ist leicht zu bearbeiten und erwärmt sich schnell. Im Frühling trocknet sie rasch ab und ermöglicht frühe Saaten. Andererseits versickert Regenwasser rasch ins Grundwasser und nimmt dabei Nährstoffe mit. Daher muss man häufig gießen und die Düngergaben sorgfältig auf das Pflanzenwachstum abstimmen.

❯ *Humusreicher, lehmiger Boden zerfällt zwischen den Fingern in feine Krümel, klebt kaum und ist leicht zu bearbeiten.*

❯ *Mit der Finger- oder Faustprobe können Sie die verschiedenen Bodenarten leicht voneinander unterscheiden.*

- Tonboden lässt sich wie Knetmasse zu kleinen Würstchen mit glänzender Oberfläche rollen. Diese Böden können beachtliche Mengen an Wasser und Nährstoffen speichern. Beim Umgraben, Hacken und Lockern kommt man aber gehörig ins Schwitzen, und wenn man damit nicht wartet, bis die Erde gut abgetrocknet ist, gibt's statt feiner Krümel dicke, betonharte Klumpen. Setzlinge brauchen lange, bis sie Wurzeln schlagen.

- Lehm nimmt eine goldene Mittelstellung zwischen den beiden Extremen ein. Zwischen den Fingern fühlt sich die Erde samtig bis mehlig an. Sie lässt sich formen, klebt aber nicht. Der Wasser-, Wärme- und Nährstoffhaushalt dieser Böden stimmt. Im Sommer verdunstet viel Wasser, im Winter kühlen die oberen Bodenschichten stark aus, und bei Regen verschlämmt die Erdkruste.

Die Erde als Lebensraum

Auf einem Quadratmeter Gartenboden leben bis in 30 cm Tiefe grob geschätzt 80 bis 100 Regenwürmer, 300 Asseln, 50 000 Springschwänze, Tausendfüßler, Käfer und Milliarden von Wimperntierchen, Pilze, Algen und Bakterien. Sie zersetzen Pflanzenreste sowie tierische Stoffe und lösen die darin enthaltenen Nährstoffe. Diese können daraufhin von den Pflanzenwurzeln aufgenommen werden. Dann „verbauen" die Erdbewohner mineralische und organische Bestandteile zu den von allen Gärtnern angestrebten, stabilen Bodenkrümeln. Diese fleißigen Mitarbeiter gilt es zu unterstützen.

Humus ist die Haut der Erde

Ohne Humus – die organischen Bestandteile des Bodens – hätten Gartenbeete allenfalls den Wert eines Sandkastens. Er speichert Wasser und ist der wertvollste Nährstofflieferant für Bodenlebewesen und Pflanzen. Nährhumus entsteht durch den Umbau von Kohlenhydraten, Fetten und Eiweißstoffen. Das geht, wie beim Kompostieren, auch im Boden relativ schnell.

- Die leicht verwertbaren Humusbestandteile werden rasch vollständig abgebaut. Deshalb müssen die Grundstoffe in Form von Gründüngung und Pflanzenmulch ständig nachgeliefert werden.

❯ *Gras und Wildkräuter machen sich vor allem auf neu angelegten Beeten breit. Frühzeitiges Jäten verhindert, dass sie mit Salat und anderem Gemüse um Wasser, Licht und Nährstoffe konkurrieren.*

• Bei verholzten Pflanzenteilen benötigen Bodenlebewesen oft Jahrzehnte für die völlige Vererdung. Dieser dunkle Dauerhumus stellt die Hauptmasse der organischen Substanz. Sein langsamer Abbau versorgt die Pflanzen mit Stickstoff und Phosphor.

Unerwünschtes aufspüren

Schadstoffe wie Pflanzenschutz- und Düngemittelrückstände, Hydrauliköl von Baumaschinen oder durch Regen eingetragene Schwermetalle schaden dem Boden und seinen Bewohnern. Sie verunreinigen das Trinkwasser oder werden über die Nahrungskette von uns wieder aufgenommen. Erkundigen Sie sich bei Neubauten über die bisherige Art der Bewirtschaftung. Im Laufe einer Bodenanalyse kann das beauftragte Labor dann gezielt nach bestimmten Chemikalien suchen.

Pro und kontra: Wildkräuter

Viele Gewächse siedeln sich im Garten von selbst an. Das erfreut nicht immer, sagt aber etwas über die vorliegenden Bodenverhältnisse aus.

Brennnesseln bedeuten gute Nachrichten

Sogenannte Zeigerpflanzen können Ihnen einiges über die Beschaffenheit Ihres Bodens verraten.

• Huflattich, Hahnenfuß und Hirtentäschel bevorzugen kalkreiche, trockene Böden.
• Wo sich Gelbfelberich ausbreitet, ist die Erde ebenfalls kalkhaltig, aber auch sehr feucht.
• Kriechender Hahnenfuß zeigt lehmige Böden an, die im Frühling lange nass und kalt bleiben.
• Brennnesseln besiedeln nährstoff- und humusreiche Böden und hinterlassen eine ideale Pflanzerde.
• Trifft man Kamille und Ackerstiefmütterchen an, hat man es mit kalkarmer, saurer Erde zu tun. Sie ist gut für Erdbeeren und Himbeeren!
• Schachtelhalm kündet von verdichteten Böden, z. B. durch Baumaschinen oder häufiges Betreten bei Nässe. Hier hilft die mindestens zweijährige Einsaat tief wurzelnder Gründüngungspflanzen (→ Seite 37) oder tiefe Bodenlockerung.

Wenn aus Wildkraut Unkraut wird

Biogärtner mögen gegen Löwenzahn zwischen den Salatköpfen nichts haben. Nimmt er überhand, bleibt der Salat auf der Strecke. Gegen unerwünschte Beikräuter können Sie je nach Art vorgehen:

- **Samenunkräuter** wie Ehrenpreis, Franzosenkraut und Vogelmiere bekommen Sie durch frühzeitige Beetvorbereitung in den Griff. Nach ein, zwei Wochen bei trockenem Wetter noch einmal hacken.
- **Unkräuter mit Pfahlwurzel** wie Löwenzahn, Distel und Schachtelhalm stechen Sie komplett aus.
- **Ausläuferbildende Wurzelunkräuter** wie Giersch, Quecke und Winde müssen komplett heraus: Jedes winzige in der Erde verbliebene Wurzelstückchen treibt wieder aus. Am leichtesten lassen sie sich aus der Erde ziehen, wenn diese leicht feucht ist. Lassen Sie Wurzelunkräuter in einem Eimer mit Wasser vergären. Dann auf den Kompost geben.

❯ *Eine Mulchschicht aus Stroh unterdrückt Unkraut und bewahrt Erdbeeren vor Verschmutzung und Grauschimmel.*

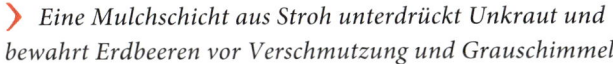

Die Bodenvorbereitung

Beete bereitet man üblicherweise bereits im Herbst auf die ersten Aussaaten und Pflanzungen vor. Ob man hierfür tiefergehend umgraben sollte, wobei Scholle für Scholle umgedreht wird, darüber streiten sich selbst Biogarten-Profis. Maria Thun, eine

❯ *Meist ist schonendes, tiefes Lockern mit der Grabegabel besser als eine wendende Bodenbearbeitung.*

Pionierin der biologisch-dynamischen Anbaumethode und Herausgeberin der Jahreskalenderserie »Aussaattage«, empfahl, die Erde im Herbst umzugraben, weil dadurch die kosmischen Kräfte besser auf den Boden einwirken könnten. Dafür spricht auch, dass die Winterfröste die Schollen aufbrechen und lehmige Böden demzufolge im Frühling leichter zu bearbeiten sind. An der Bodenbeschaffenheit ändert sich dadurch allerdings wenig, und im nächsten Jahr steht man wieder vor demselben Problem. Probieren Sie einfach selber aus, ob Sie nicht leichter zum Ziel kommen, wenn Sie den Gartenboden erst im Frühling bearbeiten, sobald die Erde gut abgetrocknet ist und nicht mehr an Grabegabel und Gartenschuhen kleben bleibt. Dann lassen sich auch die Pflanzenreste der Gründüngung, Ernterückstände und selbst die Pfahlwurzeln des Löwenzahns ganz leicht entfernen. Für die tiefe Bodenlockerung mit der Grabegabel, dem Kultivator oder Sauzahn brauchen Sie viel weniger Kraft und Zeit. Zudem werden die Bodenlebewesen erheblich weniger in Mitleidenschaft gezogen.

Das erste Beet anlegen

Bevor Sie loslegen, stellt sich die Frage: Beete mit oder ohne Rahmen? Beete ohne Begrenzung lassen sich leichter an die Geländeform anpassen. Vorteile einer Umrandung aus Brettern oder Holzbohlen sind, dass die Erde beim Harken und Hacken nicht auf die Wege fällt und der Garten im Winter nicht so leer wirkt. »Grenzverletzungen« durch Gras oder wuchernde Unkräuter werden erschwert. In großen Gärten summieren sich aber auch preiswerte Umrahmungen rasch auf eine beachtliche Investition. Probieren Sie es erst einmal ohne Rahmen. Dann können Sie die Beete auch jederzeit umgestalten. Grundsätzlich gilt: Legen Sie die Beete nicht breiter als 1,2 m an, damit Sie alle Arbeiten bequem vom Rand aus erledigen können. Beete vor Mauern oder Hecken sollten nur 60 cm Breite haben.

Was Sie dafür benötigen:

Pflanzpflöcke mit Schnur

Hacke

Grabegabel

Kompost

Rechen oder breite Harke

1 Ein günstiger Zeitpunkt für die Anlage eines neuen Beets ist der Frühling. Messen Sie es mit dem Zollstock aus und schlagen Sie Pflöcke in die Ecken. Stecken Sie die Beetgrenze anschließend mit der Pflanzschnur ab. Tipp: Die Nord-Süd-Ausrichtung bietet optimale Belichtungsverhältnisse für Gemüse.

Entfernen Sie Reste einer Gründüngung und Unkraut mit der Ziehhacke. Feine Wurzeln bleiben im Boden, grobe Wurzelstücke werden anschließend beim Lockern entfernt.

2

Tiefe Bodenlockerung zahlt sich aus. Stechen Sie die Grabegabel alle 10 cm tief in die Erde und bewegen Sie den Stiel kräftig hin und her. Leichte Böden lockern Sie mit dem Sauzahn oder Kultivator. Grobe Krümel dann mit Krail oder Hacke zerkleinern.

Anschließend Reifkompost ausbringen und flach mit dem Rechen einarbeiten. Leichte Böden mit nährstoff- und wasserspeichernden Gesteinsmehlen verbessern. Tipp: Auf schweren Böden die Erde zu einem flachen Hügel formen. Dann erwärmt sie sich schneller.

Das Beet zum Schluss mit der Harke einebnen. Zu fein sollte die Beeterde nicht sein, sonst verschlämmt die Oberfläche bei Regen. Vor der ersten Aussaat oder Pflanzung muss sich die Erde nun mindestens 10 Tage absetzen. Dann wurzeln die Pflanzen schneller in den Boden ein.

Ein Hochbeet aus Holz

Ein Hochbeet ermöglicht rückenschonendes Arbeiten und verlängert die Erntezeit um bis zu zwei Monate. Die ersten drei Jahre ist das Nährstoffangebot üppig. Starkzehrer wie Kohl, Zucchini, Tomaten und Gurken gedeihen prächtig. Danach können Sie Mittel- und Schwachzehrer wie Salat und Buschbohnen anbauen. Nach 6–8 Jahren ist das Beet erschöpft. Dann muss man es neu aufsetzen.

Was Sie dafür benötigen:

Holzbretter

Kaninchendraht

Teichfolie

Wasserwaage

Hammer und Schraubenzieher

Stecken Sie die Fläche für das Hochbeet (ca. 120 cm × 80 cm, Höhe ca. 80 cm) mit Pflöcken und Richtschnur ab. Die oberste Bodenschicht ca. 10 cm tief abtragen. Zum Schutz vor Wühlmäusen Kaninchendraht auslegen.

1

2

Schlagen Sie die vier Eck- und zwei Mittelpfosten (angespitzt, ca. 9 cm stark, 110 cm lang) etwa 30 cm tief in den Boden. Nageln oder schrauben Sie anschließend die Holzdielen für die Seitenwände (4 × 120 cm × 40 cm × 2,5 cm und 4 × 80 cm × 40 cm × 2,5 cm) an die Pfosten.

Kleiden Sie die Seitenwände mit Teichfolie aus. Sie schützt die Konstruktion aus witterungsbeständigem Lärchen- oder Douglasienholz vor Feuchtigkeit. Füllen Sie das Drainagematerial ein. Die unterste Schicht aus Holz- und Strauchschnitt treten Sie gut fest, damit sie sich später nicht zu stark setzt. Sie sollte etwa 30 cm dick werden.

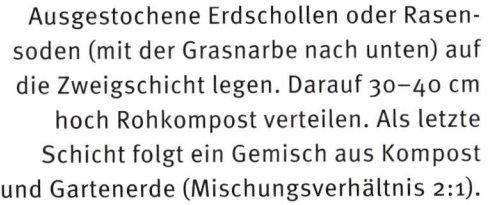

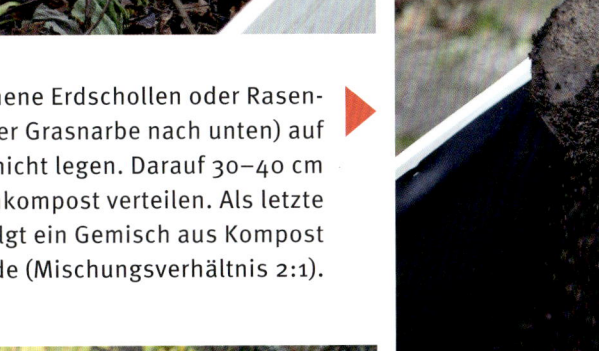

Ausgestochene Erdschollen oder Rasensoden (mit der Grasnarbe nach unten) auf die Zweigschicht legen. Darauf 30–40 cm hoch Rohkompost verteilen. Als letzte Schicht folgt ein Gemisch aus Kompost und Gartenerde (Mischungsverhältnis 2:1).

Im Frühling das Beet mit gesiebter Gartenerde auffüllen und die ersten Setzlinge einpflanzen. Tipp: Schützen Sie das Hochbeet bis dahin mit einem Mulchvlies, damit keine Nährstoffe ausgewaschen werden.

Das braucht der Biogärtner

Für den Anfang reicht eine Grundausstattung an Werkzeug und Geräten. Wichtig ist: Stiele, Scheren und Sägen müssen gut in der Hand liegen und auf die Körpergröße abgestimmt sein. Gutes Werkzeug ist nicht billig, hält aber (fast) ein Gärtnerleben lang.

Eine Pflanzschnur mit Erdspieß brauchen Sie zum Abstecken der Beete und um bei der Aussaat und Pflanzung den geraden Verlauf der Reihen zu markieren.

In Süddeutschland sagt man Rechen, im Norden verwendet man die Harke zum Abrechen bzw. Abharken, z. B. von Mulchresten auf dem Gemüsebeet. Bei der Beetvorbereitung sorgt man damit für eine feinkrümelige, ebene Erdoberfläche und drückt mit der Rückseite Saatrillen an.

Mit der Grabegabel lockert man lehmige Böden oder setzt Pflanzen mit empfindlichen Wurzeln um. Günstig ist ein T-förmiger Griff, der bis zum ersten Rippenbogen reicht.

Probieren Sie Gartenscheren beim Kauf aus. Sie sollten gut in der Hand liegen, damit Sie ermüdungsfrei arbeiten können.

Gießkannen aus Metall zeichnen sich durch ihre Robustheit aus. Sie sind schwerer und teurer als Plastikkannen, halten aber viele Jahre.

Gartenhandschuhe aus Stoff sind atmungsaktiv und universell einsetzbar. Zur Pflege von Brombeeren oder Rosen ziehen Sie besser Lederhandschuhe an.

Mit der Pflanzkelle können Sie Erde in Töpfe schaufeln und Pflanzgruben für Setzlinge ausheben. Auf lehmigen, nassen Böden tun Sie sich dabei mit einer Handgabel leichter.

Ein Vierzahn oder Krail kann Hacke und Rechen ersetzen. Der dreizinkige Kultivator lockert verkrustete oder verschlämmte Oberflächen. Auf schweren Böden arbeitet man mit dem einzinkigen Kultivator (Sauzahn).

Auch wenn man auf Umgraben verzichtet, ist ein Spaten wichtig zum Ausheben größerer Pflanzlöcher und Abstechen von Beet- und Rasenkanten.

Beim Obstgehölzschnitt fallen auch schon mal Äste und Triebe an, bei denen die Gartenschere an ihre Grenzen stößt. Dafür haben Sie besser eine Säge parat.

Je länger die Griffe der Astschere, desto mehr Kraft wird auf die Klinge übertragen. Runde Klingen halten Äste besser fest.

Ziehhacken benutzt man zum Unkrautjäten und zur oberflächlichen Bodenlockerung. Sie erlauben aufrechtes Arbeiten.

Kompost gut – alles gut!

Eigener Kompost ist Gold wert und liefert Humus sowie Dünger zum Nulltarif. Es ist faszinierend zu erleben, wie aus Pflanzenresten Pflanzennahrung wird. Außerdem finden Spitzmäuse, Amseln und Zaunkönig selbst am kleinen Kompostplatz Futter.

❯ *In großen Gärten sind mehrere Komposter sinnvoll. Zwei wären prima: einer zum Sammeln von Material, einer zum Mischen und Aufsetzen. Bei wenig Platz reicht die Minimallösung: ein Behälter zum Aufsetzen.*

Auf die Dauer kosten Pflanzerde, Rindenmulch und Dünger viel Geld. Die Investition in einen guten Komposter macht sich dagegen schnell bezahlt – mit vielseitig verwendbarer organischer Substanz.

Die eigene Kompostfabrik

Regenwürmer und Mikroorganismen ernähren sich von Ernte- und Küchenabfällen und verarbeiten sie zu wertvollem Humus. Er dient der Bodenverbesserung, der Düngung und als Mulchdecke. Dafür brauchen Sie einen geeigneten Kompostbehälter an einem halbschattigen Standort (→ Seite 18).
Bestens für den Biogarten geeignet sind Komposter aus unbehandeltem Holz (z. B. Lärche oder Douglasie) zum Zusammenstecken. Der Abstand zwischen den Latten sollte 2–3 cm betragen – gerade so viel, dass nichts herausfallen kann, aber dennoch eine gute Durchlüftung gewährleistet ist. Alle Kompostbehälter, auch Thermokomposter, müssen auf offenem Boden stehen, damit Kompostlebewesen wie Würmer einwandern können.

Nahrung für die Lebewesen im Kompost

Zum Kompostieren eignen sich z. B. angetrockneter Rasenschnitt, Ernterreste, verwelkte Stauden sowie Küchenabfälle. Obstbaum-, Strauch-, Heckenschnitt und grobe Pflanzenteile wie Kohlstrünke oder Puffbohnenstängel sollten Sie vorher in ca. 8–10 cm lange Stücke schneiden oder häckseln. Selbst schwer verrottendes Herbstlaub lässt sich kompostieren, wenn Sie es mit dem Rasenmäher etwas zerkleinern. Die Mikroorganismen haben so mehr Angriffsfläche, und Abbauprozesse kommen schneller in Gang. Nicht auf den Kompost gehören Katzenstreu, Hundekot, nicht abbaubare Stoffe (Plastik, Metall), Holzasche (Schwermetallrückstände!), Staubsaugerbeutel, Straßenkehricht sowie samentragende Unkräuter und kranke Pflanzenteile. Mit Mehltau oder Grauschimmel befallene Teile sind unbedenklich.

Die Mischung macht's!

Kompostlebewesen bevorzugen gleichmäßig feuchte Pflanzenreste mit mittlerem Stickstoffgehalt. Vermischen Sie also frische, feuchte Ernterückstände und Putzabfälle von Gemüse mit vertrocknetem Staudenschnitt oder stickstoffreichen Rasenschnitt mit stickstoffarmem Gehölzhäcksel, und setzen Sie das gründlich vermengte Material schichtweise auf.

Gelegentlich eine Kompostkontrolle

Stimmt die Mischung, übernehmen die Kompostlebewesen die Hauptarbeit, und Sie haben nach dem Aufsetzen erst einmal Pause. Zuweilen kommt

❯ *Durch Kompostieren verwandeln Sie scheinbar überflüssiges Grünzeug in schwarzes Gärtnergold.*

jedoch der Rotteprozess ins Stocken. Die möglichen Ursachen dafür können folgende sein:

- Bei einem hohen Laubanteil müssen die Blätter zwar gut angefeuchtet werden. Aber Achtung: Bei Nässe verkleben sie dann jedoch leicht.
- Rasenschnitt erhitzt sich zunächst rasch, fällt dann zusammen und beginnt zu faulen.

Hier genügt es meistens, den Kompost mit der Grabegabel nochmals gut aufzulockern. Zeigt das keinen Erfolg, müssen Sie den Kompost noch einmal neu aufsetzen (d. h.in einen anderen Behälter umsetzen) und dabei gut durchmischen.

Im Randbereich offener Behälter finden sich häufig mit weißem Pilzrasen überzogene Pflanzenreste. Das zeigt: Der Kompost ist zu trocken. Befeuchten Sie dann die Randzone. Stellt sich heraus, dass der Rand zwar trocken, die Mitte aber zu nass ist, müssen Sie die Mischung ebenfalls umsetzen.

Abhängig von Material und Witterung ist der Kompost nach sechs, spätestens zwölf Monaten reif.

PRAXISTIPP

Ein Anteil von 50 % Kompost in der Anzuchterde schützt vor Pilzkrankheiten! Der Kressetest zeigt, ob der Kompost dafür reif ist: Einen Esslöffel Samen in eine Schale mit gesiebtem Kompost säen und feucht halten. Zeigen sich nach drei bis vier Tagen saftig grüne Sprossen, ist alles bestens. Sind die Sämlinge gelb und kümmern, warten Sie noch ein paar Wochen ab.

So klappt's mit dem Kompost

Kompostieren ist keine Kunst. Verarbeiten Sie mindestens ein Drittel trockenes Material auf zwei Drittel feuchte Gartenreste. Faule oder verschimmelte Pflanzenteile und die meisten Unkräuter dürfen Sie mit verarbeiten. Mit Kohlhernie, Braunfäule oder anderen leicht übertragbaren Krankheiten befallene Pflanzenreste dagegen keinesfalls! Wurzelunkräuter vor dem Kompostieren vertrocknen oder in einem Eimer Wasser vergären lassen.

Was Sie dafür benötigen:

Handschuhe

Sammelkörbe

Material zum Kompostieren

Erd- oder Kompostsieb

Sammeln Sie Laub, verholzte Stängel, Erntereste, also alles, was Garten und Küche hergeben, in einem separaten Behälter. Sobald ausreichend Material für den Kompost zusammengekommen ist, setzen Sie ihn auf.

1

2

Mischen Sie das Material erst gut durch. Geben Sie eine Schaufel Reifkompost dazu: Mit den darin enthaltenen Lebewesen eignet er sich zum »Impfen«. Die Mischung locker aufsetzen und im Behälter verteilen.

Nach abgeschlossener Reife ein Erdsieb, bei größeren Mengen ein Durchwurfsieb auf eine Wanne oder Schubkarre legen, ein bis zwei Schaufeln Kompost daraufgeben und mit der Schaufel oder den Händen (Handschuhe tragen!) durchreiben. Grobe Überbleibsel absammeln und erneut kompostieren.

▼

3

4

▲

Den reifen Kompost gleichmäßig auf dem Beet verteilen und mit dem Kultivator höchstens 10 cm tief in die obere Bodenschicht einharken. Als Grunddüngung im Frühling reichen ca. 3 l/m^2 aus. Anspruchsvolle Gemüse erhalten 5 l/m^2. Tipp: Als Maß eignet sich ein ausgedienter Küchenmessbecher oder ein kleiner Eimer.

Die Reifeprüfung

Ob der Kompost reif ist und eine ideale Konsistenz zum Ausbringen hat, können Sie mit einer Faustprobe feststellen. Dazu drücken Sie vom fertig gemischten Kompost eine faustgroße Menge in der Hand wie einen Schwamm fest zusammen. Tritt Wasser aus, ist das Material zu feucht. Fällt es nach dem Öffnen der Faust auseinander, ist es zu trocken. Im Idealfall hält der Ballen zusammen, wenn man die Hand öffnet, und zerfällt erst, wenn man mit dem Finger hineinstupst.

Düngen – ganz natürlich!

Der Boden ist ein Ökosystem, bei dem Mikroorganismen, Pflanzen und Wetter eng zusammenspielen. Düngen heißt, den Boden zu beleben, also »Bodenlebewesen« zu fördern. Das besorgen Kompost und andere organische Rohstoffe.

❯ Ist der Boden im Gleichgewicht und die Nachlieferung von Nährstoffen für Pflanzen und Boden durch regelmäßige Humuszufuhr gesichert, wächst das Gemüse so üppig wie hier.

❯ Hornmehl, Hornspäne und gekörnte organische Handelsdünger werden von den Bodenlebewesen aufgeschlossen und stehen den Pflanzen über einen langen Zeitraum zur Verfügung.

Pflanzen entziehen dem Boden Nährstoffe, die ersetzt werden müssen – so die herkömmliche Denkweise. Wie langjährige biologisch-dynamische Forschungen zeigen, ist jedoch der Auf- und Abbau der Nährstoff- und Humusvorräte im Zusammenspiel von Temperatur, Feuchtigkeit und der Aktivität von Mikroorganismen ein ständiges Geben und Nehmen. Biogärtner bedienen sich daher lieber organischer Dünger natürlichen Ursprungs. Klar ist: Auch Kompost, Mist und andere tierische und pflanzliche Naturdünger müssen durch die Bodenlebewesen »mineralisiert« werden, damit Pflanzenwurzeln sie aufnehmen können. Dadurch braucht es nach der Ausbringung eine Zeit, bis sie wirken. Sie liefern aber stetig nach. Mineralische Dünger stehen den Pflanzen sofort zur Verfügung. Sie wirken meist sehr rasch, der Effekt verpufft aber ebenso schnell.

Das brauchen Ihre Pflanzen

Die Hauptnährstoffe, die von den Pflanzen in größeren Mengen benötigt werden, sind Stickstoff, Phosphat und Kalium sowie Kalzium.

- Stickstoff sorgt dafür, dass Pflanzen wachsen. Bei hohem Angebot bilden sie viel Blattmasse, setzen aber weniger Blüten und Früchte an. Starke Regenfälle können Stickstoff in tiefere Bodenschichten auswaschen. Ein Mangel hat langsames Wachstum und aufgehellte Blätter zur Folge. Bereits angesetzte Früchte bleiben klein oder werden abgestoßen.
- Phosphat wird für den Aufbau von Eiweißen und anderen wichtigen Stoffen gebraucht. In mit Kompost gedüngten Beeten ist es meist reichlich vorhanden, vor allem wenn auch Kleintiermist kompostiert wird. Bei sehr sauren oder kalkreichen Böden wird Phosphat festgelegt. Die Pflanzen können es dann nicht mehr aufnehmen. Sie kümmern und bilden kaum Wurzeln. Bei ausgeprägtem Mangel färben sich die Blätter rötlich.

Düngung im Frühling

PFLANZENGRUPPE	KOMPOSTMENGE
Starkzehrer: Knollensellerie, Kopfkohl, Kürbis, Tomate, Zucchini	5 – 10 l/m²
Mittelzehrer: Mangold, Möhre, Rote Bete, Salat, Spinat	3 – 7 l/m²
Schwachzehrer: Bohne, Erbse, Kräuter, Puffbohne, Spinat, Zwiebel	2 – 5 l/m²

- Kalium stärkt die Abwehrkräfte der Pflanzen, reguliert den Wasserhaushalt und sorgt bei vielen Gemüsearten für mehr Aroma. In humusreichen oder tonhaltigen Böden wird der Mineralstoff gut festgehalten und auch wieder freigesetzt. Kali-Mangel ist also ziemlich selten. Man erkennt ihn an aufgehellten Blatträndern, später werden die Ränder braun, und das Gewebe stirbt ab.
- Kalzium (Kalk) spielt eine wichtige Rolle beim Wachstum und Aufbau stabiler Zellwände. Bei den meisten Böden liefert das Gestein im Unterboden genug Kalk nach. Anhaltende Trockenheit oder ein Überangebot an Stickstoff können die Kalziumaufnahme blockieren. Stippige Äpfel oder am Blütenansatz faulende Tomaten und Zucchini sind typisch für diesen scheinbaren Mangel.

Zusätzlich benötigen Pflanzen Spurenelemente. Typische Mangelsymptome für Eisen sind gelbe Blätter mit grünen Adern. Fehlt Bor, werden Möhren und Sellerieknollen rissig. Fahlgelber Salat lässt auf Manganmangel oder einen Überschuss an anderen Mineralien schließen. Alle Nährstoffe beeinflussen sich nämlich gegenseitig und konkurrieren zum Teil um Aufnahme durch die Wurzeln. Für optimales Wachstum müssen die Nährstoffe im harmonischen Verhältnis zueinander stehen. Aufschluss über Ihre

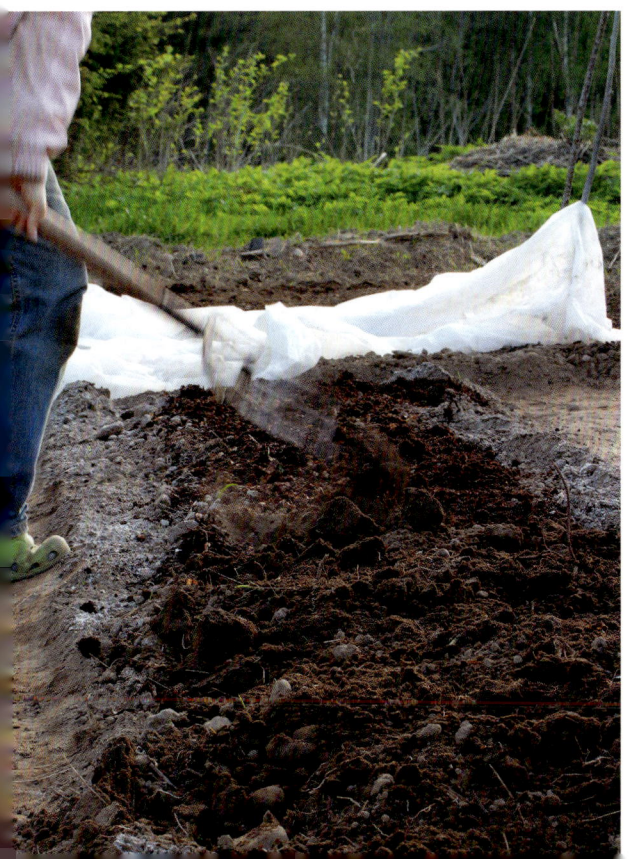

❯ *Für ein Gemüsebeet mit 10 m² Fläche benötigt man jährlich 20–50 Liter Reifkompost. Je nach Kultur arbeiten Sie also im Frühling zwei bis fünf große Eimer ein.*

❯ *Gelbsenf und Phazelia oder Bienenfreund mit violetten Blüten sind wertvolle Nektarpflanzen und lockern mit ihrem feinen Wurzelgeflecht den Boden. Die Pflanzen beschatten die Erde und unterdrücken aufkeimendes Unkraut.*

aktuellen Nährstoffgehalte gibt eine Bodenanalyse durch spezielle Labors, die auf dieser Basis eine Düngeempfehlung geben (→ Adressen Seite 234).

Bewährte organische Dünger

Wenn Sie Ihren Gartenboden regelmäßig mit Kompost (→ Seite 30–33) versorgen und die Bodenorganismen mit Mulch und Gründüngung fördern, ist die ausgewogene Nährstoffversorgung gesichert. Den höheren Bedarf von Starkzehrern (→ Seite 35) deckt man mit Pflanzenauszügen (→ Seite 44/45) oder organischen Produkten.

- Horndünger (als Mehl, Grieß oder Späne) ist ein natürlicher Stickstofflieferant. Bio-Horndünger gibt es jedoch nicht: Alle Produkte stammen überwiegend aus Intensiv-Tierhaltung.
- Wer die »vegetarische« Alternative bevorzugt, wählt Dünger aus rein pflanzlichen Rohstoffen wie Maiskeimen, Melasse oder Rhizinusschrot. Organische Bio-Volldünger, die alle Nährstoffe enthalten, sind ebenfalls empfehlenswert. Für den Topfgarten eignen sich Flüssigdünger aus Vinasse. Wenn die eigene Kompost-Produktion erst noch anlaufen muss, können Sie auf Bio-Regenwurmhumus oder Fertigkompost zurückgreifen. Achten Sie beim Kauf auf das RAL-Gütesiegel der Bundesgütegemeinschaft Kompost!

Bessere Böden dank Gründüngung

Schwere, verdichtete bzw. wasserdurchlässige sandige Böden verwandeln sich durch den regelmäßigen Anbau tief wurzelnder Gründüngungspflanzen (→ Tabelle) innerhalb weniger Jahre in fruchtbare Erde. Sät man Buchweizen, Bienenfreund oder andere Arten auf abgeerntete Flächen als »Zwischenfrucht«, bleibt die Bodenfruchtbarkeit durch Gründüngung auch bei intensiver Nutzung langjährig erhalten. Obstgehölze profitieren von einer Bodenbedeckung durch Gründüngung, weil sie im Sommer die Erde gleichmäßig feucht hält.

Pflanzen für Gründüngung

PFLANZENART	AUSSAAT	KULTURDAUER	EIGENSCHAFTEN
Bienenfreund	III–VIII	6–9 Wochen (nicht frosthart)	rasch wachsend, violette Blüten, Bienenmagnet, nicht vor Erdbeeranbau einsäen
Buchweizen	V–VIII	4–10 Wochen (nicht winterhart)	Blitzkeimer, Bienenweide, weiß-rosa Blüten, dicht aussäen, unterdrückt Wurzelunkräuter
Gelbsenf	III–IX	6–8 Wochen (nicht winterhart)	weit verzweigtes Wurzelsystem, hinterlässt feinkrümelige Erde, nicht vor oder nach Kohl anbauen, die Sorte 'Maxi' reduziert Nematoden
Inkarnatklee	IV–V	10–12 Wochen, (winterhart)	produziert viel Grünmasse, rote Blüten, starke Durchwurzelung, Stickstoffsammler
Blaue Lupine	IV–VII	12–15 Wochen (erträgt leichte Fröste)	tiefe Bodenlockerung, guter Stickstoffsammler, für Rekultivierung von Neubaugrundstücken
Samenmischungen mit Korbblütlern (z. B. Schönhagener Bienenweidemischung)	V–VI	6–8 Wochen (teilweise winterhart)	vorbeugende Wirkung gegen Wurzelälchen, für viele bunte Blüten nicht zu dicht säen
Spinat	III–IX	8–12 Wochen	intensive, oberflächliche Durchwurzelung, bei Frost mit Vlies abdecken, nicht vor Mangold und Rote Bete anbauen
Sommerwicken	IV–VIII	11–13 Wochen (nicht winterhart)	starke Unkrautunterdrückung, hohe Stickstoffanreicherung
Winterroggen	IX–X	ca. 20 Wochen (winterhart)	bildet Humus, hinterlässt gut durchlüfteten, »garen« Boden

❯ *Wie lange Gründüngungspflanzen stehen bleiben, hängt von der Art ab. Winterharte Pflanzen wie Inkarnatklee (links) werden vor der Samenreife abgemäht und eingearbeitet. Im Winter abfrierende Grüneinsaaten wie Blaue Lupine (rechts) lässt man bis zum Frühling auf dem Beet, wenn der größte Teil verrottet ist. Die Reste abharken und kompostieren.*

Gießen mit Gefühl

Gemüse, Obstgehölze und Blumen brauchen Wasser zum Wachsen. Der sparsame Umgang mit dem wertvollen Nass ist im Biogarten selbstverständlich. Und mit ein paar Tricks können Sie sich sogar so manchen Gang mit der Gießkanne sparen.

> *Eine Regentonne lohnt sich selbst bei kleinen Dächern. Wie groß sie sein sollte, können Sie mit einem Regenwasser-Rechner (Internet) herausfinden.*

Die klassische, preiswerte und ressourcenschonende Variante der Gartenbewässerung ist die Versorgung aus der Regentonne. Pflanzen vertragen Regenwasser meist besser als kalkhaltiges Leitungswasser, denn es ist weicher und wärmer. Müssen Sie zusätzlich Wasser aus der Leitung verwenden, lassen Sie es in geeigneten Gefäßen wie Eimern, Bottichen oder Gießkannen möglichst ein paar Tage in der Sonne stehen, damit es sich erwärmen kann.

Vorsorgen für trockene Zeiten

Was von Wegflächen und Dächern aufgefangen werden kann, reicht gerade im Sommer oft nur ein paar Tage. Gut, wenn Sie die durchschnittliche Niederschlagsmenge Ihrer Region kennen, dann lässt sich die nötige Speicherkapazität annähernd bestimmen. Inzwischen gibt es auch Behälter, die unauffällig in den Garten integriert oder in der Erde versenkt werden können. Weil es bei Starkregen oft Wasser im Überfluss gibt, ist ein Überlaufstopp nützlich, der das überschüssige Wasser automatisch ins Fallrohr leitet – oder in die nächste Tonne.

Wie groß ist der Wasserbedarf des Gartens?

Wie viel Wasser ein Garten braucht, hängt von der Bodenbeschaffenheit und den Pflanzen ab. Gurken und andere Gemüse mit viel Blattmasse und nur flachen Wurzeln müssen bei anhaltender Trockenheit regelmäßig gegossen werden. Tiefwurzler wie Kohl überstehen eine mehrtägige Durststrecke dagegen problemlos. Auch gut eingewurzelte Tomaten holen sich das Wasser aus mindestens 1 m Tiefe. An heißen Tagen schließen die Pflanzen zudem die Spaltöffnungen ihrer Blätter und schränken so die Verdunstung ein. Also keine Panik, wenn Stangenbohnen nachmittags schlaff wirken: Über Nacht erholen sie sich meist wieder.

Den Wasserverlust minimieren

Wie beim Düngen kann man sich beim Gießen viel Mühe sparen, wenn man die im Boden gespeicherten Vorräte nutzt. Ein alter Gärtnerspruch sagt: »Einmal hacken spart dreimal gießen.« Häufige Bodenlockerung mit Bügelhacke oder Kultivator unterbricht das feine Röhrensystem und verhindert, dass Wasser zur Oberfläche aufsteigt und verdunstet (Kapillareffekt). Hacken ist vor allem nach starkem Regen wichtig, wenn die Erdoberfläche verkrustet.

Richtig gießen – kein Hexenwerk

Wer Wasser sparen möchte, achtet beim Gießen auf den besten Zeitpunkt und die richtige Technik.

Frühaufsteher sind im Vorteil

Erfahrene Biogärtner gießen gut eingewurzelte Pflanzen erst, wenn die Erde bis in etwa 10 cm Tiefe abgetrocknet ist. Die beste Zeit ist frühmorgens, solange die Erde kühl ist: In der Mittagshitze verdunstet mehr. Gießen Sie abends, bleibt der Boden die ganze Nacht feucht. Eine Einladung an Schnecken!

Pflanzen an Durststrecken gewöhnen

Mit den folgenden Hinweisen erleichtern Sie sich selbst die Gartenarbeit und fördern gleichzeitig das Pflanzenwachstum:

- Gießen Sie selten, dafür aber durchdringend: Pflanzen entwickeln nur dort Wurzeln, wo es feucht genug ist. Ist lediglich die oberste Boden-

❯ *Ein normaler Gartenboden benötigt im Sommer in der Regel alle drei Tage mindestens 20 l/m². Verteilen Sie auf dieser Fläche also zweimal wöchentlich eine bis zwei große Kannen.*

schicht versorgt, dringen sie erst gar nicht zu den Vorräten in der Tiefe vor.
- Benetzen Sie beim Gießen möglichst nur den Boden, nie Blätter und Früchte, sonst droht Pilzbefall.
- Gießen Sie langsam und mit weichem Strahl, damit das Wasser nicht oberflächlich abläuft.
- Kübelpflanzen und Töpfe werden gewässert, bis sich das Wasser im Untersetzer sammelt. Dabei ist wichtig, dass Sie die Untersetzer nach ein paar Stunden entleeren, denn bei Dauernässe faulen die Wurzeln.
- Bewässerungssysteme sparen Zeit und Geld. Sie sind an Regentonne oder Leitung angeschlossen und versorgen die Pflanzen tropfenweise. Perfekt z. B. für den Urlaub: Sets, die den Bedarf per Sensor ermitteln und Wasser entsprechend dosieren.

PRAXISTIPP

Gemulchter Boden verdunstet weniger Wasser und bleibt gleichmäßig feucht. Für die Mulchschicht eignen sich unverrottete pflanzliche Materialien wie Heu, Stroh, Laub, Zweige, Rasenschnitt oder andere frische, grob gehackte oder gehäckselte Pflanzenreste sowie Reif- und Rohkompost. Mulch reduziert zudem keimende Unkräuter und wird schnell zu nährstoffreichem Humus umgewandelt.

Pflanzen stärken & schützen

Um Schädlinge und Krankheiten in Schach zu halten, brauchen Sie keine chemische Keule. Durch Nistmöglichkeiten für Nützlinge, die Wahl widerstandsfähiger Pflanzen und vorbeugende Maßnahmen lassen sich die meisten Probleme umgehen.

Selbst der erfahrenste Biogärtner kann nicht verhindern, dass Obst- und Gemüsepflanzen auch einmal krank oder von Schädlingen befallen werden. Schließlich vermag er nicht alle Wachstumsfaktoren zu beeinflussen. Sehr wohl kann er aber dafür sorgen, dass seine Gewächse stark genug sind, den Schaderregern möglichst lange zu widerstehen. Stärken Sie Ihre Pflanzen durch eine ausgewogene Düngung, Pflanzenauszüge und die Wahl des richtigen Standorts. Die wichtigsten Schaderreger:

• Mehltau und andere Pilzerreger gehören zu den häufigsten Pflanzenkrankheiten und befallen Obst, Gemüse und Kräuter. Die Verbreitung erfolgt durch Wind und Regen. Zum Glück gibt es viele widerstandsfähige Sorten!

• Bakterien verursachen braune Blattadern, braun verfärbte, faule Strünke oder weiche Stellen, z. B. bei Kohl und Möhren. Die Erreger dringen durch Verletzungen in die Pflanzen ein. Eine weitere Ursache ist staunasse Erde.

• Viren werden vor allem von saugenden Insekten wie Blattläusen übertragen. Häufige Symptome sind mosaikartige Blattflecken, aufgehellte Blattadern oder gekräuselte Blattränder. Wichtig: Reinigen Sie Scheren, mit denen Sie kranke Triebe zurückgeschnitten haben.

Die Natur als Vorbild

Mit der Natur zu arbeiten, ist die beste Voraussetzung dafür, dass Obst und Gemüse gesund bleiben.

Starke Pflanzen, reiche Ernte

Wenn Sie die Hinweise in den vorangegangenen Kapiteln über Standortwahl, Bodenvorbereitung und Düngung beachten, haben Sie schon die Basis für eine erfolgreiche Kultur gelegt. Zusätzlich können Sie zum Gesunderhalt Folgendes beitragen:

• Achten Sie besonders auf Sämlinge oder frische Setzlinge, die erst anwachsen müssen.

• Einige pflanzliche Substanzen können Zellwände festigen. Dadurch haben es Krankheitserreger schwerer, in das Gewebe einzudringen. Solche Substanzen finden sich in Brühen, Jauchen und Tees, die vom Frühling bis in den Herbst alle zwei bis drei Wochen gespritzt werden (→ Seite 44/45).

• Hygiene ist oberste Biogärtnerpflicht! Entfernen Sie kranke Pflanzenteile zügig und entsorgen Sie sie besser nicht über den hauseigenen Kompost!

• Halten Sie Ihre Werkzeuge, besonders die Gartenschere, sowie Saatkisten und Töpfe sauber.

❯ *Bienen, Hummeln und Schmetterlinge werden vom süßen Nektar der Indianernessel magisch angezogen.*

Ihre Gartenhelfer

NÜTZLINGE	HELFEN GEGEN
Schwebfliegen	Blattläuse
Ohrwurm	Läuse, Milben; Apfelwickler, Gespinstmotten und Frostspanner (Eier und Raupen)
Marienkäfer	Schildläuse, Spinnmilben, Mehltaupilze
Schlupfwespen	Raupen, Minierfliegen, Gemüsefliegen, Blattläuse, Weiße Fliege

Widerstandsfähige Sorten wählen

Tolerant, widerstandsfähig oder resistent? Je nach
Stärke der Abwehrkraft findet man unter den Sortenbeschreibungen von Obst, Gemüse und Kräutern
verschiedene Angaben zur Robustheit der Pflanzen.

- Eine tolerante Sorte ist nicht völlig immun gegen
spezielle Schädlinge und Krankheiten, meist hält
sich der Schaden in Grenzen: Braunfäuletolerante
Tomaten z. B. überwachsen den Schaden und bilden neue Blätter, der Ertrag wird kaum beeinflusst.
- Eine als widerstandsfähig oder robust beschriebene Sorte besitzt keine genetische Resistenz oder
Toleranz, es kann also zu einem geringen Krankheitsbefall kommen. Biozüchter selektieren und
vermehren Pflanzen mit natürlicher, allgemein
hoher Widerstandskraft gegen mehrere häufig auf-

> Ein Insektenhotel bietet vielseitige Unterschlupf- und Nistgelegenheiten für Wildbienen und andere nützliche Insekten.
Auch kleinere Unterkünfte werden bereitwillig angenommen.

tretende Krankheiten oder Schädlinge und haben
damit langfristig oft die besseren Karten.
- Eine resistente Sorte sollte eigentlich völlig gesund
bleiben. Erreger von Pflanzenkrankheiten, vor
allem Mehltaupilze, sind jedoch ähnlich anpassungsfähig wie Grippeviren. Meist werden die nur
auf wenigen Genen verankerten Resistenzen nach
einiger Zeit durchbrochen. Tipp: Wenn Sie mehltauresistente Salate setzen, wechseln Sie möglichst
häufig die Sorte, damit die Pilze sich nicht anpassen können. Wer sich für läuseresistenten Salat
entschieden hat, sollte ausschließlich resistente
Sorten pflanzen, sonst wechseln die Läuse einfach
ihren Wirt.

Heißen Sie Nützlinge willkommen!

Nützlinge halten Schädlinge auf einem erträglichen
Maß. Asthaufen, Trockenmauern, Nistkästen, Insektenhotels oder mit Holzwolle gefüllte ausgediente Blumentöpfe bieten Unterschlupf. Meist dauert es

> Erwachsene Florfliegen
ernähren sich von Blütenpollen und -nektar. Die Larven fressen Läuse, Milben,
Raupen und Käferlarven.

Was tun gegen Schnecken?

Gegen Schnecken hilft nur eine Kombination mehrerer Abwehrmethoden. Die Spanische Wegschnecke richtet die größten Schäden an.

- Eine Salatfalle: Abends einige Blätter am Rand des Gemüsegartens auslegen, daneben ein kurzes, breites Holzbrett. Nach dem großen Fressen verstecken sich die Schnecken darunter und werden am nächsten Morgen abgesammelt.
- Schneckenzaun ums Gemüsebeet bauen. Im Beet gebliebene Exemplare in die Salatfalle locken.
- Bei sehr vielen Schnecken verwenden Sie ein für den Biolandbau zugelassenes Schneckenkorn auf Eisenoxidbasis. Packungsanweisung beachten!
- Blindschleichen sind wirksame Schneckenvertilger. Reisig- oder Laubhaufen sowie Altholz dienen als Unterschlupf. Wiesen möglichst spät mähen.
- Rund um die Beete Kresse oder Gelbsenf aussäen.
- Kalk und Sägespäne um die Pflanzen streuen.

❯ *Gefährdete Pflanzen wie Setzlinge und Salat können Sie einzeln mit einem Schneckenkragen schützen.*

- Den Boden um gefährdete Pflanzen offen und trocken halten. Die Erde häufig lockern.

gar nicht lange, bis sich Eidechsen, Blindschleichen, Vögel, Ohrwürmer und andere Insekten niederlassen. Einheimische, nektar- und pollenreiche Blütenpflanzen bieten wichtige Nahrung für Insekten. Der Nachwuchs von Flor- oder Schwebfliegen vernichtet ganze Kolonien von Schadinsekten. Im Gegensatz zu Schädlingen schaden Nützlinge den Pflanzen auch dann nicht, wenn sie in großer Zahl auftreten.

Sperren Sie Schädlinge einfach aus!

Wer die Lebensweise der unerwünschten „Mitesser" im Küchengarten kennt, kann sie austricksen.
- Über den Gemüsebeeten ausgebreitete, engmaschige Schutznetze verwehren Möhrenfliege, Kohlweißling und Lauchmotte den Zutritt. Wichtig ist jedoch, dass Sie das Netz sofort nach der Saat oder Pflanzung über das Beet breiten und die Ränder so befestigen, dass keine Schlupflöcher bleiben.
- Kleine Obstbäume lassen sich ebenfalls mit feinmaschigen Netzen vor Amseln und Hagelschlag schützen. Sie bewahren ebenso vor Obstmaden.

So gehen Plagegeister auf den Leim

Größere Obstbäume, die schwierig mit Netzen zu versehen sind, brauchen andere Abwehrmethoden.
- Klebrige Gelbtafeln locken durch ihre Farbe die Kirschfruchtfliege an.
- Mit Raupenleim bestrichene Fanggürtel, die Sie im September fest um den Stamm und Pflanzpfähle binden, fangen die Weibchen des Frostspanners ab, deren Nachkommen im Frühling sonst starke Fraßschäden in der Krone verursachen würden.
- In Wellpappemanschetten verkriechen sich im Herbst Raupen der Wicklerarten. Sie werden beim Winterschlaf einfach samt Pappe entsorgt.

Ablenken und verwirren

Schädlinge wie Kohlweißling und Lauchmotte finden ihre Wirtspflanzen und Partner über Düfte.
- Durch Mischkultur (→ Seite 61), eine Mulchschicht (→ Seite 39) oder Beetumrandung mit stark duftenden Kräutern lassen sich die Insekten verwirren und finden die Eiablageplätze nicht

mehr. Wächst Kapuzinerkresse neben dem Kohlbeet, vergisst der Kohlweißling sein Ziel, nämlich Kohl und Kohlrabi, und bevorzugt die Kapuzinerkresse als Nahrungspflanze für den Nachwuchs.

- Männliche Falter werden durch Duftstoffe (Pheromone) der Weibchen angelockt. Apfel- und Pflaumenwicklermännchen fliegen für sie aufgehängte Pheromonfallen an, bleiben kleben und begatten so keine Weibchen. Der Nachwuchs bleibt aus.

Wenn Eingreifen gefragt ist

Bei jungen oder geschwächten Pflanzen haben Schädlinge und Krankheiten leichtes Spiel und vermehren sich schneller, als Nützlinge zur Stelle sind

oder die Pflanzen Abwehrstoffe gebildet haben. In diesem Fall ist Ihre Unterstützung gefragt:

- Blattläuse an Triebspitzen anfälliger Obst- und Gemüsearten lassen sich einfach von Hand abstreifen.
- Oft reicht es, befallene Pflanzenteile zu entfernen.
- Manche Brühen und Tees (→ Seite 44/45) helfen auch gegen saugende Insekten. Beißende Brennnesselbrühe, die wie Jauche angesetzt, aber nicht vergoren wird, hilft bei mäßigem Befall mit Blattläusen und Spinnmilben. Einen bis drei Tage nach dem Ansetzen unverdünnt spritzen.

Wenn keine sanften Mittel helfen, können Sie sich für den gezielten, maßvollen Einsatz eines für den Bioanbau zugelassenen Pflanzenschutzmittels aus dem Fachhandel entscheiden.

❭ Im Frühsommer schneiden Sie von Mehltau befallene Triebspitzen am Apfelbaum mit der Gartenschere bis ins gesunde Holz zurück. Sie können sogar auf den Kompost.

❭ An Gelbtafeln bleiben etliche Kirschfruchtfliegen auf der Suche nach einem Eiablageplatz kleben. Die Fallen müssen hängen, bevor sich die Früchte gelb färben!

Jauchen, Tees und Brühen

Die Zubereitungen der Pflanzenauszüge unterscheiden sich nur wenig. Alle werden mit Wasser angesetzt und – meist verdünnt – gegossen bzw. gespritzt. Für eine Brühe weichen Sie das Pflanzenmaterial 24 Stunden ein. Dann aufkochen und 30 Minuten köcheln lassen. Nach dem Abkühlen verwenden. Als Jauche bezeichnet man vergorene Pflanzenbrühen. Sie dienen als gehaltvolle und rasch wirkende Stickstoffdünger, liefern aber auch spezielle Nährstoffe und Spurenelemente. Tees entstehen, indem man Pflanzenteile mit kochendem Wasser überbrüht und ziehen lässt. Tee und Kräuterbrühen werden stärker verdünnt (20–50 Teile Wasser) und können als Erste-Hilfe-Maßnahme, z. B. gegen Blattläuse, direkt auf Blätter und Triebe gesprüht werden. Der Einsatz erfolgt bei bedecktem Himmel.

Was Sie dafür benötigen:

Pflanzenmaterial, z. B. Brennnesseln

Garten- oder Kräuterschere

Eimer mit Deckel

Kunststoffsieb

Messbecher

1 Sammeln Sie Blätter und Pflanzenstängel der gewünschten Pflanzenart. Tragen Sie bei Brennnesseln oder Pflanzen mit behaarten Blättern wie Beinwell besser dicke Gartenhandschuhe.

2 Zerkleinern Sie das Pflanzenmaterial für alle Auszugsvarianten grob. So lösen sich die Inhaltsstoffe besser, bei Jauchen verläuft außerdem der Gärungsprozess zügiger.

3 ◀ Für Brennnesseljauche kommen auf 1 kg frisches (oder 150 g getrocknetes) Pflanzenmaterial 10 l Wasser. Zur Geruchsbindung eine Handvoll Algenkalk oder Gesteinsmehl darüberstreuen.

4

▲ Die Gärung dauert etwa anderthalb bis drei Wochen. Während dieser Zeit täglich einmal umrühren. Die Jauche ist fertig, wenn sie beim Umrühren nicht mehr schäumt, und wird dann durch ein Kunststoffsieb oder grobes Tuch abgeseiht. Die Pflanzenreste kommen auf den Kompost.

Welches Kraut wofür?

- Brennnesseljauche, 1:10 verdünnt und gegossen, hilft gegen Stickstoff- sowie Eisenmangel.
- Beinwell ist ein guter Kaliumlieferant. Als Flüssigdünger ideal für Tomaten, Kohl und Sellerie.
- Die Kieselsäure des Ackerschachtelhalms beugt Pilzbefall vor. Als Brühe bei sonnigem Wetter 1:5 verdünnt alle zwei bis drei Wochen spritzen.
- Kamilleauszug (1 Handvoll auf 1 l, in lauwarmem Wasser ein bis zwei Tage ziehen lassen, 1:5 verdünnt) wirkt gegen Wurzelkrankheiten.
- Löwenzahnjauche (2 kg frische Teile /10 l Wasser) fördert das Aroma von Strauchbeerenobst.
- Rainfarnbrühe (300 g, 10 l) vertreibt unverdünnt Ameisen, Brombeermilben und Wurzelläuse.

Warum Biosaatgut besser ist

»Sorten sind Kulturgut und gehören nicht ein paar wenigen Konzernen, sondern allen Menschen«, sagt Petra Boie, Vorstand der Bingenheimer Saatgut AG. Das gilt zumindest für samenfeste Öko-Züchtungen.

❯ *PETRA BOIE freut, dass Hobbygärtner zunehmend ökologisch erzeugte Samen verwenden.*

Unser Anspruch geht darüber hinaus: Wir verwenden ausschließlich Bio-Ausgangssaatgut und Sorten aus ökologischer Erhaltungs- und Neuzüchtung!

▶ **Wodurch unterscheidet sich die biologische von der konventionellen Züchtung?**

Geschmack, Robustheit und gesundes Wachstum auch ohne hohe chemisch-synthetische Düngergaben oder den Einsatz von Unkrautvernichtungsmitteln steht bei Biozüchtern an erster Stelle. Sorge macht, dass die konventionelle Pflanzenzüchtung verstärkt auf biotechnologische Laborverfahren setzt, die man als eine Art »Kleine Gentechnik« bezeichnen könnte. Das macht eine Abgrenzung neuer konventioneller Sorten gegenüber der gesetzlich

▶ **Was unterscheidet Biosaatgut von konventionell erzeugtem Saatgut?**

Biosaatgut wird auf ökologischen Flächen ohne den Einsatz von chemisch-synthetischen Pflanzenschutz- oder Düngemitteln erzeugt. Ökologisches Saatgut darf zudem nach der Ernte nicht mit chemischen Mitteln gebeizt, d. h. vorbeugend gegen Pilzkrankheiten behandelt werden. Statt Beize gibt es andere Methoden zur Verbesserung der Saatgutgesundheit wie die Heißwasserbehandlung. Nach dem Gesetz darf bei der Vermehrung von Biosaatgut auch Ausgangssaatgut verwendet werden, das nicht aus ökologischem Anbau stammt.

❯ *Die Richtlinien der ökologischen Anbauverbände gelten für Gemüsesaatgut, aber auch für Kräuter und Blumen wie die Kleine Staudensonnenblume.*

> *Bio-Saatgut entsteht unter natürlichen Bedingungen. Es bringt daher robuste Pflanzen hervor.*

definierten Gentechnik nicht nur für Biolandwirte und Biogärtner immer schwieriger. In der biologischen Züchtung sind diese Verfahren ausgeschlossen.

▶ Viele Biosorten wie die Bohne 'Helios', Rote Bete 'Robuschka' und Möhre 'Rodelika' sind seit Jahren bewährt. Warum entwickeln auch Biozüchter neue Sorten?

Pflanzenzüchtung war und ist eine Anpassung an sich verändernde Bedingungen in der Natur, im Garten oder auf dem Feld. Auch Ansprüche und Bedürfnisse der Menschen wandeln sich. Natürlich gibt es noch viele Sorten. Der Anteil an samenfesten Sorten bei den gängigen Arten macht aber nur noch einen Bruchteil aus! Das sind Sorten, deren Nachkommen von Generation zu Generation wie ihre Eltern ausfallen, während die Nachkommen von Hybriden meist völlig andere Eigenschaften als ihre Eltern haben. Bei Brokkoli gibt es derzeit keine samenfeste und somit selbstvermehrbare Sorte für den erwerbsmäßigen Bioanbau! Unser Netzwerk aus Saatgutvermehrern und Züchtern möchte verhindern, dass zukünftig im Bioanbau nur noch Hybriden verwendet werden müssen, weil es keine anderen Sorten mehr gibt.

▶ Wie lange dauert es, eine neue Sorte zu züchten und auf den Markt zu bringen?

Man unterscheidet ein- und zweijährige Gemüsearten. Bei einjährigen Kulturen kann man jedes Jahr einen Ausleseschritt machen und eine Weiterentwicklung erreichen. Bei zweijährigen Kulturen geht das nur alle 2 Jahre. Darüber vergehen 6 Jahre bei einjährigen und ca. 12 bei zweijährigen Kulturen, mit Versuchsanbau und Praxistests beim Bundessortenamt sogar 8–14 Jahre, bis eine Neuzüchtung marktreif ist.

▶ Darf ich von gekauften, samenfesten Sorten einfach wieder Saatgut für das nächste Jahr gewinnen?

Laut Saatgutrecht darf jeder für den Eigenbedarf selbst vermehren. Die Weitergabe über den Gartenzaun ist aber streng genommen nicht gestattet. Selber Saatgut zu gewinnen, ist ein besonderes Erlebnis: Wer z. B. die wunderschönen Möhrenblüten einmal gesehen hat, wird seine Möhren noch mehr schätzen. Grundsätzlich sollte man darauf achten, dass neben Fremdbefruchtern keine artverwandten Pflanzen wachsen, also keine Wilden Möhren neben Kulturmöhren. Dazu sollte man den richtigen Reifezeitpunkt für die Samenernte kennen. Außerdem finden wir es wichtig, dass die traditionelle Saatgutvermehrung als Kulturtechnik in unserer Gesellschaft erhalten bleibt! Wer kein Saatgut mehr erzeugen darf, verliert den Einfluss darauf, wie Nahrungsmittel hergestellt und verteilt werden.

▶ Sommerblumen will ich nicht essen – ist es da nicht egal, ob ich konventionelles Saatgut kaufe?

Das kommt darauf an, warum Sie sich für ökologische Produkte entscheiden. Viele Menschen sehen sofort den Vorteil für ihre Gesundheit durch den Verzehr ökologischer Lebensmittel. Darüber hinaus tun sie damit aber der Umwelt und allen Menschen etwas Gutes! Je mehr Menschen ökologische Erzeugnisse kaufen oder selbst anbauen, desto weniger Pestizide und Herbizide landen im Boden, im Wasser und in der Luft und desto weniger Erdöl wird für synthetische Düngemittel verwendet.

DER
GEMÜSE
GARTEN

Lust auf Gemüse

Warum eigenes Gemüse anbauen? Ganz einfach: Weil frisch geernteter Salat, am Stock gereifte Tomaten und erst kurz vor dem Abendessen gezogene Radieschen viel besser schmecken. Mit ein wenig Planung reißt der Nachschub nie ab.

Spätestens ab März haben Gemüsegärtner viel zu tun. Schließlich können schon die ersten Salate ins Beet. Kresse und Radieschen kommen mit den noch kühlen Nächten ebenfalls zurecht. Gut, wenn Sie schon früh überlegt haben, was wo wachsen soll. Wichtiger als Höchsterträge ist, dass es immer etwas zu ernten gibt! Nutzen Sie also sonnige **Vorfrühlingstage** zur Beetvorbereitung. Zudem sind erste Aussaaten für eigene Setzlinge (→ Seite 54/55) dran, z. B. Kohlrabi. Dafür brauchen Sie genügend helle Fensterplätze. Noch besser eignen sich gut isolierte Frühbeete oder ein kleines Gewächshaus.

Im **Frühsommer** beginnt die Zeit der Fruchtgemüse. Regelmäßig wiederkehrende kühle Wetterperioden wie die »Eisheiligen« oder die »Schafskälte« verzögern oft den Pflanztermin für Tomaten und Gurken. Eine gute Gelegenheit, vorher noch eine Gründüngung oder ein paar Reihen Spinat einzusäen. Ungeduld zahlt sich nämlich nicht aus, ganz im Gegenteil: In einen erwärmten, gut abgetrockneten Boden gesetzte Pflanzen holen den vermeintlichen Vorsprung rasch auf.

Im **Hochsommer** ist Haupterntezeit. Zugleich kommen die Herbstgemüse ins Beet, um den Nachschub für die Küche zu sichern. Viele Arten gedeihen jetzt sogar besser als im Frühling.

Mit dem **Altweibersommer** beginnt im Gemüsegarten eine besonders reizvolle Jahreszeit.

PRAXISTIPP

Ein Gartentagebuch ist nützlich, um Aussaat-, Pflanz- und Erntetermine aufzuschreiben. Halten Sie dabei auch fest, mit welchen Sorten Sie gute oder weniger gute Erfahrungen gemacht haben. Notizen über Probleme mit Boden, Unkräutern oder Schädlingen sowie Zeitpunkt, Art und Erfolg der Gegenmaßnahmen sind oft verlässlicher als ein noch so gutes Gedächtnis.

MÄRZ

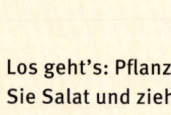

Los geht's: Pflanzen Sie Salat und ziehen Sie und Tomaten & Co. im Haus vor.

APRIL

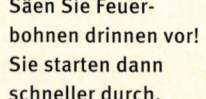

Säen Sie Feuerbohnen drinnen vor! Sie starten dann schneller durch.

MAI

Nach den Eisheiligen ist Pflanzzeit für wärmeliebende Arten wie Tomate.

> *Nach der sorgfältigen Beetvorbereitung klappt das Pflanzen wie am Schnürchen.*

Die große Hitze ist vorbei, die Erde duftet, und Erntelücken regen zum Nachpflanzen an. Noch ist Zeit für rasch wachsende Pflücksalate und exotische Asia Greens. Kohl und Sellerie brauchen frische Nährstoffe. Lockern Sie zudem verkrustete Erde weiterhin regelmäßig. Trotzdem: Sie können es jetzt etwas ruhiger angehen und auch einmal innehalten, um die letzten warmen Tage zu genießen.

Im **Herbst**, spätestens ab Oktober, bringen Sie alle kälteempfindlichen Gemüse ins Winterlager. Legen Sie Vlies oder Folie bereit, damit Sie Endivie, Mangold und andere robuste Arten in kalten Nächten abdecken können. Kältefeste Möhrensorten und Pastinaken können auch auf dem Beet überwintern. Ein warmer Mantel aus Stroh und Herbstlaub verzögert das Durchfrieren des Bodens und sorgt dafür, dass Sie auch im **Winter** Lauch und Zuckerhutsalat frisch vom Beet genießen können.

JULI

SEPTEMBER

NOVEMBER

Die ersten Tomaten sind reif! Jetzt beginnt die Haupt-erntezeit.

Bis Monatsende können Sie noch Feldsalat und Win-terpostelein säen.

Lagern Sie Zwiebeln an einem luftigen Ort. Kohl mag es dunkel und kühl.

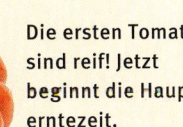

FRÜHLING

Wenn die Frühlingssonne den Boden erwärmt und die duftende Erde
in der Hand krümelig zerfällt, beginnt die Gartensaison. Für die ersten
Saaten und Setzlinge heißt es jetzt: »Ab ins Beet!«

Aller Anfang ist leicht!

Gemüsenachwuchs vorzuziehen, gehört unter all den Arbeiten, die jetzt zu vergeben sind, zu den absoluten Favoriten: Kein Familienmitglied lässt sich lange bitten, wenn es darum geht, feine Salat- und Tomatensamen aus den bunten Tüten zu schütteln.

❯ *Die bunten Samentütchen verführen leicht dazu, zu viel auszusäen. Bedenken Sie, dass der Platz auf hellen Fensterbänken spätestens nach dem Pikieren (→ Seite 57) und in den Beeten beim Auspflanzen schnell eng wird.*

Natürlich ist es bequemer, die vorgezogenen Jungpflanzen beim Gärtner zu kaufen. Die eigene Anzucht hat jedoch Vorteile.

Wann die eigene Aussaat lohnt

Sie können Ihre Lieblingssorten auswählen oder solche, die gut zu den Anbaubedingungen in Ihrem Garten passen. Bei einigen Arten, z. B. Tomaten und Paprika, wäre der Anbauzeitraum bei einer Direktsaat ins Beet angesichts der wenigen Sommerwo-

chen viel zu kurz, deshalb zieht man sie bereits im März im Haus vor. Die Vorkultur in Töpfen oder Schalen ist auch aus anderen Gründen zu überlegen:

• Feine Samen, z. B. von Sellerie, verlangen fein gesiebte Aussaaterde, sonst fallen sie zwischen den groben Krümeln hindurch und vertrocknen, bevor der Keimling Wurzeln bilden kann.

• Bei Bohnen sind im Boden lebende Bohnenkäferlarven und winzige Ackerschnecken oft schneller und fressen den Keimling ab, bevor er die Erdoberfläche erreicht. Pflanzt man sie mit kräftigem

> Ein kalter Kasten, wie man unbeheizte Frühbeete nennt, bietet jetzt beste Voraussetzungen für den Anbau von Salat und Porree.

> Gurken keimen an einem warmen Ort in wenigen Tagen. Stecken Sie die Samen 2 cm tief in Erde.

Stängel aus, sind sie weniger gefährdet. Und nicht zuletzt können Sie mit vorgezogenen Pflanzen die Zeit, bis die Vorkultur im Beet den Platz räumt, besser nutzen.

Vom Einsteiger zum Profi

Für Ihren Einstieg in die eigene Anzucht von Gemüse gibt es Arten, die rasch Erfolg versprechen. Kopf- und Pflücksalate, Gurken, Basilikum, Tomaten, Kürbis, Stangen- und Feuerbohne sind leicht zum Keimen zu bewegen. Trauen Sie sich ruhig auch an etwas kniffligere Arten heran wie Lauch,

Petersilie oder Sellerie. Wer sie in der Küche schätzt, eignet sich schnell das nötige Know-how an.

Guter Start mit gutem Saatgut

Biogärtnern fängt beim Saatgut an. Neben Altbewährtem bieten Ökozüchter viele neue Sorten (→ Seite 46/47). So oder so: Auf den bunten Tüten zeigen kleine Symbole, ob die Aussaat im Haus mit warmer Vorkultur empfohlen wird bzw. ab wann man sie direkt ins Beet säen kann. Dort stehen u.a. Angaben zu Saattermin, Reihen- und Pflanzabstand, Saattiefe (→ Seite 56) sowie das Haltbarkeitsdatum. Machen Sie bei älterem oder selbst gesammeltem (→ Seite 103) Saatgut den Keimtest: Gehen mehr als zehn von zwanzig Körnern innerhalb der normalen Keimdauer auf, lohnt sich die Kultur damit noch. Bei feinem Saatgut sollten Sie die Probe mit der doppelten Anzahl Samen durchführen.

Die passende Sorte für jeden Zweck

Bei Salat, Knollenfenchel, Kohlrabi und anderen Arten können Sie zwischen Züchtungen für den frühen, mittelfrühen und späten Anbau wählen. Sie passen zu den jeweils herrschenden Bedingungen. So werden Sommersorten z. B. durch kurze Tage und kühle Temperaturen zur Blüte angeregt, frühe Sorten »schießen« bei Tageslängen über 10 Stunden. Obendrein gibt es spezielle, meist weniger lichtbedürftige Sorten für den Anbau »unter Glas«, also im Frühbeet oder Gewächshaus.

PRAXISTIPP

Luftfeuchte Lagerung und Temperaturschwankungen vermindern die Keimrate von Gemüsesamen. Optimal für angebrochene Samentütchen sind dicht schließende Schraubdeckelgläser, aufgestellt bei 2–10 °C. So bleiben die meisten Gemüsesamen zwei bis vier Jahre keimfähig. Saatgut von Pastinake, Lauch und Schwarzwurzel jährlich neu kaufen.

So gelingt die Aussaat

Für die Vorkultur im Haus sind helle Fensterbänke mit Zimmertemperatur nötig. So wachsen die Pflanzen kompakt und zügig. Die Aussaat erfolgt in flachen Saatschalen, kleinen Töpfen oder torffreien Anzuchttöpfen. Wer mag, kann dafür auch saubere Quarkbecher, Eierkartons oder Ähnliches verwenden (→ Abb. 1). Biogärtner legen Wert auf Recycling. Die Verwendung torffreier Anzuchterde ist sowieso Ehrensache. Bei der Vorkultur in Schalen sät man dichter als im Freiland. Sobald die Sämlinge nach den Keimblättern die ersten Laubblätter entwickeln, pikiert man die kräftigsten in kleine Töpfe (→ Kasten), damit sie Platz zum Weiterwachsen haben. Vor dem Auspflanzen ins Beet härten Sie die Pflänzchen ab: an mehreren Tagen hintereinander für ein paar Stunden im Freien in den Schatten stellen.

Was Sie dafür benötigen:

Töpfe und Schalen

Anzuchterde

Erdsieb

Ballbrause

Pikierstab oder
dünnes Pflanzholz

1

Füllen Sie die Saatgefäße mit Anzuchterde, die Sie z. B. mit einem Brett andrücken. Verteilen Sie die Samen gleichmäßig. Bei verschiedenen Arten oder Sorten säen Sie besser in Reihen.

Bestreuen Sie die Samen 0,5–1 cm hoch mit Erde, evtl. mit einem Sieb. Salat- und Selleriesamen brauchen Licht zum Keimen, also bedeckt man sie nur hauchdünn oder drückt sie gut an, um sie beim Angießen nicht wegzuschwemmen.

2

Feuchten Sie die Erde mit einer Ballbrause oder einer Sprühflasche gut an. Stellen Sie die Saatschale an einen warmen Platz und halten Sie das Substrat feucht, bis die Samen gekeimt sind. Tipp: Decken Sie die Schalen bzw. Töpfe mit Frischhaltefolie oder einer Glasscheibe ab. Das schützt vor Verdunstung und somit vor der Austrocknung der Erdoberfläche.

Größere Samen, wie die von Gurken und Zucchini, können Sie ca. 2–3 cm tief direkt in Töpfchen drücken. Das erspart das Pikieren. Verrottbare Anzuchtgefäße setzen Sie später mit ins Beet. Die Pflanzen werden dadurch in ihrer Entwicklung nicht gestört und wachsen zügig weiter.

Richtig pikieren

Pflanzen Sie die kräftigsten Sämlinge aus den Saatschalen in Töpfe um (»pikieren«), sobald nach den Keimblättern das erste Laubblatt erscheint und gut zu fassen ist. Lockern Sie die Wurzeln mit einem Pikierstab oder Bleistift. Bohren Sie ein Loch in die Topferde und hängen Sie die Wurzeln hinein. Erde um den Stängelansatz behutsam andrücken. Substrat befeuchten und die Sämlinge an einem hellen Platz bis zum Auspflanzen in drei, vier Wochen weiterkultivieren.

Anbau unter Vlies und Folie

Für Selbstversorger lohnt sich die Anschaffung eines Kleingewächshauses, in kleineren Gärten reicht ein Frühbeet. Preiswerter und flexibler sind Vlies und Folie. So verlängern Sie mit wenig Aufwand die Anbauzeit im Frühling und Herbst um gut zwei Wochen.

Vom Frühsommer bis in den späten Herbst hinein beschert der Gemüsegarten alles, was das Herz begehrt. Wer bereits im zeitigen Frühling und am besten noch bis in den Winter hinein frische Vitamine ernten möchte, kann sich die Hilfsmittel Vlies, Folie, Frühbeet, Folientunnel und/oder Kleingewächshaus zunutze machen.

Warm verhüllt und gut bedacht

Der Gewächshauseffekt macht es möglich: Durchsichtige Materialien lassen das aufheizende Sonnenlicht herein, halten jedoch die Wärme drinnen.

Warme Decken aus Gärtnervlies und -folie

Gärtnervlies und -folie gehören zur Grundausstattung eines Gemüsegartens. Für Beete mit 1,20 m Breite sollten sie mindestens 2,10 m messen, damit die Abdeckung locker auf den Pflanzen aufliegt und »mitwachsen« kann. Die Seiten beschweren Sie mit Steinen oder etwas Erde.

- Gartenvlies aus fein verwebten, verwitterungsfesten Acrylfasern lässt Luft und Wasser durch. Darunter sind Radieschen, Salat, Möhren und Kohlarten bis –7 °C Außentemperatur vor Frost geschützt. Ebenso gut eignet es sich bei Hitze zum Schattieren. Tipp: Um die Lichtdurchlässigkeit zu erhalten, verschmutztes Vlies in der Maschine oder von Hand bei ca. 30 °C mit wenig Waschmittel reinigen. Markenvlies hält 3–5 Jahre, billige lösen sich oft schon im zweiten Jahr auf.
- Als umweltbewusster Biogärtner wählen Sie für die Abdeckung von Gemüse UV-beständige Mehrjahresfolien mit Löchern oder Schlitzen für den Luft- bzw. Wasseraustausch. Normale Folien werden durch Sonnenlicht, Frost und Hitze rasch brüchig und halten oft nur eine Saison. Durch den geringeren Luftaustausch erwärmt sich der Boden

❯ *Bei Möhren, Spinat, Erbsen, Kohl und anderen Gemüsearten sollten Sie Vlies und Folie abnehmen, sobald die Temperaturen über 22 °C ansteigen.*

> *Ein Tunnel aus Folie, Vlies oder Gemüseschutznetz ist überall einsetzbar, bietet Schutz vor Wind und Wetter und hält Schädlinge wie Möhrenfliege und Kohlweißling fern.*

im Vergleich zu Vlies schneller. Doch ab 22 °C Außentemperatur kann es über 30 °C heiß werden, was Pflanzen welken lässt. Feuchtes Wetter und starke Temperaturschwankungen begünstigen die Kondenswasserbildung und die Entwicklung von Fäulnispilzen. Dagegen hilft regelmäßiges Lüften.

Gemüsebeet unterm Tunnel

Vlies und Folie können Sie auch über in die Erde gesteckte Drahtbügel spannen. Das ist zwar etwas teurer und aufwendiger. als die Bahnen direkt auf die Kulturen aufzulegen. Doch durch den größeren Raum und die Lüftungsmöglichkeiten verbessern Sie die Wachstumsbedingungen der Gemüse um einiges. Graben Sie Vlies bzw. Folie an den Seiten in den Boden ein, damit der Tunnel Halt hat. Die Enden befestigen Sie spitz zulaufend an Pflöcken.

Klassiker aus Opas Garten: das Frühbeet

Ein Frühbeet ist ein Gewächshaus im Miniformat, nämlich ein mit Glas oder Kunststoffplatten bedeckter Kasten. Es kostet nicht viel. Mit etwas handwerk-lichem Geschick bauen Sie es sogar selbst (Anleitungen im Internet). Bereits ab Februar gedeihen darin Salat-, Kohlrabi- und Radieschensaaten sowie die ersten Jungpflanzen für das Freiland. Im Herbst sind darin Endivie, Winterpostelein und andere nicht sicher frostharte Gemüse gut aufgehoben. Automatische Fensterheber übernehmen das Öffnen, wenn es bei Sonne zu warm wird. Gegen zu hohe Luftfeuchtigkeit und Kondenswasser bei mildem Wetter hilft ebenfalls nur regelmäßiges Lüften.

Dauerernte im Kleingewächshaus

Ein Gewächshaus, das gerade eben frostfrei bleibt, versorgt fast das ganze Jahr über mit eigenem Gemüse und Kräutern. Wenn Sie das Haus hauptsächlich für die Vorkultur nutzen und im Sommer darin Gurken und Tomaten ziehen möchten, reicht eine Grundfläche von 3–8 m². Wer eine vierköpfige Familie ohne größere Unterbrechung mit selbst angebautem Gemüse versorgen und dazu noch Kräuter wie Strauchbasilikum oder Fruchtsalbei überwintern möchte, benötigt mindestens 10–12 m².

Bunt gemischte Sätze

Die Grundregel der Anbauplanung ist leicht zu merken: Je öfter die verschiedenen Gemüsearten ihren Platz wechseln, umso effektiver beugen Sie einem Befall mit Schädlingen und Krankheiten vor – und in der Küche ist stets für Abwechslung gesorgt.

❯ *Bei Mischkultur auf einem Beet nutzt man den Platz zwischen langsam wachsendem Kohl und Sellerie für eine Zwischenkultur mit Salat oder Spinat. Bis Kohl und Sellerie ihren vollen Standraum beanspruchen, sind die Blattgemüse längst abgeerntet. Das funktioniert auch unter der Erde, wenn Sie Tiefwurzler wie Rote Bete oder Zwiebeln mit Radieschen, Radicchio oder Kerbel kombinieren, die ihren Wasser- und Nährstoffbedarf hauptsächlich aus den oberen Bodenschichten decken.*

Zugegeben: Wenn man alle Prinzipien der Beetplanung berücksichtigen will, ist das ein wenig knifflig. Na und? Bleiben Sie entspannt und nehmen Sie sich ruhig ein paar Regelverstöße heraus! Meist wirken diese sich weit weniger schlimm aus als befürchtet.

Beetplanung – das Gärtnerpuzzle

Fruchtfolge und Mischkultur sind die Basis eines gelungenen Anbauplans. Das gilt besonders im Bioanbau: Damit beugen Sie Krankheits- und Schädlingsbefall vor und schaffen beste Voraussetzungen für gutes Wachstum und eine reiche Ernte.

Fruchtfolge: Gemüse wechseln die Beete

Fruchtfolge (bzw. Fruchtwechsel) bezeichnet den jährlichen Wechsel der verschiedenen Gemüsearten von Beet zu Beet. Der Grund dafür: Pflanzen der gleichen Familie sollten nur alle zwei, drei oder sogar nur alle vier Jahre am selben Platz stehen (Anbauabstand). Sie sind mit sich selbst unverträglich, weil sich im Boden überdauernde Wurzelälchen, Pilze oder andere auf die Pflanzenfamilie spezialisierte Schaderreger beim Nachbau immer stärker ausbreiten.

Achten Sie dabei vor allem auf Kreuzblütler! Diese Familie umfasst besonders viele Gemüsearten, z. B.

Vier Beispiele für Beetplanung zum Nachpflanzen

Die Beete mit biologisch-dynamischer Fruchtfolge in Mischkultur werden nach der Hauptkultur benannt.
Rücken Sie die Gemüse jedes Jahr ein Beet weiter. Nach 4 Jahren beginnt man wieder von vorn.

❯ **Beet 1: Fruchtgemüse**
Ab April: Kopfsalat, Radieschen; am Rand Bohnenkraut, Petersilie. Ab Mai: Zucchini, Buschbohnen, Gurken.

❯ **Beet 2: Blattgemüse**
Ab März/April: Spinat, Erbsen; am Rand Ringelblumen und/oder Petersilie. Mai: Brokkoli, Fenchel, Mangold.

❯ **Beet 3: Wurzelgemüse**
Ab Mitte März: Schnittsalat, Frühlingszwiebeln. Ab April: Möhren, Dill, Zwiebeln, Tagetes. Ab Mai: Rote Bete, Sellerie.

❯ **Beet 4: Blütenpflanzen**
April: Erdbeeren setzen (für 1–2 Jahre), dazwischen Kamille; am Rand Borretsch säen und Schnittlauch pflanzen.

Kohl, Rucola und Rettich. Ausnahmslos alle können Kohlhernie (→ Seite 228) verbreiten. Auch unter Doldenblütlern finden sich beliebte Nutzpflanzen wie Möhre, Sellerie, Petersilie und Kümmel.
Im biologisch-dynamischen Anbau wechselt man zusätzlich zwischen Blatt- (Salat, Spinat), Blüten- (Blumenkohl, Brokkoli), Frucht- (Tomate, Gurke) und Wurzelgemüse (Rettich, Möhre) ab. Bezieht man noch die Nährstoffansprüche (→ Seite 35) der einzelnen Arten ein, ist die Fruchtfolgeplanung perfekt. Tipp: Die Aufteilung in kleine Beete oder Parzellen und das Weiterwandern im festen Rhythmus vereinfachen die Planung erheblich.

Vielfalt auf einem Beet: Mischkultur

Die Mischkultur verfolgt eine andere Strategie. Dabei tauschen Salat, Kohl, Möhren und Zwiebeln, aber auch Kräuter und Sommerblumen reihenweise und auch innerhalb einer Reihe möglichst oft ihre Plätze und verhindern allein durch ihre Vielfalt,

dass sich auf bestimmte Pflanzenarten spezialisierte Schädlinge und Krankheitserreger schnell ausbreiten können. Zudem geht man davon aus, dass Pflanzen sich durch Wurzelausscheidungen und ätherische Öle gegenseitig im Wachstum fördern oder schaden. Zum Glück gibt es nur wenige Kombinationen, die sich gar nicht vertragen. Packen Sie nur nicht zu viel auf ein Beet: Müssen Pflanzen um Nährstoffe, Licht, Wasser und Wurzelraum konkurrieren, fällt die Ernte geringer aus.

Setzen Sie auf satzweisen Anbau!

Bei zeitlich gestaffelter Aussaat reifen nicht alle Gemüse zur gleichen Zeit. Damit vermindern Sie einen Ernteüberschuss und haben von den einzelnen Arten länger etwas für die Küche. Besonders bei Salat, Frühlingszwiebeln, aber auch bei Buschbohnen lohnt sich der Anbau in kleineren Mengen. Säen oder pflanzen Sie dabei alle 2–4 Wochen so viel, wie Sie innerhalb dieser Zeitspanne verbrauchen.

Säen und pflanzen

Die Aussaat direkt ins Beet ist die einfachste Methode, schnell an leckeres Gemüse zu kommen. Im Frühling stehen Salat, Radieschen, Erbsen und Möhren auf der Wunschliste ganz oben. Wenn Sie dazu ein paar Kohlrabi pflanzen, gibt es schon bald Ernte satt!

Der Anbauplan (→ Seite 60/61) ist gut überlegt, die Beete sind vorbereitet (→ Seite 20/21) – wenn jetzt noch die Bodentemperatur passt, können Sie ins Freie säen bzw. pflanzen.
- Erbsen, Rettiche und Möhren keimen bei relativ niedrigen Temperaturen und werden daher bereits

❯ *Mit vorgezogenen Jungpflanzen beginnt der Start in die Gartensaison bereits im März.*

ab März gesät. Je wärmer der Boden, desto schneller die Reife, weil die Sämlinge dann gut wachsen und Nässe, Trockenheit und sämlingstypischen Pilzerkrankungen trotzen können.
- Gemüsearten wie Salat, Radieschen, Rosenkohl und Spinat keimen am besten bei angenehmen Frühlingstemperaturen von 18–21 °C, etwa ab April, gegebenenfalls unter Folie.
- Auch Arten, die als Jungpflanze das Umsetzen ins Beet nur schlecht vertragen, säen Sie direkt ins Beet, z. B. Fenchel ab April.
- Das Wärmebedürfnis der aus südlichen Ländern stammenden Arten wie Tomate, Paprika, Aubergine und Basilikum ist um einige Grade höher. Hier lohnt sich die Vorkultur (→ Seite 54/55).

Aussaat direkt ins Freiland

Für alle Aussaattechniken gilt: Säen Sie so dünn wie möglich, damit Sie später nicht allzu viel ausdün-

ALLES BIO

Viele Biogärtner arbeiten nach den Aussaattagen von Maria Thun oder den Berechnungen des anthroposophischen Instituts »Goetheanum«. Die Einteilung in Blüten-, Blatt-, Frucht- und Wurzeltage beruht auf dem Einfluss der Sternbilder. Wer sich darauf einlässt, begreift die Natur in anderen Zusammenhängen und profitiert von einem natürlicheren Lebensrhythmus.

❯ *Bei der Horstsaat legen Sie Bohnen oder Erbsen in kleinen Gruppen von 3–5 Samen in die Saatrille.*

humusreicher, feinkrümeliger Erde. So können Sie auch Zeit überbrücken, wenn sich auf einem Beet die Ernte verzögert und sonst kein Platz frei ist.

Einzug der Jungpflanzen

Vorgezogene Kräuter- und Gemüsejungpflanzen verkraften den Umzug ins Beet oder in die Pflanzkübel auf dem Balkon oder der Terrasse besser, wenn sie zuvor einige Tage unter Freilandbedingungen abgehärtet wurden (→ Seite 56).
Für die Pflanzung selbst lösen Sie den Wurzelballen behutsam aus den Töpfen. Das klappt am besten, wenn Sie die Erde vorher gut anfeuchten. Gepflanzt wird entlang einer Schnur oder in Reihen in mit einem Stab gezogenen Rillen (→ Abb. oben). Setzen Sie die Pflanzen am besten im platzsparenden Verband. Dabei stehen die Nachbarn zweier Reihen immer versetzt auf Lücke. Gießen Sie vorsichtig an, sodass die Samen nicht weggeschwemmt werden.

nen, also auf den passenden Pflanzabstand (→ Porträts) vereinzeln müssen. Darunter versteht man den Abstand zwischen zwei Pflanzen in einer Reihe. Falls dies nötig werden sollte, erledigen Sie das, sobald Sie die Pflänzchen gut fassen können. Stellen Sie sich dabei vor, wie viel Platz die ausgereiften Pflanzen später einmal einnehmen werden.

- **Einzelaussaat**, also die Ablage einzelner Körner, erfolgt für große Samen, beispielsweise die von Stangenbohnen. Stecken Sie in diesem Fall rund um eine Stange jeweils 8–12 Kerne.
- **Horstsaat** (Intervallsaat) wird vor allem bei Buschbohnen praktiziert. Hierfür legen Sie je 3–5 Samen als Gruppe ab. Nach einer Lücke folgt wieder ein Samengrüppchen, bis zum Ende der Reihe.
- Die **Aussaat in Reihen** entlang einer Schnur eignet sich für feine Samen sowie für Arten, die nur zögernd keimen, wie Petersilie, Möhren und Lauch. Wie groß die Abstände zwischen den Reihen sein sollten, ist von den Arten abhängig (→ Porträts).
- Bei **breitwürfiger Aussaat** verteilt man die Samen gleichmäßig auf einer unkrautfreien Fläche. Sie kommt für Schnittsalat, Feldsalat und einjährige Kräuter wie Kerbel infrage, da man sie nicht oder kaum ausdünnt. Nach der Saat harken Sie das Beet kreuz und quer durch. Die Erde mit der Rückseite des Rechens andrücken und vorsichtig anfeuchten. Wer Platz sparen muss oder Sämlingen den Start erleichtern will, sät in ein kleines Anzuchtbeet mit

❯ *Salate können Sie dichter als üblich pflanzen und einen Teil jung ernten, um Platz zu schaffen für die auf dem Beet verbleibenden Köpfe.*

Säen und pflanzen im Freiland

Markieren Sie die Saat- und Pflanzreihen in den Beeten mit einer gespannten Schnur oder ziehen Sie Rillen mit einem Stab. Im Frühling sät man eher flach und drückt die Samen dafür fester in die Saatrillen. Steigt die Sonne höher und die Erdoberfläche trocknet oder verkrustet tagsüber, ziehen Sie die Rillen besser etwas tiefer, damit das Saatgut in noch feuchten Zonen liegt. Bei kühlem Frühlingswetter pflanzt man um die Mittagszeit, im Sommer bietet sich der Abend an. Ist das nicht möglich, beschatten Sie die Setzlinge für ein oder zwei Tage mit Vlies.

Was Sie dafür benötigen:

Pflöcke mit Pflanzschnur

Pflanzenkelle

Gießkanne

Vlies

Dank der Pflanzschnur tanzt bei der Erbsensaat kein Korn aus der Reihe. Erde darüberrechen und andrücken.

1

2

Wenn es mal schnell gehen soll, erleichtern Saatbänder die Aussaat. Das Band aufrollen, in 1–2 cm tiefe Saatrillen legen, angießen, mit Erde bedecken und noch einmal befeuchten. Bis die ersten Keimlinge aus dem Boden kommen, müssen Saatbänder und Saatplatten täglich kontrolliert und bei Bedarf gegossen werden. Niemals austrocknen lassen!

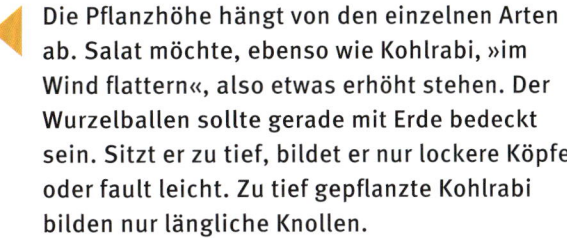

Die Pflanzhöhe hängt von den einzelnen Arten ab. Salat möchte, ebenso wie Kohlrabi, »im Wind flattern«, also etwas erhöht stehen. Der Wurzelballen sollte gerade mit Erde bedeckt sein. Sitzt er zu tief, bildet er nur lockere Köpfe oder fault leicht. Zu tief gepflanzte Kohlrabi bilden nur längliche Knollen.

Nach der Pflanzung brauchen die Setzlinge Wasser. Es schafft Kontakt zwischen Wurzeln und Erde und verhindert, dass trockenere Erde Feuchtigkeit von den Wurzeln abzieht. Achten Sie besonders während der ersten Wochen nach der Pflanzung darauf, dass der Boden nicht austrocknet.

Gut gegen kalte Nächte und Schädlinge: Decken Sie das Beet nach der Pflanzung bzw. Aussaat mit einem Vlies oder Gemüsenetz ab. Sichern Sie die Ränder mit Erde oder Steinen. So kann der Wind die Abdeckung nicht wegwehen, außerdem finden Läuse oder Gemüsefliegen kein Schlupfloch.

Frühlingsgemüse

Der erste Salat aus dem eigenen Beet wird jetzt ungeduldig erwartet. Die robusten Frühlingsgemüse wachsen bei fast jedem Wetter, und beim Anbau von Salat, Spinat, Mangold und Mairüben kann man kaum etwas falsch machen.

Eichblattsalat 'Bijella'

Kopfsalat zeichnet sich durch weiche, aromatische Blätter aus. Frühe Freilandsorten wie 'Maikönig' werden zu Recht »Butterkopfsalat« genannt. Neuere Sorten wurden lange Zeit auf Widerstandsfähigkeit gegen Mehltau und Transportfähigkeit gezüchtet – das Ergebnis waren »Allwetter-Salate« mit derben Blättern. Das hat sich geändert. Biozüchtungen überzeugen mit nussigem Aroma und zartem Biss. **Pflücksalate** wie Eichblatt- oder Kraussalat entwickeln nur lockere Rosetten mit roten oder grünen Blättern. Diese können über ca. 6 Wochen beerntet werden. Man pflückt immer die äußeren Blätter. **Schnittsalat** wächst besonders rasch. Die Blätter werden geschnitten, sobald sie knapp handhoch sind. Zwar wachsen sie nach, da neu ausgesäter Salat in derselben Zeit ebenso viele, aber zartere Blätter liefert, lohnt sich der zweite Schnitt kaum.

Kopf-, Schnitt- und Pflücksalat

Lactuca sativa ☼

Lichtkeimer | Reihenabstand: 25–30 cm
- **Nährstoffbedarf:** gering bis mittel
- **Familie:** Korbblütler, Anbauabstand 1–2 Jahre
- **Boden:** leicht sandig, lehmig, humusreich
- **Aussaat:** Vorkultur ab Februar, Direktsaat ins Freiland ab Anfang April
- **Pflanzung:** ab Ende März unter Vlies
- **Kulturdauer:** 12–20 Wochen ab Aussaat, 6–9 Wochen ab Pflanzung

Zarte Blätter, knackige Rippen und ein nussig-mildes Aroma bieten nur ganz frisch geerntete Gartensalate, die direkt vom Beet in die Küche wandern. Mit etwas Planung reifen die ersten Köpfe im Frühbeet schon Ende März, im Beet ab April.

❯ *Schnittsalat liefert auch im Topf innerhalb weniger Wochen knackige Blätter.*

Spargelsalat 'Roter Stern' wird wie Pflücksalat genutzt.

Im März beginnt die Pflanzzeit.

ANBAU/PFLEGE: Salate für den frühen Anbau an einem hellen, höchstens 18 °C warmen Ort vorziehen, bei wärmerer Vorkultur keimen die Samen gar nicht oder nur zögernd. Da Salate zu den Lichtkeimern gehören, bedeckt man die Samen nur dünn mit feinkrümeliger Erde. Setzlinge für frühe Pflanztermine gibt es ab März zu kaufen, die Jungpflanzen für Folgesätze können Sie in Töpfen oder in einem Balkonkasten vorziehen. Ab Anfang April können Sie direkt ins Beet säen. Frühsorten bilden kleinere Köpfe, deshalb genügt es, wenn Sie die Pflanzen auf einen Abstand von 25 cm vereinzeln. Sommersalate brauchen etwas mehr Platz. Wer bis zum Herbst laufend Salat ernten will, sät immer dann neu aus, wenn die Sämlinge der vorherigen Saat die ersten Laubblätter bilden. Eine Kompostgabe bei der Beetvorbereitung reicht als Startdüngung aus, zur Deckung des hohen Kalibedarfs geben Sie alle 14 Tage etwas Beinwelljauche ins Gießwasser.

AUF DEM BALKON: In einen Standard-Balkonkasten (80 × 17,5 cm) passen vier Pflück- oder Kopfsalate. Fertige Gemüseerde sollten Sie mit etwas Sand vermischen, sonst ist sie zu nährstoffreich, und dann droht Blattlausbefall!

SCHÄDLINGE UND KRANKHEITEN: Blatt- und Wurzelläuse, Drahtwürmer, Falscher Mehltau (Pilz)

BEETPARTNER: Fast alle Gartengemüse. Ungünstig sind Petersilie und Schnittsellerie.

GUTE SORTEN: Frühsorten Kopfsalat 'Maikönig', Schnittsalat 'Krauser Gelber', Pflücksalat 'Bijella':

auch Herbstanbau, 'Till': Folgesaaten bis zum Herbst; **Sommersorten** bunte Schnittsalatmischungen, Kopfsalat 'Wunder von Stuttgart', Eissalat 'Saladin', Pflücksalat 'Red Salad Bowl'; **Sorten für die gesamte Freilandsaison** Pflücksalat 'Maravilla de Verano', Spargelsalat 'Roter Stern': als Pflück- und Kopfsalat nutzbar

ERNTE UND VERWENDUNG: Salate am Vormittag oder frühen Abend schneiden, solange die Blätter noch kühl sind. Eine Handvoll Blätter liefert ein Viertel des Tagesbedarfs an Folsäure.

Schnittsalat gibt es als bunte Samenmischung.

Blattmangold 'Feurio'

Mangold

Beta vulgaris subsp. *vulgaris* ☀ ◑

Saattiefe: 2–3 cm | Reihenabstand: 30–40 cm
- **Nährstoffbedarf:** mittel
- **Familie:** Gänsefußgewächse, Anbauabstand 3 J.
- **Boden:** feinkrümelig, gut abgesetzte Erde
- **Aussaat:** Vorkultur ab März, Direktsaat ab Anfang März (unter Vlies) bis Ende April und ab August bis Mitte September
- **Pflanzung:** April bis Mai, Pflanzabstand 30 cm
- **Kulturdauer:** 6–8 Wochen (Blattmangold), mindestens 12 Wochen (Stielmangold)

Beim Mangold unterscheidet man zwei Formen: Die grünen Blattteile und zarten Stängel des Blattmangolds schmecken mild und leicht süßlich, die nussigen, mehrere Zentimeter dicken Blattrippen des Stielmangolds zergehen nach sanftem Garen auf der Zunge. Buntstielige Auslesen sind eine echte Attraktion in Pflanzkübeln und im Gemüsebeet.

ANBAU/PFLEGE: Mangold ist ideal, wenn man nur einmal säen und über viele Wochen ernten möchte. Anders als Spinat bildet er erst im zweiten Anbau-

jahr Blüten, nur sehr frühe Märzsaaten neigen zum Schießen, also zum vorzeitigen Blühen. Warten Sie deshalb mit der Aussaat bis April oder ziehen die Pflanzen in kleinen Töpfen mit 8–10 cm Durchmesser vor. Diese sind tief genug, damit die Setzlinge ihre Pfahlwurzeln verankern können. Sobald sich nach der Aussaat im Beet starke von schwachen Pflanzen unterscheiden lassen, die Reihen ausdünnen und nur die kräftigsten Sämlinge stehen lassen.
AUF DEM BALKON: Buntstielige Mangoldsorten wirken in Gruppen in großen Kübeln oder »solo« in Einzeltöpfen. Hübsch: Kombination mit Sommerblumen, z. B. Ringelblumen oder Kapuzinerkresse.
SCHÄDLINGE UND KRANKHEITEN: Pilzbefall durch Falschen Mehltau, Rübenminierfliege
BEETPARTNER: Kohlrabi, Porree, Salat, Sellerie
GUTE SORTEN: Blattmangold 'Grüner Schnitt': dunkelgrüne Blätter, 'Lukullus': hellgrünes, krauses Blatt, 'Bright Lights': buntstielig, bunt geäderte Blätter, 'Feurio': leuchtend rote Stiele und Blattrippen; **Stielmangold** 'Glatter Silber': breite, silberweiße Blattrippen, dunkelgrünes Blatt
ERNTE UND VERWENDUNG: Ernten Sie die Stängel von außen nach innen, dann sind mindestens drei Ernten möglich. Dicht gesäte Pflänzchen erntet man als Salat, nach dem Ausdünnen werden die restlichen Pflänzchen immer kräftiger und liefern über viele Wochen aromatische Blätter und zarte Stiele.

Blattmangold 'Bright Lights'

Zarter Frühlingsspinat

Rotstieliger Spinat 'Red Cardinal'

Spinat

Spinacia oleracea ☼ ◐

Saattiefe: 3–4 cm | Reihenabstand: 15–30 cm

- **Nährstoffbedarf:** mittel
- **Familie:** Gänsefußgewächse, Anbauabstand 3 J.
- **Boden:** feinkrümelig; gut abgesetzte Erde
- **Aussaat:** ab Anfang März unter Vlies bis Ende April, August bis Mitte September
- **Kulturdauer:** 6–8 Wochen oder länger

Spinat gehört zu den wenigen Gemüsearten, von denen keine Wildart bekannt ist. Vermutlich gelangte er über Spanien nach Mitteleuropa und verdrängte vor gut 400 Jahren die bis dahin genutzte Gartenmelde. Frühjahrsspinat hat hellgrüne milde Blätter und schmeckt auch als Salat. Für die Herbsternte gibt es robustere, kältefeste Sorten.

ANBAU/PFLEGE: Wegen der kräftigen Pfahlwurzeln gedeiht Spinat am besten auf tiefgründigen, humusreichen Lehmböden. Wichtig sind die jahreszeitlich abgestimmte Sortenwahl, da Spinat im Sommer schießt, und ein feinkrümeliges Saatbett. Für die Ernte als Blattsalat genügt ein Abstand von 15 cm zwischen und 5 cm in der Reihe; sollen die Pflanzen länger auf dem Beet bleiben, brauchen sie doppelt so viel Platz. Saatreihen nach dem Abdecken mit einem Brett gut andrücken und anfeuchten! Da Spinat bei Trockenheit vorzeitig Blüten und nur noch kleine, bittere Blätter bildet, den Boden möglichst gleichmäßig feucht halten.

AUF DEM BALKON: In tieferen Kästen lohnen sich raschwüchsige Sorten, z. B. 'Tarpy', für die Ernte als Babyleaf.

SCHÄDLINGE UND KRANKHEITEN: Rübenfliege, Pilzbefall durch Falschen Mehltau

BEETPARTNER: alle Gemüse außer Mangold und Rote Bete

GUTE SORTEN: **Frühsorte** 'Red Cardinal'; **Frühjahrs- und Herbstsorten** 'Butterfly', 'Matador' und 'Monopa'; **Spätsorte** 'Winterriesen/Verdil': auch zur Überwinterung geeignet

ERNTE UND VERWENDUNG: Junge Blätter als vitaminreiche Rohkost genießen, bei späterer Ernte als schnell zubereitetes Blattgemüse. Blanchieren erhält das satte Grün und senkt den Nitratgehalt.

INHALTSSTOFFE: Die Blätter enthalten wertvolles pflanzliches Eiweiß, reichlich Mineralstoffe und Beta-Carotin. Nitrat ist nur bei zu wenig Sonne und zu viel Dünger ein Problem.

❯ *Kaninchendraht verhindert, dass Amseln beim Scharren die Samen und Sämlinge ausgraben.*

Rettich

Raphanus sativus var. *niger* ☼

Saattiefe: 2–3 cm | Reihenabstand: 25 cm
- **Nährstoffbedarf:** mittel
- **Familie:** Kreuzblütler, Anbauabstand 3 Jahre
- **Boden:** tiefgründig, feucht, hoher Humusanteil
- **Aussaat:** März bis Mitte August, in der Reihe auf 8–10 cm vereinzeln
- **Pflanzung:** März bis Juni, Pflanzabstand 20 cm
- **Kulturdauer:** Frühsorten 7–8 Wochen, Sommersorten 5–6 Wochen, Herbst- und Wintersorten 10–12 Wochen ab Aussaat

Rettich gilt bei uns als heimisches Gemüse, dabei gehört er zu den ältesten Kulturpflanzen Asiens. Selbst beim bayerischen Bierrettich handelt es sich meist um japanische Rettichvarianten.

ANBAU/PFLEGE: Entscheidend für den Anbauerfolg und Genuss ist eine der Jahreszeit angepasste Sortenwahl. Frühjahrsrettiche wie der beliebte 'Ostergruß' kommen auch mit kühlen Temperaturen und kurzen Tagen zurecht, Sommersorten neigen we-

> *In Töpfen vorgezogene Rettiche wachsen nach dem Auspflanzen schön gerade.*

niger zum Schießen – vorausgesetzt, Sie vergessen an heißen Tagen das Gießen nicht. Und die ab Juli ausgesäten Herbstrettiche tolerieren auch die ersten kalten Nächte. Rettiche vertragen keinen frischen organischen Dünger wie Frischkompost oder Mist. Arbeiten Sie vor der Saat oder Pflanzung ausschließlich Reifkompost (ca. 3 l/m²) ein, eventuell vermischt mit Phytoperls (ca. 50 g/m²). Regelmäßiges Hacken zwischen den Reihen fördert die Entwicklung, eine gleichmäßige Bodenfeuchtigkeit verhindert, dass das Fleisch »pelzig« wird.

SCHÄDLINGE UND KRANKHEITEN: Kohlfliege, Pilzbefall durch Kohlhernie und Rettichschwärze

BEETPARTNER: Salat, Spinat, Erbsen, Buschbohnen

GUTE SORTEN: Frühsorten 'Ostergruß rosa 2': halblang, rosafarben; **Sommersorten** 'Minowase Summer Cross': lang, mild, weiß, 'Zürcher Markt'; **Herbstsorten** 'Blauer Herbst und Winter': länglich, violett; **Wintersorten** 'Runder Schwarzer Winter': rund, festfleischig, lange lagerfähig

ERNTE UND VERWENDUNG: Ausgereifte Frühjahrs- und Sommerrettiche innerhalb von 2 Wochen ernten, sonst werden sie scharf und hart. Herbstrettiche vor dem ersten Frost ziehen und in Sand im kühlen Keller einlagern.

INHALTSSTOFFE: Die im Rettich enthaltenen Senföle wirken schleimlösend bei Husten. Keimsprossen aus Rettichsamen enthalten viel Vitamin C.

Sommerrettich 'Minowase Summer Cross'

Radieschen

Raphanus sativus var. *sativus* ☼

Saattiefe: 1–1,5 cm | Reihenabstand: 10–20 cm

- **Nährstoffbedarf:** mittel
- **Familie:** Kreuzblütler, Anbauabstand 2–3 Jahre
- **Boden:** humusreiche, feuchte, kalkreiche Lehmböden
- **Aussaat:** Mitte März bis Mitte September, in der Reihe auf 5–6 cm vereinzeln
- **Kulturdauer:** 4–6 Wochen ab Aussaat

Radieschen oder Radies sind eng mit Rettichen verwandt. Früher waren die Knollen weiß und länglich, ähnlich wie die heute noch erhältliche Sorte 'Eiszapfen'. Durch Züchtung entstanden runde Varianten mit gelber, dunkelroter und violetter Schale.

ANBAU/PFLEGE: In den meisten Gärten werden Radieschen hauptsächlich im Frühjahr angebaut – eigentlich schade, denn mit der richtigen Sortenwahl kann man das gesunde Snack-Gemüse bis in den Spätherbst ernten. Säen Sie immer dann neu aus, wenn die Sämlinge aus der vorangegangenen Saat ihre Keimblätter voll entfaltet haben. Radieschen wurzeln nur oberflächlich und sollten vor allem beim Sommeranbau regelmäßig mit Wasser versorgt werden. Wegen der kurzen Anbauzeit gelten Radieschen als genügsam, doch gerade weil sie so rasant wachsen, müssen die Nährstoffe rasch verfügbar sein. Das klappt, wenn Sie vor der Aussaat etwas Hornmehl (ca. 35 g/m²) in die Erde einarbeiten.

AUF DEM BALKON: Runde Radieschen begnügen sich mit 15–20 cm tiefen Kästen oder Töpfen, müssen dort aber häufiger gegossen werden. Besonders praktisch sind Saatbänder.

SCHÄDLINGE UND KRANKHEITEN: Kohlfliege, Pilzbefall durch Kohlhernie und Rettichschwärze

BEETPARTNER: Schnittsalat, Kresse, Dill, Kerbel

GUTE SORTEN: Früh- und Herbstsorten 'Eiszapfen', 'Marike', bunte Samenmischung; **Sommersorten** 'Parat', 'Rudi', 'Sora'

ERNTE UND VERWENDUNG: Reife Radieschen innerhalb von 4–5 Tagen ernten. Zum Aufbewahren (ca. 3 Tage im Gemüsefach des Kühlschranks) das Laub abdrehen. Bei eigenen Bioradieschen können Sie die jungen Blätter mitverwenden. Sie schmecken im Salat oder – mit den Knollen gedünstet und püriert – in einer Radieschen-Sahne-Suppe.

TIPP: Als Schnellkeimer eignen sich Radieschen zur Markiersaat (→ Praxistipp Seite 75) bei zögernd keimenden Möhren oder Pastinaken.

Bunte Samenmischung

Radieschen keimen innerhalb von einer Woche.

Erbsen

Pisum sativum ☼

Saattiefe: 3–5 cm | Reihenabstand: 30–40 cm

- **Nährstoffbedarf:** gering
- **Familie:** Schmetterlingsblütler, Anbauabstand 4–5 Jahre
- **Boden:** tiefgründig, humos, lehmig bis sandig
- **Aussaat:** Direktsaat ab Ende März bis Mitte Juni, Palerbsen ab Mitte März
- **Kulturdauer:** 10–13 Wochen

Bei Erbsen haben Sie die Wahl zwischen Pal- oder Trockenerbsen, Markerbsen mit süßen, dicken Samen und Zuckererbsen (Zuckerschoten), die jung geerntet und samt Hülsen verzehrt werden. Für die meisten Sorten gilt: Die Blühfreude der Pflanzen und damit die Erntemenge lässt im Sommer, wenn die Tage länger werden, merklich nach.

ANBAU/PFLEGE: Frühsaaten von Mark- und Zuckererbsen werden weniger von Schädlingen befallen, man sollte sie aber mit Gemüsenetzen vor Vögeln schützen. Vor der Saat muss der Bo-

Kapuzinererbse 'Blauschokker'

den gut abgetrocknet sein, da die Samen in nasser Erde schmieren. Erbsen wurzeln über einen Meter tief und bilden viele feine Seitenwurzeln mit stickstoffbindenden Knöllchenbakterien. Das macht sie zur ausgezeichneten Vorkultur für Kohl und andere Spätgemüse, doch nur im März gesäte Erbsen räumen das Beet früh genug für die Folgekultur. Eine Düngung bei der Beetvorbereitung oder später entfällt. Auf stickstoffreichen Gartenböden kann sich die Abreife sogar stark verzögern. Bis ca. 60 cm hohe Sorten benötigen keine Rankhilfe, beim Anbau in Doppelreihen (20 cm Abstand) stützen sich die Pflanzen gegenseitig. Höhere Sorten zieht man an Stäben, Reisern oder lässt sie an Gittern hochranken.

SCHÄDLINGE UND KRANKHEITEN: Blattläuse, Erbsenwickler, Echter und Falscher Mehltaupilz

BEETPARTNER: Kohlrabi, Salat, Rettiche und Radieschen, Knollenfenchel, Möhren

GUTE SORTEN: **Palerbse** 'Kleine Rheinländerin'; **Markerbse** 'Primaso' und 'Wunder von Kelvedon'; Kapuzinererbse 'Blauschokker'; **Zuckererbse** 'Ambrosia', 'Norli' und 'Weggiser'

ERNTE UND VERWENDUNG: Lassen Sie bei den zum Trocknen bestimmten Palerbsen die Körner nicht zu hart werden! Zuckererbsen sollten Sie am besten alle 3–4 Tage durchpflücken – ältere Hülsen werden zäh und sind weniger süß. Der optimale Erntezeitpunkt für Markerbsen ist gekommen, wenn sich die Samen deutlich abzeichnen, aber noch nicht ihre volle Größe erreicht haben.

Zuckererbse

Buschbohnen

Phaseolus vulgaris ☀️◐

Saattiefe: 2–3 cm | Reihenabstand: 40 cm

ANBAU/PFLEGE: Buschbohnen lieben eine lockere, unkrautfreie Erde. Vor allem in den ersten Wochen nach der Saat (ab Mitte Mai) sollte man öfter jäten und den Boden besonders ab Beginn der Blütenbildung gleichmäßig feucht halten. Statt drei Reihen pro Beet können Sie auch alle 40 cm 3–5 Samen legen (Horstsaat). Anhäufeln, wenn die Pflanzen etwa 20 cm hoch sind, erhöht die Standfestigkeit.
SCHÄDLINGE UND KRANKHEITEN: Fettflecken (Bakterium), Brennflecken (Pilz), Schwarze Bohnenlaus, Bohnenfliege
BEETPARTNER: einjähriges Bohnenkraut, Salat, Zuckermais
GUTE SORTEN: 'Marona', 'Maxi', 'Sanguigno 2': rot geflammte Hülsen, 'Purple Teepee': violette Hülsen
ERNTE UND VERWENDUNG: Buschbohnen werden vor oder bei Beginn der Samenbildung gepflückt. Mai-Saaten reifen langsamer, im Sommer sollten Sie die Pflanzen 2- bis 3-mal pro Woche durchpflücken. Bohnen nie roh verzehren, erst Erhitzen zerstört das giftige Glykosid Phaseolin.

Stangenbohnen

Phaseolus vulgaris ☀️

Saattiefe: 3 cm | 8–12 Samen pro Stange

ANBAU/PFLEGE: Stangenbohnen brauchen mehr Wärme als Buschbohnen und sind noch windempfindlicher, liefern aber mehr Hülsen. Von Mitte Mai bis Ende Juni legen Sie die Samen in humusreiche, lehmige Erde. Die Bohnen werden an ca. 2 m hohen Stangen oder einem trapezförmigen, durch eine Querstange gesicherten Gerüst kultiviert (→ auch Seite 85). Wichtig: Leiten Sie herabhängende Triebe im Uhrzeigersinn von Hand auf. Nach der ersten Erntewelle düngen Sie mit organischem Volldünger nach.
SCHÄDLINGE UND KRANKHEITEN: wie Buschbohnen
BEETPARTNER: Kapuzinerkresse, Zucchini, Zuckermais
GUTE SORTEN: Feuerbohne 'Rotblühende', 'Scarlet Emperor', 'Berner Landfrauen': violett gesprenkelte Hülsen, 'Blauhilde': blaue Hülsen, 'Goldfield': gelbe Hülsen
ERNTE UND VERWENDUNG: Die Ernte beginnt Mitte Juli und dauert bis Anfang Oktober. Blaue Hülsen färben sich beim Kochen dunkelgrün. Bohnen nie grün verzehren!

Möhre, Karotte

Daucus carota subsp. *sativus* ☼

Saattiefe: 1–2 cm | Reihenabstand: 25–30 cm

- **Nährstoffbedarf:** mittel
- **Familie:** Doldenblütler, Anbauabstand 3–5 Jahre
- **Boden:** humusreiche, sandig-lehmige Erde
- **Aussaat:** Direktsaat ab März bis Ende Juni, in der Reihe auf 5–8 cm vereinzeln
- **Kulturdauer:** Frühsorten 10–12 Wochen, Sommersorten 12–19 Wochen, Spätsorten 24–28 Wochen

Kurz und rund, lang und stumpf oder eher kegelförmig – Möhren gibt es in vielen Formen. Nicht alle sind orange, historische Sorten gibt es auch in Cremeweiß oder Hellgelb. Bei der violetten »Urmöhre« handelt es sich jedoch, anders als oft behauptet, um eine moderne Hybridzüchtung.

❯ *Vereinzeln Sie Möhren frühzeitig, denn die Rüben brauchen Platz zum Wachsen.*

ANBAU/PFLEGE: Abhängig von Aussaat- und Erntezeit gibt es bei Möhren Früh-, Sommer- und Spätsorten. Weil die Pflanzen nur zögernd keimen und sich die Sämlinge sehr langsam entwickeln, sollte man vor allem beim Start für beste Bedingungen sorgen. Später genügt gelegentliches Hacken. Säen Sie Frühsorten, z. B. 'Miranda', ab Anfang März auf ein Beet mit humusreicher, tief gelocker-ter, feuchter Erde. Auf schweren Böden, die sich im Frühjahr nur langsam erwärmen, hat sich der Anbau auf Hügel- oder Hochbeeten bewährt. Mittelfrühe Sorten wie 'Leira' wachsen ebenfalls rasch und können noch bis Mitte Juni ausgesät werden. Die robusten Spätmöhren nehmen sich mehr Zeit,

Traditionelle Spätsorte 'Oxheart'

Runde Frühsorte 'Pariser Markt'

Lagersorte 'Purple Haze'

Späte Lagersorte 'Red Samurai'

werden dafür auch größer. 'Robila' lässt sich gut einlagern und überwintert in milden Lagen sogar auf dem Beet. Sobald die Möhrensämlinge sichtbar werden, bedecken Sie die Reihen mit einer 2 cm dicken Schicht Reifkompost und halten das Beet gleichmäßig feucht. Nicht vergessen: Durch Abdecken mit einem Gemüseschutznetz direkt nach der Aussaat beugen Sie einem Befall mit den Maden der Möhrenfliege vor. Stehen die Sämlinge zu dicht, müssen sie auf den richtigen Abstand vereinzelt werden, sobald sie zwei Fiederblättchen gebildet haben.

AUF DEM BALKON: In tiefen Töpfen können Sie Frühmöhren wie 'Amsterdamer' ziehen, für den Balkonkasten kommen Sorten mit kleinen, runden Rüben wie 'Pariser Markt' infrage.

SCHÄDLINGE UND KRANKHEITEN: Möhrenfliege, Pilzbefall durch Möhrenschwärze, Wurzelläuse

BEETPARTNER: Dill, Erbsen, Lauch, Mangold und Zichoriensalate

GUTE SORTEN: Frühsorten 'Amsterdamer', 'Miranda', 'Pariser Markt'; **mittelfrühe Sorten** 'Leira', 'Nantaise 2/Milan'; **späte Lagersorten** 'Purple Haze', 'Red Samurai', 'Robila' und 'Rolanka'

ERNTE UND VERWENDUNG: Möhren für den Frischverzehr können schon vor der Vollreife geerntet werden, sie schmecken aromatisch, aber weniger süß. Zum Einlagern vorgesehene Möhren lässt man auf dem Beet, bis sich die Blattspitzen rötlich oder gelb färben. Zu viel gezogene Möhren bleiben im Kühlschrank 1–2 Wochen knackig. Dazu das Laub

abdrehen, die Rüben nur kurz waschen und in ein feuchtes Tuch einschlagen. Späte Sorten schlägt man ungewaschen im Frühbeet in Erde ein oder lagert sie in Kisten mit feuchtem Sand in einem sehr kühlen, luftfeuchten Raum.

INHALTSSTOFFE: Beta-Carotin wird im Körper in Vitamin A umgewandelt. Das Vitamin verhilft zu einer schönen Haut, schützt vor schädlichen UV-Strahlen und stärkt die Sehkraft. Ein Teelöffel Sahne oder Öl verbessert die Aufnahme.

TIPP: Erfahrene Biogärtner mischen Dillsamen unter die Möhrensamen. Der Dill soll die Keimung beschleunigen und das Aroma der Rüben fördern.

PRAXISTIPP

Möhren keimen nur sehr zögerlich. Es besteht die Gefahr, dass man beim Jäten die keimenden Samen beschädigt, wenn die Saatrille nicht sichtbar ist. Ein Trick hilft: Legen Sie im Abstand von 8–10 cm jeweils ein oder zwei Radieschensamen in die Saatrille der Möhrensamen. Die rasch keimenden Radies dienen als Markiersaat und erleichtern das Jäten, bis die Möhrensämlinge erscheinen.

Rote Bete

Beta vulgaris var. *vulgaris* ☼

Saattiefe: 2–3 cm | Reihenabstand: 25–35 cm
- **Nährstoffbedarf:** mittel
- **Familie:** Gänsefußgewächse, Anbauabstand 3 Jahre
- **Boden:** humusreich bis lehmig, mäßig kalkhaltig
- **Aussaat:** Direktsaat ab Ende April bis Ende Juli, in der Reihe auf 5–10 cm vereinzeln
- **Kulturdauer:** 4–13 Wochen

Rote Bete 'Pablo'

Vor gut hundert Jahren gab es noch andersfarbige Rote Bete. Heute bevorzugt man Sorten mit blutroten, voll durchgefärbten Knollen. Gelbe oder weiße Bete enthalten mehr Zucker, schmecken weniger erdig und lagern deutlich weniger Nitrat ein.

ANBAU/PFLEGE: Die Samenknäuel keimen erst bei Bodentemperaturen ab 9 °C , ideal sind ca. 20 °C. Wer zu früh sät, riskiert Schosser. Weil sich aus jedem Knäuel 3–5 Sämlinge entwickeln, kann man sich um das Vereinzeln kaum drücken – es sei denn, man wählt die etwas teureren Saatbänder. In kühleren Regionen bedeckt man Frühjahrssaaten mit Vlies. Ab Beginn der Knollenbildung fördern mehrere Gaben mit verdünnter Brennnessel- oder Beinwelljauche (alle 3 Wochen) die Entwicklung zarter, saftiger Rüben.

SCHÄDLINGE UND KRANKHEITEN: Blattflecken oder Pilzbefall durch Falschen Mehltau, Schorfbakterien

BEETPARTNER: Buschbohnen, Dill

GUTE SORTEN: rund 'Jannis', 'Pablo', 'Robuschka', 'Rote Kugel', 'Tondo di Chioggia'; **walzenförmig** 'Forono', 'Ägyptische Plattrunde': gibt es seit 1868

ERNTE UND VERWENDUNG: Rote Rüben kann man ab Tischtennisballgröße ernten, zum Einlagern lässt man sie voll ausreifen. Sie schmecken roh, als Gemüse, Salat oder Saft.

INHALTSSTOFFE: Die abwehrstärkende Wirkung verdankt Rote Bete dem Farbstoff Betazyan. Auch die Versorgung mit blutbildendem Eisen ist durch die Roten Rüben gesichert. Sämtliche Sorten, auch die gelben, liefern alle wichtigen B-Vitamine.

Gelbe Bete und die rosa-weiß geringelte 'Tondo di Chioggia'

❯ *Verwenden Sie die rotstieligen, jungen Blätter dicht gesäter Roter Bete wie Baby-Leaf-Salat.*

Mairübe
Brassica rapa subsp. *rapa* ☀-◑

Saattiefe: 2–3 cm | Pflanzabstand: 20–30 × 10 cm

ANBAU/PFLEGE: Mairüben erhielten ihren Namen, weil sie bei Aussaat ab Mitte März bereits im Mai erntereif sind. Sät man im Spätsommer, wird aus der Mairübe eine Herbstrübe. Im Frühjahr sät man in feuchte Erde an einem sonnigen Platz, für spätere Saaten kommt auch ein halbschattiges Beet infrage. Die Pflegemaßnahmen sind begrenzt: Im Jugendstadium sorgfältig jäten, zwischen den Reihen öfter hacken und bei Trockenheit durchdringend gießen.
AUF DEM BALKON: Säen Sie in 15 cm große Einzeltöpfe mit nährstoffreicher Gemüseerde.
SCHÄDLINGE UND KRANKHEITEN: Erdflöhe, Kohl- und Rettichfliege, Rettichschwärze durch Pilzbefall
BEETPARTNER: Pflücksalat, Spinat, Buschbohnen
GUTE SORTEN: 'Goldball', 'Milan Purple Top Forcing', 'Petrowski', 'Teltower Kleine'
ERNTE UND VERWENDUNG: Ernten Sie nach ca. 8–9 Wochen, wenn die Rüben 6–8 cm groß sind.

Kohlrabi
Brassica oleracea convar. *caulorapa* var. *gongylodes* ☀-◑

Saattiefe: 1 cm | Pflanzabstand: 30 × 25 cm

ANBAU/PFLEGE: Mit vorgezogenen Jungpflanzen lässt sich die Anbauzeit um viele Wochen verkürzen. Setzen Sie die Pflänzchen ab Mitte März nur so tief in humose Erde, dass der Wurzelansatz mit Erde bedeckt ist, sonst bilden sie keine oder kleine, längliche Knollen. »Vollholzkohlrabi« mit zähem, faserigem Fleisch entstehen durch Nährstoff- oder Wassermangel. Deshalb bei der Pflanzung rasch löslichen Gemüsedünger oder Horngrieß in die Erde einarbeiten.
SCHÄDLINGE UND KRANKHEITEN: Blattläuse, Kohlhernie durch Pilzbefall, Raupen des Kohlweißlings
BEETPARTNER: Salat, Spinat, Erbsen und Zuckerschoten (niedrige Sorten)
GUTE SORTEN: Frühsorte 'Lanro': weiß; **Früh- bis Sommersorten** 'Azur Star': blau, 'Blaro': violett, 'Noriko': weiß; **Herbstsorten** 'Blaril' und 'Blauer Speck': violett
ERNTE UND VERWENDUNG: Kurz bevor sie ihre volle Größe erreicht haben, sind die Knollen besonders zart.

Speisezwiebel

Allium cepa ☼

Saattiefe: 1–2 cm | Reihenabstand: 20 cm

- **Nährstoffbedarf:** mittel
- **Familie:** Lauchgewächse, Anbauabstand 4–5 Jahre
- **Boden:** leicht, sandig-lehmig
- **Aussaat:** im März und April, auf ca. 6 cm in der Reihe vereinzeln
- **Pflanzung:** Steckzwiebeln ab Ende März, Schalotten ab April
- **Kulturdauer:** Bund- und Lauchzwiebeln 12–14 Wochen, Speisezwiebeln und Schalotten 20 Wochen

Lauchzwiebeln

Gemüsezwiebeln

Zwiebeln sind zweijährig, die Pflanzen bilden im ersten Jahr die typischen Röhrenblätter und Zwiebeln aus. Im zweiten Jahr blühen sie.

Küchenzwiebeln (*A. cepa* var. *cepa*) mit weißer, goldbrauner oder roter Schale sind vielseitig verwendbar. Ihr Aroma ist mild und würzig (Gemüsezwiebel) bis beißend scharf. Früh geerntete, nicht lagerfähige Küchenzwiebeln heißen Bundzwiebeln.

Lauch- oder Frühlingszwiebeln gehören zur selben Art, bilden aber je nach Sorte und Erntetermin nur leicht verdickte Zwiebeln oder schmale, weiße Schäfte mit grünen Röhrenblättern.

Schalotten (*A. cepa* var. *ascalonicum*) gelten als die feinsten Vertreter der Zwiebelfamilie. »Familienzwiebel« heißen die Bulben, weil aus einer gepflanzten Zwiebel eine Gruppe von 5–7 neuen, runden oder länglichen Teilzwiebeln entstehen.

ANBAU/PFLEGE: Direkt ins Beet gesäte Zwiebeln nach dem Auflaufen auf 5–8 cm in der Reihe vereinzeln. Steckzwiebeln im selben Abstand stecken, aber nur so tief, dass die Spitze herausschaut. Bei trockenem Frühsommerwetter alle paar Tage großzügig gießen, sonst bleiben die Zwiebeln klein! Ab Mitte Juni verzögern zusätzliche Wassergaben die Abreife. Wichtig ist Unkrautjäten. Beim Hacken zwischen den Reihen ist Vorsicht geboten, junge Sämlinge und Steckzwiebeln wurzeln nur oberflächlich!

AUF DEM BALKON: Frühlingszwiebeln mit roten Schäften wie 'Rossa Lunga di Firenze' sind ein Hingucker. Für die laufende Ernte alle 3–4 Wochen neu aussäen.

SCHÄDLINGE UND KRANKHEITEN: Lauchminierfliege, Zwiebelfliege, Falscher Mehltaupilz

BEETPARTNER: Möhren, Pastinaken, Rote Bete, Salat

GUTE SORTEN: weiße Küchenzwiebel 'Sturon': Steckzwiebel; **rote Küchenzwiebel** 'Robelja'; **Gemüsezwiebel** 'Ailsa Craig'; **Lauchzwiebel** 'Ishikura Long White' und 'Rossa Lunga di Firenze'; **Schalotten** 'Red Sun' und 'Yellow Moon'

ERNTE UND VERWENDUNG: Bund- und Lauchzwiebeln nach Bedarf ernten, sobald Schäfte oder Zwiebeln dick genug sind. Zum Einlagern der Speisezwiebeln abwarten, bis das Laub vergilbt und eintrocknet. Die Blätter niemals umtreten!

Knoblauch

Allium sativum ☼

Pflanztiefe: 5 cm | Reihenabstand: 25 cm

- **Nährstoffbedarf:** mittel
- **Familie:** Lauchgewächse, Anbauabstand 3 Jahre
- **Boden:** lockere, wasserdurchlässige Erde in warmer Lage
- **Pflanzung:** Spätherbst oder März, Pflanzabstand 10 cm
- **Kulturdauer:** 7–10 Monate

ANBAU/PFLEGE: Die beste Pflanzzeit ist im Herbst. Ein Kältereiz im Winter wirkt sich günstig auf das Wachstum aus. Zwei Gaben mit verdünnter Pflanzenjauche und mehrmaliges Hacken während der Hauptwachstumszeit lautet das Erfolgsrezept für dicke Knollen mit bis zu 15 Zehen. Im Herbst gepflanzter Knoblauch schiebt im Sommer darauf einen Stängel mit unfruchtbaren Blüten, die keine Samen bilden. Bei einjähriger Kultur schneidet man den Stängel einfach ab. Lässt man ihn wachsen, entwickeln sich aus den weiblichen Blüten kleine Brutzwiebeln (»Bulben«). Diese kann man im Herbst einpflanzen. Im darauffolgenden Sommer entstehen daraus zwiebelähnliche »Rundlinge«, Knollen mit mehreren Zehen gibt es erst im Jahr darauf (zweijährige Kultur).

❯ *Knoblauchzehen steckt man 5 cm tief und immer mit der Spitze nach oben.*

AUF DEM BALKON: Schlangenknoblauch (*A. sativum* var. *ophioscorodon*) bildet bizarr gedrehte Stängel mit kleinen, milden Brutzwiebeln – hübsch für den halbschattigen Küchenbalkon!

SCHÄDLINGE UND KRANKHEITEN: Knoblauchfliege, Stängelälchen; Pilzbefall durch Fusarium, Grauschimmel und Knoblauchschwärze; bei feuchtem Wetter Bakterienbefall durch Nassfäule

BEETPARTNER: Erdbeeren, Kohl, Tomaten, Sellerie, Schwarzwurzeln

GUTE SORTEN: 'Flavor': hellrosa Zehen, 'Sprint': weiße, violett geflammte Knollen, 'Vallelado': weißschalig; auch oft namenloser Bio-Pflanzknoblauch aus heimischer Kultur mit rosa oder weißen Hüllblättern

ERNTE UND VERWENDUNG: Die Ernte beginnt Mitte bis Ende Juli, bevor die Hüllblätter aufreißen, sobald das untere Drittel der Pflanzen vergilbt. Nach dem Nachtrocknen bewahrt man die Knoblauchzwiebeln gebündelt oder zu Zöpfen geflochten in einem trockenen, kühlen Raum auf.

INHALTSSTOFFE: Schwefelhaltiges Allicin ist für den »Duft« verantwortlich. In der Naturheilkunde nutzt man die blutdruckregulierende und antibakterielle Wirkung des Knoblauchs.

TIPP: Auf dem Markt gekaufter Knoblauch aus südlichen Anbauländern eignet sich nicht zum Nachbau in Mitteleuropa.

Frisch geernteter Knoblauch

SOMMER

Die beste Zeit für Gemüsegärtner beginnt, wenn sich im Sommer die Körbe füllen und bei der Ernte genug zum Naschen abfällt. Und nicht vergessen: Lassen Sie Salat und Tomaten jetzt nicht dursten!

Aus dem Vollen schöpfen

Halbzeit! Meist entscheidet sich Ende Juni, Anfang Juli, wie der Sommer tatsächlich verläuft. Trocken? Nass? Davon hängt ab, wie viel Pflege der Garten in diesen Monaten braucht. Haben Sie jetzt vor allem ein Auge auf Schaderreger!

Viele schwören auf die Wetterregel zum früheren Siebenschläfertag: Regnet es am 27. Juni, soll es noch sieben Wochen regnen. In zwei von drei Jahren trifft dies nach meteorologischen Aufzeichnungen zu. Scheint die Sonne, bleiben die Hochdruckgebiete über Mitteleuropa meist ebenso lange stabil.

Gärtnern je nach Wetter

Gewitterböen mit Starkregen können Salaten und Gemüse ebenso wie Hitze und Trockenheit

PRAXISTIPP

Bei Hitze- und Trockenstress beeilen sich auch als schossfest geltende Gemüse mit der Samenbildung. Pflücksalat zeigt dies besonders gut: Der Stängel streckt sich, und die Pflanzen beginnen zu blühen. Die Blätter können zwar noch verwertet werden, schmecken aber immer bitterer. Vorbeugung: Das Salatbeet an heißen Tagen mit Vlies schattieren.

> ❯ *Ein gut belüftetes Tomatenhaus kann einen Befall mit Braunfäule verhindern oder zumindest so verzögern, dass die Ernteausfälle gering bleiben.*

schwer zu schaffen machen. Hier muss der Gärtner eine ausgleichende Rolle spielen – nämlich mit angepassten Pflegemaßnahmen.

Wechselspiel zwischen Hacke und Kanne

Zu den wichtigsten Pflegearbeiten gehören jetzt Gießen und Hacken. Häufiges Lockern ist nicht zu unterschätzen, da es die Verdunstung von Wasser aus der Erde verringert (→ Seite 39). Auf schweren Böden sorgt das Aufbrechen der Kruste mit der Hacke obendrein dafür, dass Gieß- und Regenwasser nicht abläuft, sondern rasch versickert.

Sonne hilft gegen Unkraut

Das Jäten geht jetzt ganz flott. Mit einer scharfkantigen Ziehhacke können Sie aufkeimende Samenunkräuter (→ Seite 23) knapp unter der Bodenoberfläche einfach abschneiden. Bei sonnigem Wetter verwelken sie rasch und bleiben als dünne Mulchschicht auf den Beeten liegen. Wurzelunkräuter nach Regen samt Ausläufern aus der Erde ziehen.

> *Lockern Sie im Beet mit Herbstgemüse regelmäßig die Erde und jäten Sie dabei sorgfältig Unkraut.*

Wehret den Anfängen!

Wenn Gemüse üppig gedeihen, haben auch Schaderreger Hochsaison. Nur Nacktschnecken mögen Trockenheit nicht. Super für die Sommersalate!

Keine Chance für Blattläuse

Wer einen Holunderstrauch am Kompost stehen hat, weiß genau, wann die Blattlaus-Saison beginnt. Ganze Kolonien sitzen an den Triebspitzen. Sie ziehen ihre Förderer, die Ameisen, magisch an, allerdings ebenso ihre Gegenspieler wie Marienkäfer und Meisen. Daher ist der Spuk ohne Ihr Zutun in den meisten Fällen rasch vorüber.
Ganz anders bei Busch- und Stangenbohnen: Sie überstehen größeren Befall nicht ohne empfindliche Ertragseinbußen. Mit Brennnesselbrühe (→ Seite 44/45) oder sanften Mitteln auf Seifenbasis dezimieren Sie die Läuseplage, ohne Nützlingen zu schaden.

Tomatenkrankheiten entgegenwirken

Die gefürchtete Braunfäule an Tomaten können Sie dagegen nur möglichst lange hinauszögern.

Wöchentliche Spritzungen mit Schachtelhalmauszügen, Knoblauchtee oder anderen biologischen Blattstärkungsmitteln können einen frühen Befall verhindern. Am besten schützen ein Dach bzw. ein luftiges Tomatenhaus sowie die Wahl unempfindlicher Sorten (→ Seite 86/87).

Auch Gärtner brauchen Urlaub

Ausgerechnet jetzt den Garten sich selbst überlassen und in die Ferien fahren? Mit ein wenig Vorbereitung und netten Nachbarn können Sie das ruhig riskieren, denn Kohl und Endivie wachsen auch alleine weiter, und im August gibt es noch genügend Termine für Nachzügler (→ Seite 84/85).

- Bei Zucchini können Sie die nächste Ernte um etwa zwei Wochen verschieben, wenn Sie kurz vor Urlaubsantritt alle Blüten ausbrechen.
- Das klappt auch bei Tomaten und Gurken, aber wer die Katze füttert und die Balkonkästen gießt, freut sich eventuell mehr über sonnenreifes Gemüse als über eine Topfpflanze als Dankeschön.
- Wer wenig düngt und die Pflanzen beim Anwachsen stets gut mit Wasser versorgt hat, braucht sich um die Beetgemüse keine Sorgen zu machen.
- Gießen Sie vor der Abreise nochmals durchdringend und bringen Sie eine dicke Mulchschicht aus angefeuchtetem Stroh aus. Dann dürften auch längere Trockenperioden keine Probleme bereiten.

> *Rotblättrige Salate für den Sommeranbau sind relativ hitzefest. Säen Sie nicht zu dicht, gerade rasch wachsende Schnittsalate brauchen Abstand.*

Nachschlag gefällig?

Die günstige Zeit zum Pflanzen und Säen ist noch nicht vorüber, aber die Arbeit drängt längst nicht mehr so wie im Frühling. Manches kommt jetzt erst ins Beet. Und wer das eine oder andere bislang versäumt hat, kann vieles nachholen.

❯ *Ein Hügelbeet ist ideal für den Anbau von Einlegegurken, rankenden Sommerkürbissen und Zucchini. Eine dicke Mulchschicht aus Stroh hält den Boden feucht. Beete, auf denen Erbsen und andere Frühgemüse abgeerntet wurden, bleiben nicht lange leer. Endivie und Rettich für die Herbsternte nehmen ihren Platz ein. Lücken in den Reihen mit Kohlrabi oder Kopfsalat füllt man jetzt mit Sommersalaten, wie rot- oder grünblättrigen Eichblatt- und Bataviasalaten.*

Im Sommer steigt der Appetit nach Gemüse und Salat. Wer im späten Frühjahr erneut Salat, Kohlrabi, Radieschen und Spinat gesät hat, kann jetzt aus dem Vollen schöpfen.

Schichtwechsel im Beet

Die meisten früh gesäten und gepflanzten Gemüse (→ Seite 62/63) sind erntereif. Jede Lücke im Beet schafft Platz für Folgekulturen, die im Herbst und Winter den Speiseplan bereichern.

Früh-, Sommer- und Herbstsorten gibt es nicht von ungefähr: Kopfsalat, Knollenfenchel, Mark- und Zuckererbsen beginnen unter dem Einfluss von langen Tagen zu blühen, also zu »schossen«, Radieschen werden holzig und schmecken unangenehm scharf. Spezielle Sommersorten reagieren weniger auf das viele Licht und tolerieren auch höhere Temperaturen. Im Herbst sind für Nachsaaten wieder die Frühsorten an der Reihe. Es gibt inzwischen aber auch Kopfsalate für den Ganzjahresanbau (→ Porträt Seite 67).

- Anfang Juni ist der letzte Pflanztermin für Fruchtgemüse von Auberginen bis Zuchini!
- Ab Juli säen und pflanzen Sie frühe Herbstgemüse wie Kohlrabi, Möhren, Radicchio und Endivie.

❯ Wo Frühkohl abgeerntet wurde, pflanzt man im Juli Endivie. Rotkohl räumt das Beet erst im Spätherbst.

❯ Zehn Wochen nach der Aussaat der Stangenbohnen können Sie die ersten Hülsen ernten.

- Von Juli bis Anfang August ist die beste Aussaatzeit für Chinakohl. Während der Hauptwachstumszeit von Mitte August bis September häufig gießen!
- Sommersalate bei Hitze im kühlen Raum vorziehen oder abends ins Beet säen und mit kaltem Wasser angießen, sonst keimen die Samen nicht.
- Im August gesäter Feldsalat ist im September reif.

- Möhren, Bohnen und im April gesäte Rote Bete räumen im August das Beet. Anders als dickschalige Spätsorten eignen sie sich kaum zum Lagern.
- Anfang bis Mitte September gesäter Rucola bzw. Spinat liefern innerhalb von 4–6 Wochen Blätter.
- Letzter Pflanztermin für Endivie, Frisée, Radicchio und Wirsing ist Anfang August.

Ab in die Vertikale!

Zu wenig Platz im Beet? Entdecken Sie das vertikale Gärtnern! Prunk- und Stangenbohnen sind ein Paradebeispiel dafür und werden in luftiger Höhe meist sogar weniger von Pilzkrankheiten wie Bohnenrost befallen. Mit ihren 3 m Höhe erobern sie neben Stangen auch Rankseile oder Drahtkonstruktionen. Legt man die Bohnen direkt im Freiland im Boden ab, fressen die im Boden wartenden Maden der Bohnenfliege die gerade herauswachsenden Stängel oft kahl. Durch eine kurze Vorkultur in Töpfen lassen sich diese Ausfälle vermeiden. Pflanzen Sie die Bohnen aus, sobald die Stängel eine Handbreit hoch sind.

Tipp: Stecken Sie in Pflanzkästen auf der Terrasse zwischen die Bohnenkerne ein paar Prunkwindensamen. Sie ergeben einen dekorativen Sicht- und Windschutz. Gurken und Kürbisse wollen ebenfalls hoch hinaus, finden an Rankgittern aus Bambusstäben oder Ranknetzen aus dem Gartenfachhandel aber mehr Halt.

❯ Jungen Bohnensämlingen kann man beim Wachsen fast zusehen.

Sommergemüse

Sommer ist, wenn im Gemüsegarten Tomaten und Paprika reifen und Zucchini fast schneller wachsen, als man ernten kann. Auch Gurken und Auberginen haben jetzt Hochsaison. Und feiner Fenchel und Frühkartoffeln füllen ebenfalls den Erntekorb.

Tomate

Solanum lycopersicum
(Syn. *Lycopersicon esculentum*) ☼

Saattiefe: 0,5–1 cm | Pflanzabstand: 60 × 60 cm

- **Nährstoffbedarf:** mittel bis hoch
- **Familie:** Nachtschattengewächse, Anbauabstand 4 Jahre
- **Boden:** warme, humose, sandige Lehmböden
- **Aussaat:** Vorkultur ab März
- **Pflanzung:** Mitte April unter Vlies bis Ende Mai
- **Kulturdauer:** 12–20 Wochen ab Aussaat, 6–9 Wochen ab Pflanzung

> *Bei Stabtomaten kneift oder »geizt« man regelmäßig alle Seitentriebe in den Blattachseln aus.*

Ein Sommer ohne eigene Tomaten – für die meisten Gartenbesitzer einfach unvorstellbar. Und wenn der Platz im Beet nicht ausreicht, zieht man das begehrte Fruchtgemüse einfach im Topf.

ANBAU/PFLEGE: Tomaten sind extrem lichthungrig. Ziehen Sie die Pflanzen selbst aus Samen vor, sollten Sie sich vorher vergewissern, dass Sie genügend warme und helle Fensterplätze haben. Ein Platz über dem Heizkörper empfiehlt sich jedoch nicht. Dort ist die Luft viel zu trocken. Für ein zügiges Wachstum sollte der Topfballen möglichst gleichmäßig feucht, aber nie nass sein. Zwischen Aussaat und Pflanzung dürfen nicht mehr als 6 Wochen liegen. Müssen die Pflanzen über längere Zeit dicht an dicht in den Anzuchttöpfen ausharren, werden sie zu hoch und bleiben dünn und schmächtig. Doch nur kräftige, kompakte Jungpflanzen mit kurzen Blattabständen liefern später eine reiche Ernte. Viele Gärtner bauen Tomaten jahrelang am selben Platz an. Regelmäßiger Beetwechsel beugt Bodenkrankheiten (Korkwurzelkrankheit) und einem Befall mit Wurzelälchen vor. Im Gewächshaus ist dies oft schwierig. Treten erste Probleme auf, können Sie auf Sorten ausweichen, die auf Wildtomate veredelt wurden, oder die Beeterde austauschen. Tipp: Setzen Sie kräftige Jungpflanzen leicht schräg zum Rankstab und etwa 5 cm tiefer, als sie im Topf gestanden haben.

AUF DEM BALKON: Es gibt niedrige Buschtomaten und spezielle Balkon- oder Ampeltomaten. Auch sie benötigen Töpfe oder Kästen mit mindestens 10 l Fassungsvermögen. Höhere Stabtomaten ziehen Sie in ca. 30 l fassenden Pflanzkübeln.

SCHÄDLINGE UND KRANKHEITEN: Pilzbefall durch Braunfäule oder Samtflecken; Blütenendfäule durch Kalziummangel

GUTE PARTNER: Ringelblumen, Tagetes, Basilikum, Petersilie, Schnitt- und Knollensellerie

GUTE SORTEN: **Wildtomate** 'Golden Current'; **runde Buschtomate** 'Bogus Fruchta'; **frühe runde Freilandtomate** 'Matina'; **runde Stabtomate** 'Quadro', **Cocktailtomaten** 'Yellow Submarine': gelbe

Kraut- und Braunfäule an Tomaten

Tomaten gibt es in vielen Formen und Farben.

Früchte; **Fleischtomate** 'St.Pierre'; **Romatomaten** 'Roma VF' und 'San Marzano'

ERNTE UND VERWENDUNG: Am besten schmecken Tomaten sonnenwarm und frisch vom Stock. Unreif geerntete Tomaten reifen an einem dunklen, warmen Ort nach. Für Pasta, Pizza und Salat eignen sich runde Stab- und dicke Fleischtomaten. Kirschtomaten eignen sich auch für warme Gerichte.

INHALTSSTOFFE: An der Pflanze ausgereifte Tomaten enthalten mehr Vitamin C als vor der Vollreife gepflückte, transportfähige Longlife-Tomaten. Ent-

scheidend für den Geschmack ist das Zucker-Säure-Verhältnis. Rote und gelbe Tomaten enthalten krebsvorbeugendes Lykopin und Beta-Carotine. Das Solanin in unreifen grünen Tomaten ist giftig und wird auch beim Erhitzen nicht abgebaut. Es kann in höherer Dosis Kopf- und Bauchschmerzen oder Sehstörungen auslösen.

TIPP: Schützen Sie Ihre Tomaten durch eine etwas heruntergezogene Überdachung vor Tau und Regen. Auf feuchten Blättern und bei hoher Luftfeuchtigkeit vermehren sich Kraut- und Braunfäule-Pilze.

Die verschiedenen Fruchtformen

FRUCHTFORM	MERKMALE
Kirschtomaten	Stab- oder Buschtomate; Früchte rund, pflaumen- oder birnenförmig; 10–30 g schwer; meist rot oder gelb
Cocktailtomaten	Stabtomate; Früchte rund; 30–60 g schwer; rot, gelb, schwarzrot, grün oder grün-orange gestreift; 2 Fruchtkammern
Runde Stabtomaten	Stabtomate; Früchte rund, mit schnittfester Schale; ca. 90 g schwer; 3–5 Fruchtkammern
Fleischtomaten	Stabtomate; Früchte mehr oder weniger stark gerippt, flachrund; bis zu 150–500 g schwer; kern- und saftarm
Romatomaten	Stab- oder Buschtomate; Früchte oval; je nach Sorte 20–100 g schwer; rot; kern- und saftarmes, oft hohles Fruchtfleisch
Rispen- oder Trosstomaten	Stabtomate; Früchte rund oder oval; 20–100 g, z. T. schwerer; rot, gelb oder orange; reift an Rispen mit 6–8 Früchten, Ernte einzeln oder als Trosstomate (ganze Rispe)

Grüne Chili

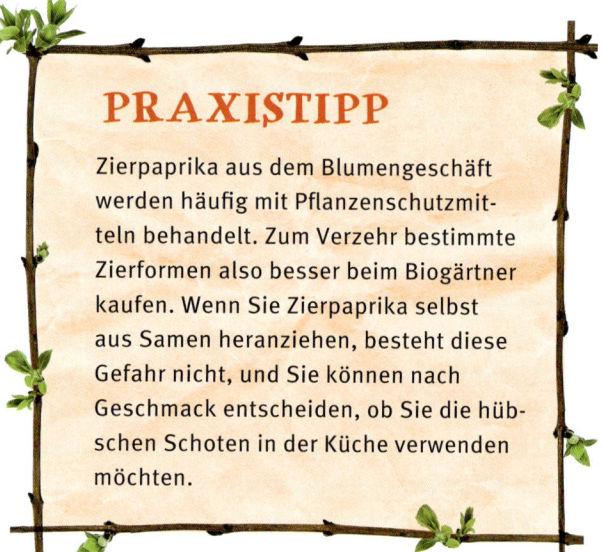

PRAXISTIPP

Zierpaprika aus dem Blumengeschäft werden häufig mit Pflanzenschutzmitteln behandelt. Zum Verzehr bestimmte Zierformen also besser beim Biogärtner kaufen. Wenn Sie Zierpaprika selbst aus Samen heranziehen, besteht diese Gefahr nicht, und Sie können nach Geschmack entscheiden, ob Sie die hübschen Schoten in der Küche verwenden möchten.

Paprika und Peperoni

Capsicum annuum, Capsicum frutescens ☼

Saattiefe: 0,5–1 cm | Pflanzabstand: 60 × 60 cm

- **Nährstoffbedarf:** hoch (Starkzehrer)
- **Familie:** Nachtschattengewächse, Anbauabstand 4 Jahre
- **Boden:** humusreiche Böden in warmer Lage
- **Aussaat:** Vorkultur ab Mitte Februar
- **Pflanzung:** ab Ende April im Gewächshaus, ab Mitte Mai bis Mitte Juni ins Freie
- **Kulturdauer:** 20–32 Wochen mit Vorkultur, 10–24 Wochen ab Pflanzung

Ein schöneres Ziergemüse als milde Paprika und feurige Peperoni oder Chili kann man sich kaum vorstellen. Auch deshalb sind die Pflanzen mit den dekorativen Schoten schon fast ein Muss im sommerlichen Küchengarten. Auf dem Weg von der Wild- zur Kulturpflanze entstanden viele Fruchtformen, und das Angebot wird immer bunter.

ANBAU/PFLEGE: Humusreiche Erde und eine großzügige Kompostgabe sorgen dafür, dass Jungpflanzen rasch Fuß fassen. Alle Paprika- und Peperoni-Sorten dürfen aber frühestens ab Mitte Mai ins Freie. Selbst kräftig entwickelte Jungpflanzen vom Gärtner reagieren auf Nachttemperaturen unter 12 °C mit mehrwöchigen Wachstumsstockungen! Kappt man bei hohen Sorten die Spitzen oberhalb einer Blattverzweigung, wachsen die Pflanzen buschiger, bilden mehr Seitentriebe und tragen mehr Früchte. Da die Triebe leicht brechen, sollten Sie höhere Sorten an Stäben aufbinden! Bei Gemüsepaprika die Königsblüte, also die zuerst gebildete

Zierpaprika mit aufrechten Früchten

Süße, rot abreifende Blockpaprika

Milde, gelbe Spitzpaprika

Blüte, entfernen, dann verzweigen sich die Pflanzen besser und bilden mehr Früchte. Chili und Paprika bis zur einsetzenden Fruchtbildung mäßig gießen, um die Wurzelbildung zu fördern. Danach großzügiger wässern und dem Gießwasser alle 14 Tage etwas organischen Flüssigdünger zufügen. Bitte sparsam dosieren – sonst bilden die Pflanzen viele Blätter, blühen und fruchten aber weniger üppig.

AUF DEM BALKON: Meist genügen Gefäße mit 5 l Fassungsvermögen. Für hohe Sorten wie Glockenchili und Gemüsepaprika ist ein 10-Liter-Topf zu empfehlen. Mischen Sie Blumenerde mit einer Handvoll Hornspäne. Zudem pro Woche 1 Teelöffel Hornmehl pro 5-Liter-Topf in die Erde einarbeiten.

SCHÄDLINGE UND KRANKHEITEN: Spinnmilben, Weiße Fliege, Blattläuse, Virosen

BEETPARTNER: Basilikum, Tomaten, Kohlrabi

GUTE SORTEN: Spitzpaprika 'Ferenc Tender', 'Pantos' und 'Sweet Dreams'; **Blockpaprika** 'Neusiedler Ideal'; **Peperoni** 'De Cayenne': Schärfegrad 8, 'Lemon Drop': Schärfegrad 7; Glockenchili

ERNTE UND VERWENDUNG: An der Ausfärbung der Früchte erkennen Sie den richtigen Erntezeitpunkt. Grüne Paprika und Peperoni sind immer unreif. Je nach Sorte können gelbe Schoten bereits reif sein, einige färben sich in der Vollreife noch rot. Rote Sorten sind reif, wenn sich die Früchte dunkelrot färben. Tipp: Ernten Sie einen Teil der Schoten grün, dann bilden die Pflanzen mehr Blüten und Früchte. Die Schärfe der Schoten variiert von

Sorte zu Sorte und schwankt sogar zwischen den Früchten ein und derselben Pflanze. Garantiert feuerfrei (Schärfegrad 0) ist Gemüsepaprika. Der zur Herstellung von süßem Paprikapulver verwendete Ungarische Kirschpaprika liegt auf Platz 2 der Schärfeskala. Jalapeño-Chilis heizen dem Gaumen schon gehörig ein (Schärfegrad 5). Die durch die gleichnamige Sauce berühmte Sorte 'Tabasco' liegt bei Grad 8. Höllisch scharf (Schärfegrad 10) sind Habanero-Chilis. Kenner und geübte Peperoni-Esser schwören auf das besonders blumig-fruchtige Aroma.

INHALTSSTOFFE: Reines Fruchtfleisch enthält weniger scharfes Capsaicin. Entschärfen können Sie die Schoten, wenn Sie bei Peperonis Trennwände und Kerne sorgfältig entfernen. Ob mild oder feurig: Beim Gehalt an Vitamin C und Beta-Carotinen, der Vorstufe von Vitamin A, stellen reife Paprika heimische Gemüsearten weit in den Schatten.

TIPP: Bereiten Sie Ihr eigenes Chili-Öl: 2–6 Chilischoten längs halbieren, Kerne und Trennwände entfernen. Schoten in Streifen schneiden. 1 l Olivenöl mit Chilistreifen in eine Flasche füllen. Nach Wunsch 1–2 Knoblauchzehen, 1 TL Pimentkörner, 1 Zweig Rosmarin und 1–2 Lorbeerblätter zufügen. 1–2 Wochen durchziehen lassen. Absieben, Öl in Flaschen umfüllen, luftdicht verschließen und kühl und dunkel aufbewahren.

❯ *Sie ernten mehr Früchte, wenn Sie die allererste Blüte, die sogenannte Königsblüte, entfernen.*

Mini-Aubergine 'Bambino'

Für den Balkon gibt es kompakt wachsende Sorten.

Aubergine

Solanum melongena ☼

Saattiefe: 0,5–1 cm | **Pflanzabstand:** 60 × 50 cm
- **Nährstoffbedarf:** hoch
- **Familie:** Nachschattengewächse, Anbauabstand 4 Jahre
- **Boden:** humus-, nährstoffreich, locker
- **Aussaat:** Vorkultur ab März bis April
- **Pflanzung:** ab Anfang Mai im Gewächshaus, ab Ende Mai bis Juni ins Freie
- **Kulturdauer:** 16–25 Wochen

Die ersten Auberginen, die von Indien und China nach Südeuropa kamen, waren weiß oder gelb und nur so groß wie ein Hühnerei. Inzwischen gibt es eine Fülle an Formen und Farben. Die meisten Gartenzüchtungen haben eine dunkelviolette Schale.

ANBAU/PFLEGE: Auberginen fühlen sich erst bei 25–30 °C richtig wohl. In kühlen Nächten sollten sie auch auf der Terrasse mit Vlies und Folie abgedeckt werden. Gesichert ist eine laufende Ernte nur im Gewächshaus, für niedrige Sorten genügt ein höherer Frühbeetkasten oder Folientunnel. Im Beet zieht man die Pflanzen mit 3–4 Haupttrieben und kürzt die Triebspitzen um eine Handbreit ein, um eine frühe Blüte zu fördern. Auberginen müssen regelmäßig gegossen werden. Düngen Sie sie im Sommer alle 1–2 Wochen.

AUF DEM BALKON: Kleinfrüchtige Sorten gedeihen gut in Töpfen mit einem Mindestvolumen von 15 l.
SCHÄDLINGE UND KRANKHEITEN: Spinnmilben, Weiße Fliege
GUTE SORTEN: Freiland 'Blaukönigin', 'Rotondo Sfumata': klassische italienische Sorte; **geschützter Anbau** 'Antigua'; **Balkon** 'Bambino', 'Mohican'
ERNTE UND VERWENDUNG: Im Gewächshaus beginnt die Ernte schon im Juli, beim Anbau im Freien erst ab Anfang August. Die Früchte schmecken am besten, solange die Schale noch glänzt.

❯ *'Antigua' mit dünner, violett gestreifter Schale eignet sich nur für den geschützten Anbau.*

Zucchini

Cucurbita pepo ☼

Saattiefe: 2 cm | Pflanzabstand: 70–100 cm

- **Nährstoffbedarf:** hoch
- **Familie:** Kürbisgewächse, Anbauabstand 3–4 Jahre
- **Boden:** humus- und nährstoffreich, locker, feucht (keine Staunässe!)
- **Aussaat:** Vorkultur ab April, Direktsaat ab Ende Mai (Saatstelle mit Kompost abdecken)
- **Pflanzung:** ab Anfang Mai im Gewächshaus, ab Mitte bis Ende Mai ins Freie
- **Kulturdauer:** 6–24 Wochen

»Zucchini« bedeutet im Italienischen »kleiner Kürbis«. Genauer handelt es sich um Sommerkürbisse. Anders als die haltbaren und dicken Winterkürbisse werden die Früchte, botanisch korrekt Beeren, möglichst jung geerntet. Neben den bekannten grünen Sorten gibt es auch cremeweiße, gelbe sowie gestreifte Züchtungen und runde »Rondini«.

ANBAU/PFLEGE: Zucchini lieben großzügige Kompostgaben (3–5 l/m²) zum Start. Dazu eine Handvoll Hornspäne oder Phytoperls im Pflanzloch verteilen oder die Erde rund um die Pflanzen mit Rohkompost mulchen. Bei Wassermangel werden die Früchte bitter, oder ein Teil der jungen Fruchtan-

Goldgelbe Zucchini

sätze wird abgestoßen. Also großzügig gießen! Jede Pflanze trägt sowohl männliche als auch weibliche Blüten. Zu Beginn der Wachstumszeit kann von der oft beschworenen Zucchinischwemme keine Rede sein. Die Pflanzen bilden zunächst mehr männliche Blüten. Erst wenn genügend Blätter vorhanden sind, um die Früchte zu ernähren, geht es wirklich los. Apropos Zucchinischwemme: Eine vierköpfige Familie benötigt mindestens drei Pflanzen.

SCHÄDLINGE UND KRANKHEITEN: Pilzbefall durch Echten Mehltau, Viruserkrankungen wie Gurkenmosaikvirus, Schneckenfraß v. a. an den Blüten

BEETPARTNER: Stangenbohnen, Stabtomaten

GUTE SORTEN: rund 'Tondo Chiara di Nizza': dunkelgrün; **keulenförmig** 'Cocozelle di Tripolis': hell- und dunkelgrün gestreift; 'Albarello': hellgrün; 'Rheingold' und 'Auslese Sativa': gelb

ERNTE UND VERWENDUNG: Am besten schmecken Früchte, die gerade 14–20 cm lang sind. Bei warmem Sommerwetter können Sie alle 2 Tage ernten. Runde Sorten (»Rondini«) erntet man bei Tennisballgröße. Vergisst man die Ernte, gibt es keulenförmige oder fast handballgroße, hartschalige Riesenfrüchte, und es wachsen kaum noch Früchte nach.

'Cocozelle di Tripolis' – eine gestreifte Sorte

Salatgurke

Gurke

Cucumis sativus ☼

Saattiefe: 2 cm | Pflanzabstand: 100 × 40 cm

- **Nährstoffbedarf:** hoch
- **Familie:** Kürbisgewächse, Anbauabstand 3–4 Jahre
- **Boden:** mit Kompost vorbereitet, nährstoffreich
- **Aussaat:** Vorkultur ab April
- **Pflanzung:** ab Anfang Mai ins Frühbeet/Gewächshaus, ab Mitte Mai ins Freiland
- **Kulturdauer:** 8–20 Wochen ab Aussaat, 4–6 Wochen ab Pflanzung

Bei Schlangen- oder Salatgurken eignen sich nur wenige Sorten für den Anbau im Beet. Am besten weicht man auf die neueren Midi- oder Minigurken aus. Schäl- oder Schmorgurken haben an Beliebtheit ziemlich eingebüßt – schade, denn sie warten mit tollem Gurkenaroma auf. Das gilt auch für die sogenannten Landgurken mit dickerer, leicht bestachelter Schale. Einlegegurken lohnen sich, wenn man Spaß am Einkochen hat. Die meisten Gurkensorten brauchen eine Kletterhilfe.

ANBAU/PFLEGE: Vorgezogene Gurken pflanzen Sie, sobald sie 2–4 rau behaarte echte Blätter gebildet haben. Dabei gilt: Je kleiner der Topf, desto früher auspflanzen. Auf Wildkürbis veredelte Pflanzen tragen fast doppelt so viele Früchte und sind unempfindlich gegen Krankheitserreger, die im Boden überdauern. Dies ist v. a. beim Anbau im Kleingewächshaus wichtig, wo ein häufiger Platzwechsel nicht möglich ist. Ab Beginn der Fruchtbildung alle 3 Wochen mit etwas Hornmehl oder einem anderen organischen Gemüsedünger düngen oder mit verdünnter Brennnessel- oder Beinwelljauche gießen. An sonnigen Tagen benötigt eine Pflanze 2–3 l Wasser. Da Gurken nur oberflächlich wurzeln, die Erde nicht hacken, sondern mit Rasenschnitt mulchen.

AUF DEM BALKON: In große Töpfe oder Pflanzsäcke passen zwei Pflanzen. Vor praller Sonne schützen, sonst verdunsten sie zu viel Wasser.

SCHÄDLINGE UND KRANKHEITEN: Gurkenmosaikvirus, Echter Mehltau durch Pilzbefall, Blattläuse, Spinnmilben

BEETPARTNER: Buschbohnen, Kohlrabi, Dill

GUTE SORTEN: **Salatgurke** 'Sonja', 'Tanja'; **Einlegegurke** 'Riesen-Schäl', 'Vorgebirgstraube'; **Minigurke** 'Printo' F1

ERNTE UND VERWENDUNG: Die Ernte beginnt ca. 4–6 Wochen nach der Pflanzung, sobald die Früchte ihre sortentypische Größe erreicht haben. Je früher man erntet, desto mehr Früchte wachsen nach.

Einlegegurke

Riesenkürbis (*Cucurbita maxima*)

Gartenkürbis (*Cucurbita pepo*)

Kürbis

Cucurbita pepo, Cucurbita maxima ☼

Saattiefe: 2 cm | Pflanzabstand: 100 cm

- **Nährstoffbedarf:** sehr hoch
- **Familie:** Kürbisgewächse, Anbauabstand 3–4 Jahre
- **Boden:** locker, humus- und nährstoffreich
- **Aussaat:** Vorkultur ab Ende April bis Mai, Direktsaat ins Freiland ab Mai
- **Pflanzung:** ab Mitte Mai bis Anfang Juni
- **Kulturdauer:** 8–20 Wochen ab Aussaat

Gartenkürbisse unterscheiden sich in Form, Farbe und vor allem in der Größe. Den Rekord stellt die Sorte 'Atlantic Giant' mit 500 kg pro Frucht. Der kleinste Vertreter der Riesen-Gartenkürbisse, 'Jack be Little', wird nur so groß wie eine Kinderfaust.

ANBAU/PFLEGE: Alle Sorten sind kälteempfindlich. Bei Vorkultur sollte man die Anzuchtzeit auf 4 Wochen begrenzen und die Jungpflanzen in mindestens 8 cm großen Töpfen ziehen. Eine Extraportion Kompost im Pflanzloch und mindestens 2 weitere Düngergaben stillen den großen Nährstoffhunger der Pflanzen. Rankende Sorten lässt man am Boden kriechen oder leitet sie an einer Rankhilfe auf. Im Beet schwere Früchte mit Stroh unterlegen, hängende Kürbisse mit einem Netz vor Absturz bewahren. Bei Trockenheit alle 2–3 Tage ausreichend gießen.
AUF DEM BALKON: Geeignet sind kleinfrüchtige Sorten wie 'Pomme d'or' oder 'Sunburst'.

SCHÄDLINGE UND KRANKHEITEN: Pilzbefall durch Echten und Falschen Mehltau, Schnecken
BEETPARTNER: Zuckermais
GUTE SORTEN: Hokkaido 'Red Kuri': orangerot, 'Green Hokkaido'; **Gartenkürbis** 'Atlantic Giant', 'Butternut Waltham', 'Jack be Little'; **Mini-Kürbis** 'Pomme d'or'; **Patisson** 'Patisson': cremeweiße Schale, 'Sunburst': gelbe Schale
ERNTE UND VERWENDUNG: Gartenkürbisse sind reif, wenn der Stiel eintrocknet und die Schale rund um den Stielansatz haarfeine Risse zeigt. Sie sind mehrere Monate lagerfähig.

❭ *Selbst gezogene Kürbispflänzchen rechtzeitig auspflanzen! Setzlinge, die zu lange im Topf stehen, wachsen im Beet nur noch zögernd an.*

Kartoffel

Solanum tuberosum ☼

Saattiefe: 7–10 cm | Pflanzabstand: 50 × 30 cm
- **Nährstoffbedarf:** hoch
- **Familie:** Nachtschattengewächse, Anbauabstand 4 Jahre
- **Boden:** fast jeder Gartenboden, keine Staunässe!
- **Pflanzung:** Vorkeimen Ende Februar/Anfang März, Ausflanzen ab April
- **Kulturdauer:** Frühkartoffeln 8–10 Wochen, Lagerkartoffeln 12–16 Wochen ab Pflanzung

❯ *Das Vortreiben von Kartoffeln ist besonders für Kinder spannend, denn schon bald erscheinen die festen, lila-grünen Keime.*

Auch Biokartoffeln sind nicht teuer, und man kann sie rund ums Jahr kaufen. Warum sich also die Mühe machen und die Knollen selbst ziehen? Nur ein Vorschlag: wegen der hübschen, je nach Sorte weißen, lila- oder rosafarbenen Blüten. Außerdem sind vor allem dünnschalige, früh reifende Kartoffelsorten eine Delikatesse. Frisch geerntet, entfalten gerade alte Sorten eine erstaunliche Geschmacksvielfalt, nicht zu vergessen ihre speziellen Kocheigenschaften. Es lohnt sich, zumindest für die Lieblingsgerichte die passende Sorte auszuwählen.

ANBAU/PFLEGE: Kartoffeln werden grundsätzlich gepflanzt. Bio-Pflanzkartoffeln vieler traditioneller bis historischer Sorten kauft man am besten von

Betrieben, die zertifiziertes Pflanzgut anbieten. Zum Vorkeimen der Knollen genügt ein heller, ca. 10–15 °C warmer Ort. Auf leichten Böden können Sie schon Mitte April pflanzen, bei schwerem Boden, der lange feucht bleibt, verschiebt man den Termin um 1–2 Wochen. Bereits einige Tage nach

Pflanzgefäße sollten mindestens 30 l fassen.

Violettschalige Kartoffeln haben lila Blüten.

Traditionelle Sorten sind oft bunt oder unregelmäßig geformt.

Zur Ernte eignet sich die Grabegabel.

dem Pflanzen beginnt das Anhäufeln der Reihen. Dabei schichtet man die Erde zu ca. 20–30 cm hohen Dämmen auf. Dies verhindert das Vergrünen der Kartoffeln und erhöht die Erntemenge. Vor allem zu Beginn der Kultur aufkeimende Unkräuter entfernen. Arbeiten Sie bereits im Herbst Kompost ins zukünftige Kartoffelbeet ein und decken Sie das Beet mit einer Mulchschicht ab. Im Frühjahr ergänzt man das Nährstoffangebot mit langsam wirkenden Hornspänen oder Leguminosenschrot.

AUF DEM BALKON: Pflanzkartoffeln ca. 4 Wochen vorkeimen, dann legen Sie diese in mit Aussaaterde gefüllte, flache Kisten und lassen sie bewurzeln. Im April pflanzen Sie jeweils eine Knolle in mindestens 30 l fassende Töpfe, die zur Hälfte mit humusreicher Garten- oder Pflanzerde gefüllt sind. Sobald die ersten Blätter erscheinen, die Töpfe nach und nach mit Erde auffüllen. Die Erde während des Wachstums feucht halten, Staunässe vermeiden.

SCHÄDLINGE UND KRANKHEITEN: Kartoffelkäfer, Schnecken, Kraut- und Knollenfäule durch Pilzbefall, Kartoffelschorf durch Bakterienbefall

BEETPARTNER: Buschbohnen, die zwischen den Kartoffelreihen angebaut werden

GUTE SORTEN: sehr früh 'La Ratte', 'Belle de Fontenay'; **früh bis sehr früh** 'Rosara'; **mittelfrüh** 'Charlotte', 'Granola', 'Linzer Delikatesse', 'Violetta'; **spät** 'Orla'; **spät bis sehr spät** 'Golden Wonder' **festkochend** 'Belle de Fontenay', 'Charlotte', 'La Ratte', 'Linzer Delikatesse'; **vorwiegend fest-**kochend 'Violetta': Schale und Fleisch in Violett, 'Rosara', 'Granola'; **vorwiegend festkochend bis mehlig** 'Orla'; **mehlig** 'Golden Wonder'

ERNTE UND VERWENDUNG: Frühkartoffeln erntet man, sobald sich das Laub gelblich färbt. Sind die Knollen groß genug, können Sie schon vorher mit der Grabegabel die jeweils benötigte Menge für die Küche herausheben. Ertrag pro Staude: ca. 0,5–1 kg. Die übrigen Sorten sind ca. 14 Tage nach Absterben der Blätter und Umknicken der Stängel erntereif. Vor dem Einlagern gut abtrocknen lassen und möglichst kühl, aber frostfrei, dunkel und getrennt von Obst oder anderen Gemüsearten aufbewahren.

INHALTSSTOFFE: Festkochend, vorwiegend festkochend oder mehlig – das hängt ganz von der eingelagerten Stärke ab. Mehlig kochende Kartoffeln enthalten sehr viele, sehr große Stärkekörnchen, die beim Quellen viel Wasser aufnehmen können – ideal für ein luftiges Püree oder eine sämige Suppe. Bei festkochenden Knollen sind die Körnchen klein, die Zellwände fest, die Kartoffeln lassen sich gut in Scheiben oder Würfel schneiden oder zu Pommes frites verarbeiten. Vorwiegend festkochende Sorten eignen sich gut für Pell-, Brat- oder Salzkartoffeln.

TIPP: Kartoffelkäfer lassen sich fallen, wenn man die Stauden berührt. Das erleichtert das Absammeln am Morgen nach einer kühlen Nacht, weil dann die Käfer noch träge sind. Der Fraß der Larven lässt sich eindämmen, wenn man Blätter und Larven mit Algenkalk bestäubt.

Chinakohl

Brassica rapa subsp. *chinensis* ☼

Saattiefe: 2 cm | Pflanzabstand: 40 × 30 cm

ANBAU/PFLEGE: Chinakohl gehört zu den durstigsten Gemüsearten, und weil die Pflanzen nur flach wurzeln, ist eine Mulchschicht schon fast ein Muss! Das Einharken von Algenkalk und ein Esslöffel Alkenkalk im Pflanzloch sind Erfolgstipps erfahrener Biogärtner, ebenso die Nachdüngung mit verdünnter Beinwelljauche oder speziellem Gemüsedünger, sobald die Pflanzen Köpfe entwickeln. Chinakohl liebt feuchte Luft und mäßige Temperaturen.
SCHÄDLINGE UND KRANKHEITEN: Erdflöhe, Kohlhernie durch Pilzbefall, Kohlfliege
BEETPARTNER: Rote Bete, Salat, Mangold, Endivie, Sellerie
GUTE SORTEN: 'Atsuko', 'Granat', 'Kilakin' F1: bei Problemen mit Kohlhernie
ERNTE UND VERWENDUNG: Chinakohl lässt sich auch nach der Ernte in einem kühlen Keller oder im Kühlschrank bis zu 4 Wochen aufbewahren. Der feine Geschmack kommt am besten zur Geltung, wenn man sparsam würzt.

Spitzkohl

Brassica oleracea var. *capitata* f. *alba* subv. *conica* ☼

Saattiefe: 1,5–2 cm | Pflanzabstand: 50 × 50 cm

ANBAU/PFLEGE: Die Vorkultur ab Februar dauert etwa 4 Wochen, mehr Zeit sollten die Jungpflanzen nicht im Topf verbringen. Setzlinge mit mehr als 4 Laubblättern neigen zum Schießen! Ab April bis Ende Juni ist die Direktsaat möglich. Zusätzlich zur Kompostgabe bei der Beetvorbereitung (ca. 5 l/m²) ca. 4 Wochen nach dem Auspflanzen und nochmals bei beginnender Kopfbildung nachdüngen, anschließend die Pflanzen leicht anhäufeln.
SCHÄDLINGE UND KRANKHEITEN: Blattläuse, Kohlweißling, Kohlhernie durch Pilzbefall, weitere Pilzerreger
BEETPARTNER: Kapuzinerkresse (wehrt Kohlweißlinge ab)
GUTE SORTEN: **Sommerspitzkohl** 'Eersteling', 'Kalibos': rotblättrig; **Spätkohl** 'Filderkraut'
ERNTE UND VERWENDUNG: Sommerspitzkohl ist nach 9–12 Wochen erntereif, Filderkraut nach ca. 20 Wochen. Jungen Spitzkohl roh für Salat verwenden oder bissfest dünsten. 'Filderkraut' wird zu Sauerkraut verarbeitet.

Butterkohl

Brassica oleracea var. *sabauda* ☀-◑

Saattiefe: 1–2 cm | Pflanzabstand: 50 × 50 cm

ANBAU/PFLEGE: Butterkohl wird wie Weiß- oder Rotkohl (→ Seite 113) kultiviert. Er gedeiht am besten auf nähr-stoff- und humusreichen, kalkhaltigen Böden. Die Pflanzen entwickeln nur lockere Köpfe, die mal größer, mal kleiner ausfallen – für den Erwerbsanbau nicht akzeptabel, dafür ist der feine Kohl ideal für Gemüsegärten! Besonders gut entwickelt sich Butterkohl in einem Hoch- oder Hügelbeet.
SCHÄDLINGE UND KRANKHEITEN: Kohlweißling, Kohlher-nie durch Pilzbefall, Mehlige Kohlblattlaus
BEETPARTNER: Schnittsellerie, Tomaten, Stangenbohnen, Mangold
GUTE SORTEN: 'Goldberg', eine historische Sorte
ERNTE UND VERWENDUNG: Laufend die größeren Blätter von außen nach innen pflücken und später die locker gewi-ckelten Köpfe schneiden. Tipp: Die Blätter blanchieren und statt Spinat in der Lasagne verwenden.
INHALTSSTOFFE: Der leicht verdauliche, Vitamin-C-reiche Kohl ist eine fast vergessene Delikatesse, er enthält wert-volles pflanzliches Eiweiß und reichlich Mineralien.

Asia-Salat

Brassica juncea und *Brassica rapa* subsp. ☀-◑

Saattiefe: 1–2 cm | Reihenabstand: 15–20 cm

ANBAU/PFLEGE: Als Asia-Salat bezeichnet man rasch wachsende Senfkohlarten. Säen Sie zwischen April und September im Abstand von 2–3 Wochen in nährstoffreiche Erde und halten Sie das Beet gleichmäßig feucht. Wegen der kurzen Kulturdauer erübrigt sich zusätzliches Düngen.
AUF DEM BALKON: Asia-Salate lassen sich bestens in Käs-ten und Schalen mit hochwertiger Bio-Balkonerde kultivie-ren. Das Blattgemüse gibt es auch als Saatband in Päckchen mit bis zu vier verschiedenen Arten oder Sorten.
SCHÄDLINGE UND KRANKHEITEN: Erdflöhe
BEETPARTNER: Spinat, Schnittsalat, Radieschen
GUTE SORTEN: 'Green in Snow', 'Misome', 'Mizuna' und 'Red Giant' (Unterschiede in der Blattform)
ERNTE UND VERWENDUNG: Ernte nach 3–7 Wochen. Die kresseartigen Blätter schmecken als Salat oder gedünstet.

Knollenfenchel

Foeniculum vulgare ☼

Saattiefe: 1 cm | Pflanzabstand: 30 × 25 cm

ANBAU/PFLEGE: Knollen- oder Gemüsefenchel verlangt warme, mäßig feuchte, lockere und nährstoffreiche Böden. Die ersten Saaten (ab März) gelingen nur mit neueren Sorten und bei warmer Vorkultur in Töpfen (Anzuchtdauer 4–5 Wochen). Auspflanzen sollte man erst, wenn sich der Boden auf ca. 18 °C erwärmt hat. Pflanzt man zu tief, bleiben die Knollen klein und flach. Ab Mai ist die Aussaat ins Beet möglich. Bei beginnender Knollenbildung düngt man nochmals mit Horngrieß oder Gemüsedünger. Anschließend das Beet feucht halten und die Erde regelmäßig lockern.
SCHÄDLINGE UND KRANKHEITEN: Echter Mehltau durch Pilzbefall, Wurzelälchen
BEETPARTNER: Gurken, Erbsen, Salat, Endivie, Radicchio
GUTE SORTEN: Sommersorten 'Fino', 'Perfektion'; **traditionelle Herbstsorte** 'Sirio': Aussaat ab Mitte Juni
ERNTE UND VERWENDUNG: Gesäter Fenchel ist nach 13–14 Wochen erntereif. Im Salat oder gedämpft stets ein Genuss!

Zuckermais

Zea mays ☼

Saattiefe: 2–3 cm | Pflanzabstand: 50 × 20 cm

ANBAU/PFLEGE: Erst seit wenigen Jahren gibt es samenfeste, biologisch-dynamische Sorten. Lehmige, humose Böden und warme Lagen ergeben dicke Kolben mit vielen Körnern. In Furchen gesäter Mais ist standfester. In kühleren Lagen zieht man die Pflanzen Mitte April in Töpfen vor und setzt sie Anfang Mai ins Freie. Tief pflanzen, damit sich viele Seitenwurzeln entwickeln. Bei der Beetvorbereitung arbeitet man 3 l/m² Kompost ein, sobald die männlichen Blüten (Fahnen) erscheinen, kalireichen Dünger.
SCHÄDLINGE UND KRANKHEITEN: Blattläuse, Maiszünsler (nur bei zu enger Fruchtfolge)
BEETPARTNER: Bohnen, Zucchini, Sonnenblumen
GUTE SORTEN: frühe Sorte 'Damaun'; **mittelfrühe Sorte** 'Mezi'; **mittelspäte Sorte** 'Tramunt'
ERNTE UND VERWENDUNG: 90–100 Tage dauert es bis zur Ernte, jede Pflanze bildet nur 2–3 Kolben. Die Körner sollen bereits gelb, aber noch weich sein.

Sellerie

Apium graveolens ☀-◐

Saattiefe: 0,5 cm | Pflanzabstand: 40 × 40 cm

ANBAU/PFLEGE: Knollen- und Stauden- oder Bleichsellerie sät man zunächst in Saatschalen, pikiert die Sämlinge dann in kleine Töpfe und pflanzt ab April in ein Beet mit tief gelockerter, feinkrümeliger Erde. Beide Arten müssen häufig gegossen, gehackt und im Juli und eventuell im September mit kalireichem Gemüsedünger nachgedüngt werden.
SCHÄDLINGE UND KRANKHEITEN: Selleriefliege, Septoria-Blattflecken und Sellerieschorf durch Pilzbefall
BEETPARTNER: Buschbohnen, Brokkoli, Lauch, Tomaten
GUTE SORTEN: Knollensellerie 'Bergers weiße Kugel' und 'Ortho'; **Staudensellerie** 'Tall Utah' und 'Solid White'
ERNTE UND VERWENDUNG: Knollensellerie kann man ab Juni als Suppensellerie ernten, ab September zum Sofortverbrauch. Zum Einlagern müssen die Knollen bis Oktober ausreifen. Stangensellerie reift von Juli bis September.
INHALTSSTOFFE: Verschiedene B-Vitamine fördern die Konzentration und senken den Stress-Level.

Neuseeländer Spinat

Tetragonia tetragonioides ☀-◐

Saattiefe: 1–2 cm | Pflanzabstand: 50 × 40 cm

ANBAU/PFLEGE: Neuseeländer Spinat ist das ideale Blattgemüse für den Sommeranbau. Anders als echter Spinat wächst er auch bei Hitze munter weiter und liefert eine Dauerernte bis zum Frost. Die hartschaligen Samen keimen besser, wenn man sie vor der Aussaat Anfang April 1–2 Tage in Wasser quellen lässt. Nach 2–3 Wochen erscheinen die ersten Blättchen. Nach dem Auspflanzen ab Mitte Mai entwickeln sie sich zu ca. 1 m hohen Büschen mit halb aufrecht wachsenden Sprossen.
SCHÄDLINGE UND KRANKHEITEN: Vereinzelt Blattläuse, Krankheiten sind bei uns nicht bekannt.
BEETPARTNER: Tomaten, Stangenbohnen
ERNTE UND VERWENDUNG: Ab Ende Juni kann man alle 1–2 Wochen ernten. Dabei kappt man die Triebspitzen nach 3–5 Blättern, um die Verzweigung zu fördern. Erntet man zu selten, werden die Blätter hart.
TIPP: Ernteüberschüsse lassen sich wie Spinat einfrieren.

HERBST

Im Herbst passiert noch einiges im Gemüsegarten. Wenn die letzten Tomaten abgeerntet sind und die Erde in der milden Luft warm und würzig duftet, laufen Kohl und Kürbisse zur Hochform auf.

Kühle Nächte, volle Körbe

Die Nächte werden kühler, Spinnfäden fliegen durch die Luft und zeigen, dass bald der Herbst ins Land zieht. Höchste Zeit, rasch noch ein paar Salate zu säen, den letzten winterfesten Kohl zu pflanzen und die Frühbeetfenster zu putzen.

❯ *Endiviensalate, rotstieliger Mangold und Buschbohnen bereichern im Herbst den Speisezettel.*

Die Beete fein säuberlich abräumen und umgraben? Das war früher und gefällt allenfalls den Nachbarn. Biogärtner nutzen frei werdende Flächen lieber für eine Bodenkur durch Gründüngung (→ Seite 36/37) oder für Wintergemüse. Oder für beides: Winterspinat und Feldsalat sind für Boden und Küche gleich gut, ebenso wie die fast vergessenen Wintererbsen.

Bereiten Sie den Winter vor

Jetzt nehmen Sie neben den Freilandbeeten auch Flächen unter Glas und Folie wieder in Kultur.

Säen und pflanzen im Freiland

Anfang August/Anfang September säen Sie neben Winterspinat und Feldsalat noch Löffelkraut, Winterkopfsalat, Radieschen, Rettich und Rucola. Zudem können Endivien-, Zuckerhut- und Radicchio-Jungpflanzen ins Beet. Für den Anbau an kürzeren Tagen mit wenig Licht eignen sich nur schnell reifende Sorten mit geringem Wärmebedarf in den sonnigsten Gartenbeeten (→ Porträts ab Seite 106). Außerdem kommen jetzt noch Steckzwiebeln und Knoblauchzehen für die Sommerernte in die Erde. Auch Rhabarber wird jetzt gepflanzt.

Samen sammeln

Von einjährigen Sommerblumen, wie Ringelblumen und Tagetes, aber auch von Kopfsalat und Spinat können Sie leicht eigenes Saatgut gewinnen. Lassen Sie dafür die Blütenstände von ein paar schönen, gesunden Pflanzen abreifen, bis die Samen verbräunen. Diese ernten Sie an einem sonnigen Tag. Salatsamen müssen vor dem Aufbewahren gereinigt werden. Unfruchtbare, »taube« Samen sind leichter und lassen sich durch Sieben im Wind von den schwereren, keimfähigen Samen trennen. Die Samen von Dill, Petersilie und Gewürzfenchel fallen bei Wind und Regen leicht aus. Schneiden Sie daher die kompletten Dolden, sobald sich die Körner braun färben. Dann lassen Sie diese an einem warmen Ort nachtrocknen.

❯ *Lassen Sie Hülsenfrüchte an den Ranken reifen, bis die Kerne in den trockenen Hülsen klappern.*

Frühbeet und Folientunnel reaktivieren

Ab September beginnt im Frühbeet die Nachsaison mit der Saat von Winterpostelein, Radieschen und Mairüben sowie der Pflanzung von Endivien. Feldsalat sorgt im Frühbeet oder Folientunnel für Ernte in schneereichen Zeiten. Gut zu wissen: Bei Versuchen der Bayerischen Landesanstalt für Pflanzenbau wurden Biofeldsalate aus ökologischem Saatgut weniger von Mehltau befallen als Pflanzen derselben konventionell vermehrten Sorten.

Herbst- und Wintergemüse pflegen

Bei Rosenkohl unterscheidet man Sorten für die Herbsternte und Züchtungen, die auch hartem Frost trotzen. Wie dick die Röschen werden, ist auch eine Frage der Wasserversorgung. Wie bei Rote Bete und Sellerie gilt: Bei Trockenheit großzügig gießen. Oft wird empfohlen, Rosenkohl im September zu »köpfen«, damit sich größere Knospen bilden. Das gilt aber nur für ältere Sorten. Der Nachteil: Bleibt das

Wetter mild, wachsen vor allem die oberen Röschen übermäßig, werden locker und damit wertlos, und die Pflanzen sind weniger frostfest. Lassen Sie auch die Blätter am Rosenkohl, die im Laufe des Winters fleckig werden und verbräunen – sie legen sich bei Schnee und Eis schützend über die Röschen.

❯ *Rosenkohl legt jetzt noch einmal kräftig an Wachstum zu. Die frostfesten Stauden bleiben den ganzen Winter auf dem Beet und liefern bis ins Frühjahr vitaminreiche Röschen.*

Gut geschützt mit Vlies & Co.

Die Herbstsonne sorgt für warme Tage und ideale Bodentemperaturen, doch die Nächte können schon empfindlich kühl werden. Versehen Sie die Beete mit wärmendem Mulch und halten Sie schon einmal Vlies und Folie für den ersten Frost bereit.

❯ *Lichtdurchlässiges Wintervlies schützt Endivien und andere Herbstsalate vor dem ersten Frost. Bei milder Witterung nimmt man es zum Lüften ab.*

Viele Gartenbesitzer stöhnen ein wenig angesichts der Laubberge, die der Herbstwind jetzt von Bäumen und Sträuchern fegt. Biogärtner dagegen nutzen sie als schützende Decke für die Beete.

Schön warm einpacken!

Unter Mulch und Vlies bleiben die Bodenlebewesen aktiv, und Herbstgemüse überstehen ein paar Minusgrade ohne Schaden.

• Für überwinternde Wurzelgemüse kommt Ihnen der Blättersegen im Herbst gerade recht. Liegt er als dicke Mulchschicht auf den Beeten, bleiben die Bodenlebewesen aktiv und verwandeln bis zum Frühling den größten Teil in Humus. Was Sie nicht im Gemüsegarten verwerten können, setzen Sie zu wertvollem Laubkompost (→ Seite 31) auf.

• Gehäckselte Erntereste und Küchenabfälle können Sie als Flächenkompost auf Beeten ausbringen. Lockern Sie vorher die Erde ein wenig auf. Dann können die Bodenlebewesen schneller arbeiten, und die durch Zersetzung frei werdenden Nähr- und Humusstoffe werden besser aufgenommen.

• Ist Frost angesagt, breiten Sie am Abend ein, zwei Lagen Vlies über die Spätgemüse: Sellerie und Rote Bete überstehen nur leichte Minusgrade.

Wintergemüse frisch aus dem Beet

Lassen Sie sich mit der Ernte von Wurzelgemüse Zeit: Gerade im Oktober legen die Knollen noch einmal kräftig an Gewicht und Aroma zu. Aber Achtung: Sie werden von Wühlmäusen geschätzt, die man nur schwer wieder loswird. Wer Fraßschäden entdeckt, sollte alle Rüben rasch abernten.

• Brokkoli, Sellerie, Kohlrabi, Kopfkohl, Rettiche und gut ausgereifte Rote Bete überstehen unter einer Vliesabdeckung Frost bis zu –7 °C.

> *Eine dicke Mulchschicht aus Stroh verhindert, dass der Boden auskühlt.*

- Bei Winterspinat, Feldsalat, Lauch und Wurzelpetersilie genügt eine Abdeckung mit Tannen- oder Fichtenreisig. Gefrorene Gemüse aber nicht ernten und die Blätter möglichst nicht berühren.
- In milden Regionen können Rot- und Weißkohl bis Wintereinbruch auf dem Beet bleiben. Temperaturen unter –3 °C vertragen sie nicht.
- Wirsing trotzt Frost bis –10 °C, bis –20 °C halten Rosenkohl und Grünkohl aus. Beide Gemüse entfalten sogar bei Frost erst den vollen Geschmack. Bei wechselhaftem Wetter abdecken. Nassen Schnee abschütteln, sonst brechen die Triebe.
- Robuste, stark wachsende Möhrensorten und die frostharten Pastinaken überwintern mit einer dicken Schicht aus Laub oder Stroh. Das Laub sollte aber mindestens eine Handbreit herausschauen. Wenn Sie auch bei gefrorenem Boden ernten möchten, breiten Sie vor angekündigten Frostperioden zusätzlich eine Lage Wintervlies als isolierende Decke darüber.
- Zuckerhut ist erstaunlich kältefest und schmeckt immer besser, je länger die Köpfe draußen stehen. Bei mildem, aber nassem Herbst- und Winterwetter können die äußeren Blätter und der Strunk faulen. Am besten überbaut man die Reihen mit einem offenen Folientunnel. Besonders günstig sind Modelle, bei denen man die Folie auf der Längsseite an den Metallbögen etwas hochschieben und so für eine gute Durchlüftung sorgen kann.
- Im Sommer gesäter oder gepflanzter Mangold wurzelt inzwischen so tief, dass die Pflanzen die ersten Fröste unter Reisigabdeckung problemlos überstehen und noch immer saftige Blätter für die Küche liefern. Erst wenn sich eine längere Kälteperiode abzeichnet, schneidet man alles Laub bis auf die Herzblätter ab und mulcht das Beet mit einer Mischung aus Herbstlaub, Stroh und Reifkompost. Im Frühling treiben die Pflanzen wieder aus – und schon ist die erste Ernte im neuen Jahr gesichert!

So lagern Sie Wurzelgemüse ein

Ein perfektes Winterlager für Möhren, Sellerie, Meerrettich, Rote Bete und andere Wurzelgemüse ist die gute alte Erdgrube, auch Erdmiete genannt. Dafür heben Sie eine ca. 50–60 cm tiefe Mulde aus. Legen Sie Boden und Ränder als Schutz vor Mäusen mit engmaschigem Drahtgeflecht (Kaninchendraht) aus. Streuen Sie eine 10–20 cm dicke Schicht Stroh oder trockenes Laub in die Grube. Das Laub der Wurzelgemüse drehen Sie ab. Dann schichten Sie sie in die Grube. Das Ganze decken Sie mit einer Schicht Stroh und schweren Holzbrettern ab. So kommen Sie bei Bedarf leicht an Nachschub heran.

> *Drehen Sie das Kraut von Möhren vor dem Einlagern ab.*

Herbstgemüse

Der Sommer neigt sich dem Ende zu, doch im Gemüsegarten ist immer noch Saison. Einige Aussaaten, die man im Sommer glatt verpasst hatte, kann man jetzt noch nachholen. Außerdem: Wenn Sie im Herbst Salat säen, können Sie bis zum Frühjahr ernten.

Zichoriensalate

Cichorium intybus var. *foliosum, C. endivia* ☀

Saattiefe: 1 cm | **Pflanzabstand:** 30 × 25 cm
- **Nährstoffbedarf:** mittel
- **Familie:** Korbblütler, Anbauabstand 4 Jahre
- **Boden:** tief gelockert, humusreich, lehmig
- **Aussaat:** Vorkultur ab Mitte Mai, Direktsaat von Juni bis Juli, anschließend vereinzeln
- **Pflanzung:** Juni und Juli
- **Kulturdauer:** 10–14 Wochen ab Aussaat

Zu den zartbitteren Zichoriensalaten gehören nicht nur Chicorée, Radicchio und Zuckerhut, sondern auch Endivie und Frisée. Lange musste man sich bei der Sortenwahl ziemlich bescheiden, doch inzwischen sind auch fast vom Markt verschwundene Raritäten wieder zu haben, wie z. B. 'Variegata di Castelfranco'. Neben den Bitterstoffen gibt es eine weitere Gemeinsamkeit: Durch Lichtentzug, also Bleichen, werden die Blätter und Köpfe milder und zarter. Wer dafür keine Zeit hat, wählt selbstbleichende Sorten oder pflanzt einfach ein wenig dichter. Inzwischen gibt es auch Züchtungen, die fast keine Bitterstoffe mehr enthalten und damit leider auch einen Teil ihres gesundheitlichen Werts und das charakteristische Aroma verloren haben.

ANBAU/PFLEGE: Zichoriensalate wachsen langsamer als andere Blattgemüse, brauchen nach der Pflanzung aber kaum Pflege. Gerade in kleinen Gärten zieht man die benötigten Setzlinge im Freien in Töpfen vor und setzt sie spätestens nach 3–4 Wochen ins Beet, bevor sie Pfahlwurzeln bilden. Zusätzliche Nährstoffgaben während der Wachstumszeit sind meist nicht nötig – im Gegenteil, bei zu viel Stickstoff im Boden bilden die Pflanzen nur lockere Rosetten. Ab beginnender Kopfbildung steigt der Wasserbedarf.
Endivie und der stark gekrauste Frisée bilden dicke grüne Blattschöpfe mit gelben Innenblättern. Radicchio entwickelt zu Beginn seiner Beetkarriere grüne Sommerblätter, diese sterben im Herbst ab. An ihrer Stelle erscheinen die je nach Sorte länglichen oder kugelrunden roten Köpfe mit den dicken weißen Blattrippen. Die in Italien beliebte wetterfeste Sorte 'Grumolo verde' bleibt grün. Chicorée hebt man im Oktober samt Pfahlwurzel aus dem Boden, schneidet die Blätter ab und stellt die Wurzeln dicht an dicht in große, halb mit Sand gefüllte Töpfe oder dunkle Eimer und stellt diese in einem dunklen, ca. 18 °C warmen Raum zum Treiben auf. Ernten können Sie nach 3–5 Wochen.
SCHÄDLINGE UND KRANKHEITEN: Blattläuse, Falscher Mehltau und Blattflecken durch Pilzbefall
BEETPARTNER: Neuseeländer Spinat, Spinat, Rettiche, Knollenfenchel
GUTE SORTEN: **Endivie** 'Escariol'; **Frisée** 'Wallone';

Endiviensalat

Frisée-Endivie mit stark gekrausten Blättern

Radicchio 'Palla Rossa'

Radicchio 'Grumolo verde', 'Palla Rossa', 'Treviso': rote längliche Blätter, 'Variegata di Castelfranco'; **Zuckerhut** 'Uranus'; **Chicorée** 'Tardivo'

❯ *Zum Bleichen von Radicchio oder Endivie auf dem Beet gibt es dekorative Tonglocken.*

ERNTE UND VERWENDUNG: Erntereife Köpfe von Radicchio, Endivie und vor allem Zuckerhutsalat können bis zum Frosteinbruch auf dem Beet bleiben, in milden Lagen auch länger. Dann zieht man sie mit Strunk aus dem Boden und schlägt sie im Frühbeet in Erde ein. Radicchio, vor allem 'Treviso', unbedingt »italienisch«, also in Butter und Olivenöl gedünstet, probieren! Roh serviert man Zichoriensalate schlicht, mit Olivenöl, Salz, Balsamico-Essig.

INHALTSSTOFFE: Der Bitterstoff Intybin fördert den Stoffwechsel, regt die Verdauung an und stärkt die Blutgefäße. Die Vitamine A, C und B, Folsäure, Magnesium und weitere wichtige Mineralien machen Zichoriensalate zum abwehrstärkenden Genuss.

TIPP: Zum Bleichen gibt es mehrere Methoden. Das Anhäufeln von bis zu 20 cm hohen Erdwällen sorgt nicht nur für den nötigen Lichtentzug, sondern schützt auch vor Frost. Das Abdecken mit Bleichglocken (→ Foto links), Einwickeln der Köpfe in Zeitungspapier oder schwarzes Mulchvlies ca. 10 Tage vor der beabsichtigten Ernte erhöht den Anteil gelber Blätter. Am aufwendigsten ist die Treiberei. Dabei verfährt man genauso wie bei der Kultur von Chicorée (→ links).

Feldsalat

Valerianella locusta ☼ ◑

Saattiefe: 1–2 cm | **Reihenabstand:** 10–15 cm

ANBAU/PFLEGE: Feldsalat verlangt ein feinkrümeliges, gut abgesetztes, unkrautfreies Saatbett. Für die Ernte ab September sät man von Mitte Juli bis August. Septembersaaten keimen zwar zügig, aber das Wachstum stoppt bei Temperaturen unter 8 °C. Ernten kann man dann erst im Frühjahr. Tipp: Hat man im Spätsommer noch keinen Platz für Feldsalat, sät man in Topfplatten (3–5 Samen/Topf) und pflanzt die Rosetten später büschelweise im Abstand 8 × 8 cm aus. Wer auch bei Schnee und Frost frischen Feldsalat schneiden will, deckt die Beete mit Vlies ab.

SCHÄDLINGE UND KRANKHEITEN: Echter Mehltau, Virus-Erkrankungen, Drahtwürmer

BEETPARTNER: Knoblauch, Winterzwiebeln

GUTE SORTEN: 'Elan', 'Verte de Cambrai', 'Vit'

ERNTE UND VERWENDUNG: Schneiden Sie die Rosetten mit einem scharfen Messer knapp über dem Wurzelansatz ab, sonst fallen die Blätter auseinander.

Winterpostelein

Montia perfoliata ◑

Saattiefe: 1 cm | **Reihenabstand:** 10–15 cm

ANBAU/PFLEGE: Der Anbau von Winterpostelein oder Winterportulak ähnelt dem von Feldsalat. Die Samen keimen aber erst bei Temperaturen unter 12 °C . Ideal ist die Kultur im Frühbeet oder Folientunnel. Bei der Vorkultur in Töpfen legt man 5–8 Samenkörner pro Topf aus und pflanzt später im Abstand von 8 × 12 cm ins Beet aus. Im Frühbeet lüften, sobald die Temperaturen über 15–18 °C steigen! Bei Minusgraden wächst Postelein nicht weiter, übersteht aber Kälteperioden unter Vlies. Lässt man die Pflanzen im Frühjahr blühen, säen sie sich selbst aus.

AUF DEM BALKON: Als Schwachzehrer gedeiht Winterpostelein im Kasten am besten in nährstoffarmer Kräutererde.

SCHÄDLINGE UND KRANKHEITEN: keine bekannt

ERNTE UND VERWENDUNG: Erster Schnitt nach 6–9 Wochen. Dabei sollten die Stiele nicht länger als 5 cm sein. Schneidet man nicht zu tief, kann man bis zum Blühbeginn mehrmals ernten. Die Blätter schmecken mild.

Wurzelpetersilie

Pastinake

Pastinake

Pastinaca sativa ☼

Saattiefe: 2–3 cm | Reihenabstand: 40 cm

- **Nährstoffbedarf:** mittel
- **Familie:** Doldenblütler, Anbauabstand 4–5 Jahre
- **Boden:** lehmige, humusreiche bis sandige Erde
- **Aussaat:** Direktsaat ab Anfang März bis Anfang April, in der Reihe auf 10 cm vereinzeln
- **Kulturdauer:** 35–50 Wochen

Pastinaken waren aus den Gemüsebeeten fast verschwunden. Als typisches Ökogemüse haben sie nun Feld und Beet zurückerobert.

ANBAU/PFLEGE: Die Kultur ist vergleichbar mit der von Möhren. Wichtig ist ein mindestens 30 cm tief gelockerter Boden. Auf sandigen Böden sät man bis zu 4 cm tief, damit die Keimlinge nicht austrocknen. Für schwere Böden eignen sich Sorten mit kürzeren Rüben besser. Während der Hauptwachstumszeit von Juli bis Oktober sollten die tieferen Bodenschichten immer feucht sein, oberflächliche Trockenheit schadet nicht – also nur ein- bis zweimal wöchentlich, dafür aber kräftig wässern. Nach sommerlichem Starkregen zwischen den Reihen hacken.
SCHÄDLINGE UND KRANKHEITEN: Möhrenfliege
BEETPARTNER: Spinat, Zwiebeln
GUTE SORTEN: 'Halblange Weiße': besonders frosthart, 'Aromata', 'White King': kurze Rüben

ERNTE UND VERWENDUNG: Ab Oktober kann man die Rüben nach Bedarf direkt vom Beet ernten. Die Sorte 'Aromata' eignet sich gut für Rohkostsalate.
INHALTSSTOFFE: Ätherische Öle verleihen Pastinaken einen fein-würzigen, süßlichen Geschmack. Wertvoller Mineralstofflieferant!
INFO: Die sehr ähnlich aussehende Wurzelpetersilie wird wie die Pastinake kultiviert, die Wurzeln bleiben aber deutlich kleiner. Man würzt damit Suppen, Gemüse und Eintöpfe.

❯ *Bei der Ernte hebt man die Rüben mit der Grabegabel an und zieht sie von Hand aus der Erde.*

109

Winterheckenzwiebel

Allium fistulosum ☼

Saattiefe: 1–2 cm | **Pflanzabstand:** 30 × 30 cm

ANBAU/PFLEGE: Winterheckenzwiebeln bilden dicke Horste mit saftigen Röhrenblättern. Die Horste sind mehrjährig und völlig frosthart. Vorgezogene Pflanzen vom Gärtner setzt man im Spätherbst oder Frühjahr. Zu diesem Zeitpunkt können Sie vorhandene Horste auch durch Teilen vermehren. Als Düngung genügt eine Schaufel voll Kompost im Frühjahr, in sommerlichen Trockenperioden sollten Sie die Pflanzen alle 3 Tage gießen.

SCHÄDLINGE UND KRANKHEITEN: Zwiebelminierfliege, Pilzbefall durch Zwiebelrost

BEETPARTNER: Zichoriensalate, Kopf- und Pflücksalat, Möhren

ERNTE UND VERWENDUNG: Die über 60 cm langen Röhrenblätter ersetzen in der Küche von April bis November Frühlingszwiebeln und Schnittlauch und werden fein geschnitten oder gehackt verwendet. Die nur schwach ausgebildeten Zwiebeln werden dagegen kaum genutzt.

TIPP: Pflanzen in Töpfen auf dem Fensterbrett können Sie auch im Winter beernten. Dafür als Treibhausersatz eine Kunststoff- oder Glasglocke über den Topf stülpen.

Schnittknoblauch

Allium tuberosum ☼

Saattiefe: 0,5–1 cm | **Pflanzabstand:** 20 × 25 cm

ANBAU/PFLEGE: Schnittknoblauch, auch Ewiger oder Chinesischer Lauch genannt, wird wie Schnittlauch kultiviert und verwendet und ist ebenso winterhart. Die Aussaat erfolgt im März/April in Saatschalen, die Pflänzchen setzt man 4–8 Wochen später an einen sonnigen Platz mit wasserdurchlässiger Erde. Vorgezogene Pflanzen vom Gärtner pflanzt man im Frühjahr oder Herbst. Die Blüten machen Schnittknoblauch zur Zierde im Beet und auf dem Teller.

AUF DEM BALKON: kleinwüchsige Auslesen wie 'Kobold'

SCHÄDLINGE UND KRANKHEITEN: Zwiebelfliegenmaden

BEETPARTNER: Erdbeeren

GUTE SORTEN: Riesen-Schnittknoblauch 'Monstrosum': 50–80 cm hoch, kleinwüchsiger Schnittknoblauch 'Kobold': 30–40 cm hoch

Porree, Lauch

Allium porrum ☼ ◐

Saattiefe: 1–2 cm | Reihenabstand: 40 cm

- **Nährstoffbedarf:** hoch
- **Familie:** Lauchgewächse, Anbauabstand 4–5 Jahre
- **Boden:** leichte bis mittelschwere Lehmböden und sandige, aber humusreiche Böden
- **Aussaat:** Vorkultur ab Februar/März (Sommer-, Herbstporree) bis April/Mai (Herbst-, Winterporree)
- **Pflanzung:** Mitte März/Ende April (Sommer-, Herbstporree) bis Mai/Mitte Juli (Herbst-, Winterporee), Pflanzabstand in der Reihe 7–10 cm
- **Kulturdauer:** 16–22 Wochen ab Aussaat

Lauch oder Porree

ANBAU/PFLEGE: Porree, auf Süddeutsch Lauch, kann zwar direkt ins Beet gesät werden, doch dann belegen die Pflanzen das Beet mindestens 8–10 Wochen länger. Und nur wenn man vorgezogene, kräftige Setzlinge in tiefe Furchen pflanzt, kann man später dicke Stangen mit einem langen, weißen Schaft ernten. Die Pflanztiefe richtet sich nach dem Pflanztermin. Wichtig: Blätter und Wurzeln nicht einkürzen! Diese Technik ist nur bei maschineller Pflanzung erforderlich und verzögert das Anwachsen. Von Frühjahr bis Frühsommer zieht man ca. 8 cm tiefe Rillen, ab Mai pflanzt man bis zu 15 cm tief. Mehrmaliges Anhäufeln macht die Stangen standfest und erhöht den Weißanteil. Dabei die Erde nur bis knapp unter die Blattachseln heranziehen, sonst setzen sich die Krümel zwischen die Blattringe und erschweren das Putzen. Tipp: Porree oder Lauch hinterlässt ein tief durchwurzeltes Beet, als Nachkultur profitieren davon alle Wurzelgemüse. Anders als in der Mischkultur empfohlen, ziehen viele Biogärtner Möhren nicht gleichzeitig, sondern nach Porree auf demselben Beet. Frühkartoffeln sind eine ideale Vorkultur für Winterporree.

SCHÄDLINGE UND KRANKHEITEN: Lauchminierfliege, Lauchmotte, Zwiebelfliege, Rostpilze

BEETPARTNER: Möhren, Sellerie, Petersilie

GUTE SORTEN: **Sommersorte** 'Schweizer Riesen'; **Herbst- und Wintersorte** 'D'hiver de Saint-Victor'; **für Überwinterung** 'Blaugrüner Winter'

ERNTE UND VERWENDUNG: Erntezeit für Sommerporree von Juni bis Ende August, für Herbstporree von September bis Mitte November. Winterporree holt man an frostfreien Tagen bis März vom Beet.

INHALTSSTOFFE: Neben Senfölen enthält Porree auch antibakteriell wirkendes Allicin, das auch für die gesunde Wirkung von Knoblauch verantwortlich ist. Ebenso wertvoll: die Vitamine B, C und E.

❯ *Statt Furchen zu ziehen, können Sie mit dem Pflanzholz tiefe Löcher in die Beeterde stechen und die Porreepflänzchen hineinsetzen.*

Rosenkohl

Brassica oleracea var. *gemmifera* ☼

Saattiefe: 1–2 cm | **Pflanzabstand:** 70 × 50 cm
- **Nährstoffbedarf:** hoch bis sehr hoch
- **Familie:** Kreuzblütler, Anbauabstand 4 Jahre
- **Boden:** lehmige Erde und sandige Lehmböden mit hohem Humusgehalt
- **Aussaat:** Vorkultur ab März bis Ende April
- **Pflanzung:** ab Anfang Mai
- **Kulturdauer:** 26–28 Wochen ab Aussaat

ANBAU/PFLEGE: Rosenkohl gedeiht am besten auf Böden, die gut mit Kalk versorgt sind. Auf der sicheren Seite ist, wer zusätzlich eine Handvoll Algenkalk ins Pflanzloch streut. Nach der Aussaat in Schalen setzt man nur die kräftigsten Pflanzen in Topfplatten oder kleine Einzeltöpfe um und pflanzt sie, nachdem sie einen kräftigen Wurzelballen gebildet haben, ins Beet. Im Juni, nach dem bei Kohl üblichen Anhäufeln der Stauden, und nochmals im August wird mit kalireichem organischem Gemüsedünger oder verdünnter Beinwelljauche nachgedüngt. Vermeiden Sie aber zu hohe Stickstoffgaben, sonst ernten Sie nur lockere Röschen. Am Anfang eher weniger gießen, damit die Pflanzen

Frostfester Winter-Rosenkohl

tiefer wurzeln. Ab September öfter wässern. Das oft empfohlene Ausbrechen der Staudenspitze fördert nur bei Herbstsorten die Entwicklung der Röschen, für die Überwinterung gepflanzter Rosenkohl wird dadurch weniger frostfest.

SCHÄDLINGE UND KRANKHEITEN: Mehlige Kohlblattlaus, Kohlfliege

BEETPARTNER: Ringelblumen, spät gesäter Feldsalat

GUTE SORTEN: Herbstsorte 'Maximus' F1: für den ökologischen Landbau empfohlene Hybridsorte; **Herbst- und Wintersorten** 'Hilds Ideal', 'Rubine': historische, violette Sorte, aber kleine Röschen

ERNTE UND VERWENDUNG: Im September kann man bei den Frühsorten die ersten Knospen pflücken – immer von unten nach oben. Die oberen kleineren Knospen wachsen dann weiter. Kältefeste Sorten überwintern auf dem Beet; wechseln sich Frost und Tauwetter ab, leidet jedoch die Qualität. In diesem Fall sollte man früher ernten und die Röschen einfrieren.

INHALTSSTOFFE: Rosenkohl enthält mehr Vitamin C als alle anderen Kohlarten. Außerdem haben die Röschen viele Mineral- und Ballaststoffe sowie Vitamin A und B$_2$ zu bieten.

❯ *Pflücken Sie die Röschen von Herbst-Rosenkohl ganz nach Bedarf, sobald sie ihre sortentypische Größe erreicht haben.*

Weiß- und Rotkohl

Brassica oleracea var. *capitata* f. *alba* und f. *rubra* ☼

Saattiefe: 1,5–2 cm | Pflanzabstand: 60 × 60 cm

ANBAU/PFLEGE: Vorkultur ab März, ab Mai können Sie direkt ins Beet säen. Von der Anzucht bis zum erntereifen, lagerfähigen Kopf vergehen 60–130 Tage. Wichtig sind ein kalkhaltiger, im Spätwinter mit reichlich Mistkompost versorgter Boden, reichliches, gleichmäßiges Gießen und mehrmaliges Anhäufeln ab Beginn der Kopfbildung.
SCHÄDLINGE UND KRANKHEITEN: Schmetterlingsraupen, Pilzbefall durch Kohlschwärze oder Falschen Mehltau
BEETPARTNER: Porree, Sellerie, Tomaten
GUTE SORTEN: Weißkohl 'Donator': Herbstsorte für Frischverzehr, 'Dottenfelder Dauer': mittelfrühe Sorte, lange lagerfähig, 'Marner Lagerweiß': spät reifend, lange lagerfähig; **Rotkohl** 'Amarant': Frühsorte, 'Granat': lagerfähige mittelfrühe Sorte, 'Rodynda': lange lagerfähig
ERNTE UND VERWENDUNG: Frühe Sorten für den Frischverzehr reifen ab Juni. Lagersorten lässt man auf dem Beet und holt sie kurz vor dem ersten Frost in den Keller.

Wirsing

Brassica oleracea var. *sabauda* ☼

Saattiefe: 1,5–2 cm | Pflanzabstand: 60 × 60 cm

ANBAU/PFLEGE: Bei der Aussaat, Pflanzung und Pflege unterscheidet sich Wirsing nicht von Weiß- oder Rotkohl (→ oben). Die Sortenvielfalt ist enorm und man kann zwischen Züchtungen für den Anbau im Frühjahr und Sommer sowie Herbst und zur Lagerung wählen. Adventswirsing überwintert mit etwas Reisigschutz oder unter Vlies auf dem Beet.
SCHÄDLINGE UND KRANKHEITEN: wie Weiß- und Rotkohl
BEETPARTNER: wie Weiß- und Rotkohl
GUTE SORTEN: Frühsorte 'Vorbote': für Frühjahrs-/Sommeranbau mit kurzer Anbauzeit – »Acht-Wochen-Wirsing«; **Herbstsorte** 'Planpalais à pied court': fein gekrauste Köpfe und dünne Blätter; **Wintersorten** 'Bonner Advent' und 'Winterfürst 2' zum Lagern
ERNTE UND VERWENDUNG: Frühsorten bilden kleinere, meist lockere, hellgrüne Köpfe. Die Garzeiten sind kürzer als bei robusten Sorten für die späte Ernte.

Palmkohl

Brassica oleracea var. *palmifolia* ☼

Saattiefe: 2 cm | Pflanzabstand: 75 × 50 cm

ANBAU/PFLEGE: Toskanischer Palmkohl verträgt zwar leichte Fröste, ist aber nördlich der Alpen nicht winterhart. Man sät zwischen März und Juni in kleine Töpfe und pflanzt den dekorativen »Schwarzkohl« wie Grünkohl zwischen Mai und Juli ins Freie. Palmkohl verträgt Sommerhitze gut – häufiges Gießen vorausgesetzt.
AUF DEM BALKON: Unterpflanzt mit Sommerblumen oder blühenden Kräutern, ist Palmkohl ein Ziergemüse wie aus dem Bilderbuch. Tipp: Die Topferde mit Hornspänen aufdüngen (ca. 10 g auf 1 l Erde).
SCHÄDLINGE UND KRANKHEITEN: Pilzbefall durch Kohlhernie, Raupen verschiedener Kohlschädlinge
BEETPARTNER: Essbare Blütenpflanzen, z. B. Hornveilchen, Gewürztagetes und nicht rankende Kapuzinerkresse
GUTE SORTEN: 'Cavalo Nero', 'Nero di Toscana'
ERNTE UND VERWENDUNG: Man erntet nach Bedarf die Blätter von unten nach oben und dünstet oder gart sie.

Grünkohl

Brassica oleracea var. *sabellica* ☼ ◐

Saattiefe: 1,5–2 cm | Pflanzabstand: 75 × 45 cm

ANBAU/PFLEGE: Der frostharte Kohl ist hauptsächlich im hohen Norden beliebt. Vorkultur auf einem Saatbeet oder in kleinen Töpfen ab Mitte Mai bis Juni, Pflanzzeit ist von Mitte Juni bis Ende Juli. Der Nährstoffbedarf ist hoch, ein kalireicher Gemüsedünger sorgt dafür, dass die Pflanzen Fröste bis –10 °C auch ohne Vliesabdeckung überstehen. Tipp: Vor allem im Hochsommer reichlich gießen!
SCHÄDLINGE UND KRANKHEITEN: Kohlfliege, Pilzbefall durch Kohlhernie
BEETPARTNER: Rote Bete, Mangold, Radicchio
GUTE SORTEN: 'Niedriger Grüner Krauser': niedrige Sorte für schneereiche Lagen, 'Ostfriesische Palme': hohe, traditionelle Landsorte, 'Westerländer Winter': halbhoch, mild-süßlich, Roter Krauskohl: purpurfarbene Blätter
ERNTE UND VERWENDUNG: Nach den ersten Frösten wird Grünkohl milder, und die Garzeiten verringern sich.
INHALTSSTOFFE: Reichlich Vitamin C und Kalzium.

Brokkoli

Brassica oleracea var. *italica* ☼

Saattiefe: 2 cm | **Pflanzabstand:** 50 × 50 cm

- **Nährstoffbedarf:** hoch
- **Familie:** Kreuzblütler, Anbauabstand 4 Jahre
- **Boden:** tiefgründig und feucht mit hohem Humusgehalt, stark lehmiger Sand bis sandiger Lehm
- **Aussaat:** Vorkultur in Töpfen ab Mitte April bis Ende Juni, Direktsaat Mitte April bis Ende Juni
- **Pflanzung:** Mitte April bis Ende Juli
- **Kulturdauer:** 10–12 Wochen ab Aussaat

Brokkoli kann fast ganzjährig angebaut werden. Die Kultur von Winterbrokkoli hat vor allem in England Tradition. Von dort stammt auch die »Urform«, der Sprossenbrokkoli, der viele kleine, kältefeste Seitentriebe bildet. Die alten Auslesen gibt es noch, meist erkennt man sie am Zusatz »Sprouting« zum Sortennamen. Neuere Sorten bilden eine dicke Mittelknospe, aber weniger Seitentriebe.

ANBAU/PFLEGE: Brokkoli gilt als Starkzehrer. Das ist zwar grundsätzlich richtig, doch bei Sorten, die auf dem Beet überwintern, sollte die Erde nicht zu stickstoffreich sein. Für eine bessere Standfestigkeit setzt man die vorgezogenen Pflanzen so tief, dass der Wurzelhals mit Erde bedeckt ist, und häufelt die Pflanzen immer wieder an. Winterbrokkoli wird erst im Juli gepflanzt, die frostfesten Blütensprosse werden im Frühjahr von März bis Mai geerntet. Die anderen genannten Sorten eignen sich für den gesamten Anbauzeitraum. Die Setzlinge nach dem Auspflanzen gut angießen, später weniger gießen, um das tiefe Wurzelwachstum zu fördern. Im Jugendstadium die Beeterde wiederholt oberflächlich lockern und die Pflanzen dabei vorsichtig anhäufeln.

AUF DEM BALKON: In mindestens 10 l Erde fassenden Töpfen gedeiht Brokkoli auch auf einem Balkon im lichten Schatten. Wichtig ist häufiges Gießen, im Topfuntersetzer sollte sich Wasser aber nur für kurze Zeit sammeln.

SCHÄDLINGE UND KRANKHEITEN: Maden von Kohldrehherzmücke, Kohlfliege und Kohlweißling, Pilzbefall durch Kohlhernie

BEETPARTNER: Salat, Erbsen, Erdbeeren, Tomaten, Buschbohnen, Sellerie

GUTE SORTEN: 'Cezar', 'Coastal', 'Early Purple Sprouting': Winterbrokkoli, 'Verde Calabrese'

ERNTE UND VERWENDUNG: Schneiden Sie die Knospen mit einem 10 cm langen Stängel am Morgen, solange sie noch kühl sind.

Sprossenbrokkoli

Brokkoli

»Vielfalt hat viele Aspekte«

Susanne Gura engagiert sich für die Erhaltung wertvoller historischer Gemüse-
sorten. Die Vorsitzende des Vereins zur Erhaltung der Nutzpflanzenvielfalt (VEN)
kämpft gegen den Verlust an Vielfalt in unseren Gärten und auf den Feldern.

SUSANNE GURA engagiert sich für die
Erhaltung wertvoller historischer Gemüse.

▶ **Untereinander Saatgut zu tauschen, hat
bei Gärtnern eine lange Tradition. Ist das
heute, wo ich jedes Jahr neue Sorten kaufen kann, nur noch ein spannendes Hobby?**

Die Tradition, im eigenen Garten nicht nur
Blumen und Gemüse, sondern auch deren
Samen zu ernten, hat seit den 1950er-Jahren
hierzulande immer mehr nachgelassen.
Seit den 1980er-Jahren warnen jedoch die
Vereinten Nationen vor dem Verlust der
landwirtschaftlichen Vielfalt. Daraufhin wurde
der Verein zur Erhaltung der Nutzpflanzenvielfalt (VEN) gegründet. Aus Verantwortungs-
gefühl, nicht als Hobby!

▶ **Verantwortung zu übernehmen, ist sicher
wichtig, aber was ist mit dem Spaß und
der Freude am Gärtnern?**

Das Wunderbare ist, dass traditionelle Sorten
eine große Anpassungsfähigkeit an unterschiedliche Umwelt- und Klimabedingungen
zeigen. Wer Vielfaltssorten anbaut und Saatgut
tauscht oder anbietet, verbreitet damit auch
das Erlebnis des Säens, Wachsens und Ern-
tens. Er erlebt Freude und Unabhängigkeit und
– das darf man ruhig so sagen – ehrt unsere
Vorfahren und schützt unsere Nachkommen.
Wie gut, dass dies wieder wichtig wird! Die
industriell erzeugten »Pflanzen-Junkies«, wie
wir die industriellen Züchtungen nennen,
versagen ohne ihre regelmäßige Chemie-Dosis.
Viele Menschen sind besorgt, dass nur wenige
Konzerne die ganze Welt mit Saatgut beliefern,
und sehen, dass dies ausgerechnet Chemie-
konzerne sind, deren Produkte unsere Böden,
unser Wasser und unser Klima ruinieren.

▶ **Wie kommt man denn an die alten Gartenschätze heran?**

Diese Vielfaltssorten gibt es nicht im Gartencenter, denn die großen Firmen haben kleinere
Züchter aufgekauft und alte samenfeste, das
heißt vermehrbare Sorten, durch nicht sorten-
rein nachbaubare Hybridsorten ersetzt. Diese
bieten nur eine scheinbare Vielfalt, wie neue
Hybridzüchtungen, z. B. die jetzt ebenfalls
braunen, gelben und orangefarbenen Tomatensorten, zeigen. Diese Hybridsorten ahmen die
historischen Sorten aber nur nach. Saatgut von
»echten« traditionellen und historischen Sorten bekommt man auf Saatgutveranstaltungen
von Erhalterorganisationen wie dem VEN oder
Dreschflegel oder über das Internet.

▶ **Einige traditionelle Erbsensorten haben hübsche bunte Blüten, schmecken aber herb. Sind sie nur noch zum Ansehen da?**

Bunte Blüten haben nicht nur die ursprünglich bitteren, als Futter genutzten Ackererbsen. Durch Züchtung ging bei ihnen mit dem Bitterstoff auch die Blütenfärbung verloren. Aber manche der süßen Zuckererbsen blühen ebenfalls vielfarbig.

▶ **Muss man sich beim Anbau historischer oder traditioneller Sorten noch auf mehr Überraschungen einstellen?**

Bei der kommerziellen Pflanzenzüchtung ist der Ertrag das wichtigste Kriterium, beim Geschmack werden Kompromisse gemacht. Eine Sorte muss auch schnell erntereif sein. Die Bildung von Geschmacksstoffen braucht aber Zeit! Diese Stoffe sorgen nicht nur für mehr Aroma, sondern haben auch eine Wirkung auf unsere Gesundheit. In kommerziellen Sorten sind sie weitgehend weggezüchtet, weil man ihre Wirkung noch nicht kannte oder davon ausging, dass beispielsweise bittere Bestandteile nicht mehr akzeptiert werden. Wie langweilig ist das? – Und zudem nicht gesund, wie man inzwischen weiß. Industrielles Gemüse macht als solches nicht krank, aber die Wirkung ist vergleichbar mit Junkfood: Jede »leere Kalorie« ist eine verpasste Gesundheitschance.

❯ *Die Tomate 'Cherry Zebra' mit grün gestreiften Früchten ist nur eine von vielen erhaltenswerten Sorten.*

Wo kann man denn einmal ausprobieren, was wirklich schmeckt?

Zur Erntezeit im Spätsommer organisieren die Erhalterorganisationen (→ Seite 234) Vielfaltsmärkte, im Frühling Saatgut- und Pflanzenmärkte. Dort kann man sich zu Anbaufragen beraten lassen, es gibt Vorträge, Filme und Tauschbörsen für Saatgut und Jungpflanzen.

▶ **Was möchten Sie Biogärtnerinnen und -gärtnern besonders ans Herz legen?**

Vielfaltssorten sind unsere Lieblingssorten, da ihre Geschmäcker und Eigenschaften so unterschiedlich sind wie wir. Probieren Sie es: Sie werden Ihre Lieblingssorten finden! Gewinnen Sie selbst Saatgut aus samenfesten Sorten. Das gelingt leicht mit Bohnen, Erbsen, Tomaten und Salat. Nicht verzagen – auch erfahrene Gärterinnen und Gärtner lernen nie aus. Noch ein Tipp: Unter dem Namen »Vielfalt bewahren – wie geht das?« veranstaltet der Dachverband Kulturpflanzenvielfalt bundesweit Einführungskurse.

❯ *Lattich ist eine uralte Kulturpflanze. Die Sorte 'In der Erde sitzend' lässt sich als Salat und gedünstet als Gemüse zubereiten.*

117

DER
OBST
GARTEN

Obstanbau lohnt sich!

Kirschen, Äpfel, Birnen und Beerensträucher verschönern mit ihrer Blüte den Frühling. Im Sommer und Herbst locken uns die reifen Früchte in den Garten, und meist fällt die Ernte so reichlich aus, dass man den ganzen Winter eigenes Obst genießen kann.

Im **zeitigen Frühling**, noch bevor die Knospen austreiben, kommen Garten- und Astschere für den Schnitt der Obstgehölze (→ Seite 130–133) zum Einsatz. Sobald der Boden nicht mehr gefroren ist, können Sie zudem wieder mit der Pflanzung (→ Seite 128/129) beginnen. Für Gehölze ohne Wurzelballen, also »wurzelnackt« gelieferte Jungpflanzen, ist ein Termin während der Vegetationsruhe, d. h., solange sie kein Laub tragen bzw. austreiben, obligatorisch. Getopfte Obstbäume und Beerensträucher können dagegen in der Regel zu jeder Jahreszeit gepflanzt werden.

Im **Sommer** beginnt die schönste, aber auch arbeitsreichste Zeit im Obstgarten. Die Erdbeeren reifen, und die jungen Ruten der Sommerhimbeeren müssen aufgebunden werden. Die Fruchtstände von Äpfeln, Birnen und Pflaumen, die mehr angesetzt haben, als den Bäumen guttut, sollten von Hand ausgedünnt werden (→ Seite 141).

Ab **Juli** heißt es für Sie ernten und genießen! Mitte Juli lichtet man beim Sommerschnitt (→ Seite 131) die Kronen der Obstbäume aus. Gut besonnte Früchte entwickeln mehr Aroma, reifen gleichmäßig ab und sind länger lagerfähig. Die Kraft des Baumes fließt zudem nur in Zweige, die man erhalten möchte. Wer einmal tragende Gartenerdbeeren pflanzen möchte,

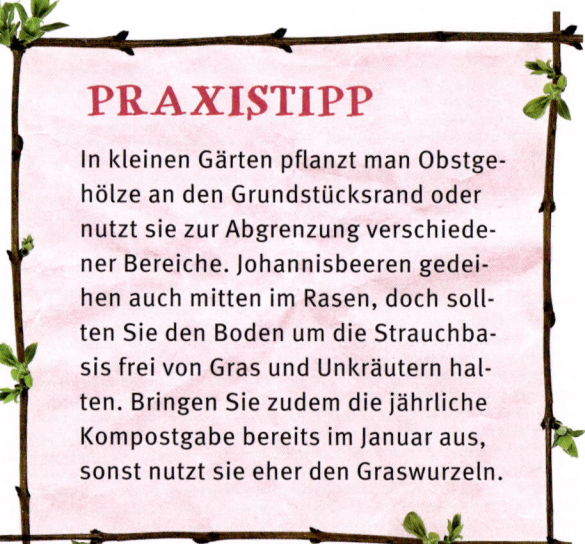

PRAXISTIPP

In kleinen Gärten pflanzt man Obstgehölze an den Grundstücksrand oder nutzt sie zur Abgrenzung verschiedener Bereiche. Johannisbeeren gedeihen auch mitten im Rasen, doch sollten Sie den Boden um die Strauchbasis frei von Gras und Unkräutern halten. Bringen Sie zudem die jährliche Kompostgabe bereits im Januar aus, sonst nutzt sie eher den Graswurzeln.

JANUAR

Der Obstbaumschnitt im Spätwinter regt das Wachstum an.

MÄRZ

Mit Rhabarberstangen beginnt im Obstgarten die Erntesaison.

APRIL

Pflanzen Sie jetzt Monatserdbeeren und immertragende Erdbeersorten.

> Quitten sind ab Ende September reif. Dann färbt sich die apfelgrüne Schale leuchtend gelb.

macht das am besten bis Anfang August. Dann können diese bis zum ersten Frost bereits gut einwachsen und tragen direkt im Folgejahr viele große, gesunde Beeren. **Im Spätsommer** erreicht die Ernteschwemme ihren Höhepunkt. Frühäpfel und Sommerbirnen wie die 'Bunte Julibirne' sollten Sie rasch aufessen. Aus den Überschüssen können Sie süßes Kompott oder pikante Chutneys kochen. Die im September reifenden Herbstsorten halten sich dagegen bis November/Dezember im kühlen Keller.

Der Herbst ist bei sonnigem, trockenem Wetter ideal für die Pflege der Beerensträucher. Die abgeernteten Sträucher werden kräftig ausgelichtet. **Im Oktober** sammeln Sie Fallobst auf, damit sich Schädlinge wie Apfel- und Pflaumenwickler nicht weiter ausbreiten. Außerdem lagern Sie späte Kernobstsorten ein. Und wenn die Gehölze im **Winter** alle Blätter abgeworfen haben, beginnt die Pflanzzeit, ab **Spätwinter** die Schnittzeit.

JULI   **OKTOBER**   **NOVEMBER**

Sommerzeit ist Beerenzeit: Jetzt hängen die Sträucher voller süßer Früchte!

Lagerfähige Kernobstsorten pflückt man so spät wie möglich.

Nach dem Blattfall pflanzt man wurzelnackte Obstgehölze.

FRÜHLING

Mit der Kirschblüte zieht der Frühling ins Land. Es folgen Äpfel, und schon kurz darauf blühen die Birnen. Bienen summen, und der Garten ist durchzogen von süßem Honigduft.

Erst planen, dann pflanzen

Einen Obstgarten anzulegen, ist nicht schwer. Welches sind die Lieblingssorten der Familie, wie groß sollen die Bäume werden, und zieht man die Beeren besser als Strauch oder platzsparend am Spalier? Wenn Sie diese Fragen geklärt haben, kann es losgehen!

❯ *Dem Zauber eines alten Apfelbaums kann zur Blütezeit keiner widerstehen. Dass seine Äpfel nicht ganz so wohlgeformt sind, verzeiht man gerne.*

Der Kauf von Obstgehölzen will gut geplant sein. Beerensträucher werden mindestens acht, kleine Obstbäume etwa 15 Jahre alt, ein großer Hausbaum kann 60–100 Jahre am selben Platz stehen. Schon deshalb lohnt es sich, beim Kauf lieber etwas mehr zu investieren und auf ausgezeichnete Qualität zu achten. Am besten erstellen Sie eine Wunschliste, ermitteln mögliche Pflanzplätze im Garten und lassen sich in einer zertifizierten Obstbaumschule beraten. Die Fachleute wissen, welche Sorten in Ihrer Gegend am besten gedeihen und fruchten. Werfen Sie dennoch einen Blick auf das Pflanzetikett und bewahren Sie es mit der Rechnung mindestens ein Jahr auf: Wächst der Baum nicht gut ein, obwohl Sie bei der Pflanzung (→ Seite 128/129) alles richtig gemacht haben, können Sie reklamieren.

Für Einsteiger bis Fortgeschrittene

Platz für Obstgewächse ist im kleinsten Garten. Beerensträucher können Sie sogar schon bald beernten.

- Ganz unkompliziert sind Erdbeeren. Sie brauchen wenig Platz, sind schnell und einfach gepflanzt und liefern zügig eine erste Ernte.
- Die Sträucher oder Hochstämmchen von Johannis-, Stachel- und Jostabeeren passen bei engen Verhältnissen sogar in Blumenbeete oder setzen andere gestalterische Akzente in Beetecken oder an Wegrändern. Ihr Schnitt ist leicht zu lernen.
- Himbeeren benötigen zwar ein Gerüst, machen sich dafür jedoch ganz schlank und passen auch an den Grenzzaun.
- Apfel-, Birn- und Kirschbäume bleiben Jahrzehnte an ihrem Platz und sollten sorgfältig gepflanzt werden. Obendrein benötigen sie einen fachgerechten Schnitt (→ Seite 132/133).
- Größere Bäume ergeben wunderbare Hausbegleiter oder Schattenspender. Nach einigen Jahren

> *Ein Birnenspalier als dekorativer Rahmen um die Gemüsebeete war früher in den Bauerngärten weitverbreitet. Diese platzsparende Idee bietet sich für die heutigen Grundstücke an, die meist eher klein geraten sind.*

sind die Äste kräftig genug für Schaukel und Hängematte oder tragen sogar ein kleines Baumhaus.
- Obsthecken aus Spindelbüschen (→ Seite 126) ermöglichen Apfelanbau auf kleinen Grundstücken.
- Wein und Kiwi begrünen Wände oder dienen als Schattenspender bei Lauben und Pergolen.
- Begrenzt man die Höhe auf 1,8–2 m und beachtet den Grenzabstand, ist auch eine Wildfruchthecke eine Alternative zur Hecke mit reinem Zierwert.

Platzwahl für Obstgewächse

Natürlich haben die verschiedenen Obstarten auch ihre Vorlieben bezüglich des Standorts. So verlangen Äpfel offene, sonnige Lagen. Birnen gedeihen nur auf warmen, wasserdurchlässigen Böden.

Haben Sie ein Auge auf Frostlagen

Winterfröste können das Holz von Obstbäumen schädigen. Vor allem von Plätzen mit austrocknenden Ostwinden und sonnigen Südlagen ist als Standort abzuraten: Treffen die Strahlen auf den gefrorenen Stamm, kommt es durch die einseitige Erwärmung zu Spannungsrissen im Holz.
- Wählen Sie in rauen Lagen frostbeständige Arten, z. B. Apfel, Kirsche und Pflaume, bzw. winterharte Sorten wärmebedürfiger Arten wie Birnen.
- Die besten Standorte für Obstgehölze sind Südost- oder windgeschützte Südwestlagen.

Spätfröste können die Fruchtanlagen offener Kirsch-, Apfel- und Birnenblüten zerstören. Wo im Frühling oft Spätfrost herrscht, wählt man bei allen diesen Obstarten besser spät blühende Sorten.

Gutes Klima für wärmebedürftige Arten

Pfirsich, Nektarine, Aprikose, Quitte, Wein, Kiwi und Walnuss kommen mit Kälte nicht gut zurecht. Darauf verzichten müssen Sie jedoch nicht unbedingt. An wärmespeichernden Wänden und an geschützten Ecken verspricht ihr Anbau Erfolg.

ALLES BIO

Berücksichtigen Sie bei der Wahl der Obstgehölze die Widerstandsfähigkeit der einzelnen Sorten gegen häufig auftretende Krankheiten. Dann können Sie sich das Spritzen in den meisten Fällen sparen. Erkundigen Sie sich nach lokalen Sorten: Sie sind in der Regel gut an das regionale Klima angepasst und zeigen sich robust gegenüber Schaderregern.

Obst für alle Fälle

Ein pflegeleichter Obstgarten lässt sich nur auf eine Weise verwirklichen: mit robusten Sorten und der passenden Wuchsform. Wenn Sie diese Überlegungen berücksichtigen, sind Sie für den Gang zur Baumschule gut gerüstet.

❯ *Gehölze mit nackten Wurzeln dürfen nach dem Kauf nicht austrocknen.*

Wurzelnackt oder mit Wurzelballen, Buschbaum, Hochstamm, Wurzelunterlage, Edelsorte – bei Kern- und Steinobst gibt es viele Optionen. Mit diesem Überblick finden Sie das, was am besten in Ihren Garten passt.

Nackte Wurzeln oder fester Ballen

Möchten Sie sofort pflanzen? Oder haben Sie bis zum nächsten Winter Geduld? Traditionell werden Obstgehölze mit **nackten Wurzeln** verkauft und sind nur über die kalte Jahreszeit erhältlich. Pflanz-

zeit ist von Oktober bis März bei frostfreiem Wetter. Exemplare mit einem **durchwurzelten Ballen** aus dem Container können Sie fast immer pflanzen. Ob wurzelnackt oder im Topf – den sichersten Anwachserfolg haben Sie im zeitigen Frühling oder im Herbst. Sobald das Gehölz Laub trägt, steigt der Wasserbedarf. Ist es dann noch nicht eingewurzelt, nützt auch häufiges Gießen wenig, und es braucht lange, um sich vom Umpflanzen zu erholen. Geschwächte Gehölze sind zudem krankheitsanfälliger.

Von Zwergen und Riesen

Gleich ob Obstwiese oder Balkon: Für beide Standorte gibt es die passende Baumform und -größe.

- Säulenobstbäume, nach den ersten Züchtungen auch als »Ballerinas« bezeichnet, werden bei Balkon- und Terrassengärtnern immer beliebter, machen aber auch im Garten etwas her. Die Kleinen tragen vergleichsweise gut.
- Spindeln bestehen lediglich aus einem Mitteltrieb mit seitlich abgehenden, fruchtenden Seitenästen. Äpfel brauchen als Spindel etwa 4 m², Kirschen 5–6 m², Pflaumen und ihre Verwandten 8 m² Standfläche.
- Buschbäume, für die sich Pfirsich und Sauerkirsche eignen, haben im unteren Kronenbereich noch einige dickere Leitäste, aus denen die Fruchtäste austreiben. Sie sind also etwas ausladender.
- Hoch- und Halbstamm sowie Niederstamm unterscheiden sich durch die Stammhöhe (1,6–1,8 m, 1–1,2 m bzw. 0,8–1 m). Bei einer Stammhöhe von max. 1,5 m beansprucht die Krone ca. 25 m². Für stark wachsende Hoch- und Halbstämme müssen Sie 65 m² Fläche einplanen.

Bei einem als Halb- oder Hochstamm erzogenen Obstbaum muss man sechs bis zehn Jahre auf die ersten Früchte warten, dafür fällt die Ernte im Laufe der Jahre immer reicher aus. Buschbäume liefern schon nach vier, fünf Jahren Früchte. Für Schnitt und Ernte muss man nicht erst die Leiter aus dem Schuppen holen, und selbst auf handtuchschmalen Grundstücken bringt man mehrere Sorten unter.

Die passende Kombination

Ein Obstbaum besteht fast immer aus zwei Teilen, nämlich der sogenannten Wurzelunterlage und dem Edelreis. Das ist die von Ihnen gewünschte Sorte, welche auf die Unterlage veredelt wurde. Beide zusammen bestimmen, wie groß der Baum wird, wie stark er wächst und wie häufig er geschnitten werden muss. Die Unterlage beeinflusst aber auch die Qualität der Früchte sowie Gesundheit, Ertrag und Lebensdauer der Bäume.

Aufeinander abstimmen

Wer meist im Juli oder August in Urlaub fährt, hat an einem Frühapfel wenig Freude, und ohne geeignete Lagermöglichkeiten macht der Anbau von Winteräpfeln, die erst Wochen nach der Ernte genussreif werden, kaum Sinn. Achten Sie bei der Auswahl der Sorten also auf die Reifezeiten der verschiedenen Obstarten. Wenn Sie Beeren-, Stein-

› *Beerenobst gilt als selbstfruchtbar. Eine zweite Sorte wirkt sich aber positiv auf den Ertrag aus.*

und Kernobst geschickt kombinieren, gibt es vom Frühsommer bis zum Herbst immer etwas zum Naschen, und für leckeren Kuchen und süße Marmeladenvorräte für später ist auch gesorgt.

› *Nicht immer sind Hummeln und Bienen schuld, wenn der Fruchtansatz zu wünschen übrig lässt.*

Wichtig: die Bestäubung

Bei Kern- und Steinobst gibt es Selbstbefruchter und Fremdbefruchter. **Selbstbefruchter** sind Arten, bei denen die Blüten einer Pflanze sich selbst bestäuben und befruchten. Keine Gedanken um die Bestäubung brauchen Sie sich bei den meisten Sauerkirschen-, Pflaumen- und Zwetschgensorten zu machen. Ebenso bei Quitten, Walnüssen, Pfirsichen und Aprikosen. **Fremdbefruchter** dagegen benötigen den Blütenpollen derselben Obstart, aber von einer anderen Sorte, um Früchte zu bilden. Dazu zählen Äpfel und Birnen. Ältere Süßkirschensorten brauchen einen Befruchter, Neuzüchtungen nicht immer.

Einen Obstbaum pflanzen

Robuste Arten können Sie im Herbst nach dem Laubfall pflanzen. Kälteempfindliche wie Aprikose, Pfirsich, Wein und Kiwi tun sich leichter, wenn sie im zeitigen Frühling in die Erde kommen. Obstgehölze bevorzugen tiefgründige, mittelschwere, humusreiche Böden. Bei sehr leichten bzw. schweren Böden (→ Seite 20/21) lohnt es sich, etwas zu ihrer Verbesserung zu unternehmen (→ Seite 25). Lassen Sie in der Baumschule bei wurzelnackten Gehölzen gleich den Pflanzschnitt erledigen. Er sorgt dafür, dass zwischen Wurzel, die beim Roden nicht komplett erhalten bleibt, und Krone ein Gleichgewicht herrscht. Stellen Sie das Gehölz vor der Pflanzung ein, zwei Stunden in einen Behälter mit Wasser. Containerware mit Wurzelballen tauchen Sie so lange unter, bis keine Luftblasen mehr aufsteigen.

Was Sie dafür benötigen:

Spaten

Kompost

Pflock

Bindeschnur

Gießkanne

1 Heben Sie mit dem Spaten eine Pflanzgrube aus. Die Grube sollte so groß sein, dass der Topfballen bequem hineinpasst. Lockern Sie die Sohle sowie die Seiten des Pflanzlochs mit der Grabegabel auf. So haben es die Wurzeln leichter, sich auszubreiten und im Boden zu verankern.

Vermischen Sie den Aushub mit einem Drittel Kompost und mit einer Handvoll Hornspäne. Den Pflanzpfahl etwas seitlich von der Mitte des Pflanzlochs in die Erde schlagen.

2

Setzen Sie den Baum so tief ein, dass die Veredlungsstelle (dort, wo Wurzelunterlage und Edelsorte verwachsen sind) mindestens eine Handbreit unter der Erdoberfläche liegt. Im Topf angezogene Gehölze pflanzen Sie so hoch, wie sie vorher im Topf gestanden haben. Füllen Sie das Pflanzloch mit dem Kompost-Erde-Gemisch auf. Dabei hält am besten eine zweite Person den Baum möglichst gerade. Anschließend treten Sie die Erde vorsichtig rundherum fest.

Binden Sie den Baum am Pfahl fest. Formen Sie dabei mit der Pflanzschnur eine Acht. Die Schnur muss fest um Pfahl und Stamm liegen, die Rinde darf aber nicht gequetscht werden.

Formen Sie im Abstand von 20–30 cm rund um den Stamm einen Erdwall als Gießrand. Schlämmen Sie dann den Wurzelbereich mit weichem Strahl aus der Gießkanne oder dem Gartenschlauch gut ein. Gießen Sie in den folgenden ein, zwei Standjahren bei Trockenheit.

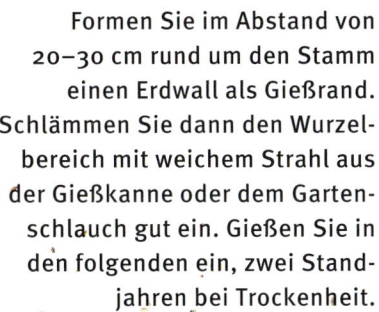

So schneiden Sie gut ab

Das Ziel des Obstbaumschnitts ist eine reiche Ernte, dauerhafte Fruchtbarkeit und eine schöne Wuchsform. Um das zu erreichen, machen Sie sich mit den wichtigsten Regeln vertraut und greifen mindestens einmal im Jahr entschlossen zur Schere.

> *Immertragende Erdbeeren machen sich im Topf-garten prima und werden im Frühling gepflanzt.*

Sicher kennen Sie das: Die Anleitung zum Obst-baumschnitt klingt logisch. Wenn Sie dann mit der Astschere vor Ihrem Apfelbaum stehen, ist alles nicht mehr so klar. Nur Mut! Wenn Sie die wich-tigsten Schnittregeln (→ Seite 132/133) beachten, können Sie kaum mehr etwas völlig falsch machen.

Erziehen, erhalten und verjüngen

Je nach Lebensalter und Entwicklung eines Obst-baums unterscheidet man vier Schnittarten: Pflanz-schnitt, Erziehungsschnitt, Erhaltungsschnitt und Verjüngungsschnitt. Sie dienen dazu, die Krone aufzubauen, die Blütenbildung zu fördern und die Fruchtbarkeit zu erhalten bzw. wiederzuerlangen.

- Der **Pflanzschnitt** (→ Seite 132) bestimmt die spätere Kronenform. Dabei kürzt man drei bis vier flach wachsende Leittriebe, die später das Kronen-gerüst bilden sollen, um ein Drittel bis zur Hälfte ein. Als Faustregel gilt: kräftige Zweige schwach, dünne Triebe stärker einkürzen. Alle Zweige, die nicht für den Kronenaufbau gebraucht werden, schneiden Sie komplett heraus. Tipp: Wenn Sie Ihren Jungbaum in einer Obstbaumschule statt im Gartencenter kaufen, können Sie sich die Krone dort von den Fachleuten formieren lassen.

- Der **Erziehungsschnitt** beginnt im zweiten Jahr nach der Pflanzung. Bei Spindeln (→ Seite 126) dauert der Kronenaufbau drei Jahre. Alle flach stehenden Seitenzweige bleiben ungeschnitten. Mögliche Konkurrenztriebe am Mitteltrieb werden komplett entfernt. Die Erziehung zur klassischen Rundkrone höherer Bäume dauert bis zum siebten Jahr. Entfernen Sie im Frühjahr alle nach innen und senkrecht nach oben wachsenden, ein- bis zweijährigen Zweige. Dann kürzen Sie den Neuzu-wachs aller Leitäste um ein Drittel ein. Schneiden Sie den Mitteltrieb nur so weit zurück, dass er mit den Leittrieben einen flachen Winkel bildet.

- Sobald der Baum regelmäßig trägt, sorgt man mit dem **Erhaltungsschnitt** für ein ausgeglichenes Verhältnis zwischen Laubtrieben und Fruchtzwei-gen. Äpfel und Birnen bilden die meisten Blüten und Früchte an Kurztrieben mit höchstens 20 cm Länge (»Fruchtspieße«). Bei den Süßkirschen sind die Kurztriebe mit büschelartig angeordneten Blü-tenknospen (Bukettsprosse) besonders fruchtbar. Pflaumen, Mirabellen und Renekloden blühen und fruchten vor allem an den Kurztrieben des zwei- und mehrjährigen Holzes. Achten Sie also beim

> *Damit ältere Obstbäume jährlich viele Früchte tragen, müssen sie regelmäßig geschnitten werden. Die Feinarbeit, das Auslichten schwacher Seitentriebe, können Sie statt im Sommer auch im späten Frühling erledigen.*

Schnitt darauf, dass die kurzen Zweigpartien überwiegen, lange oder nach unten hängende Zweige werden entfernt. Nach 4–6 Jahren sind auch die Fruchtzweige erschöpft. Man schneidet sie heraus und zieht dafür jüngere Triebe nach. Entfernen Sie außerdem alle senkrechten »Wasserschosser«, ebenso ältere, bereits stark verzweigte Astpartien, die nur noch wenige oder kleine Früchte liefern, und lichten Sie zu dicht stehende Seitenzweige aus.

- Ein **Verjüngungsschnitt** ist fällig, wenn Obstbäume über längere Zeit nicht geschnitten wurden. Auch stark wachsende Bäume brauchen gelegentlich eine Verjüngung, z. B. wenn sie nur noch an den äußersten Zweigabschnitten Blüten und Früchte ansetzen. Entfernen Sie jährlich höchstens ein Viertel der Zweige und Äste. Tipp: Schauen Sie einem Praktiker über die Schulter! Schneiden Sie zu wenig, erzielen Sie nicht den gewünschten Effekt. Entfernen Sie zu viel, verliert der Baum seine schöne Form und reagiert mit wildem Austrieb.

Wann schneide ich was?

Über den besten Zeitpunkt für den Schnitt streiten selbst Experten. Allgemein gilt:

- Pflanzschnitt und der Schnitt von Pflaumen erfolgen grundsätzlich im **zeitigen Frühling**.
- Der Erziehungs- und Erhaltungsschnitt anderer Obstarten im **Spätwinter** oder **zeitigen Frühling** regt das Wachstum an. Einsteigern fällt er leichter: Laublose Bäume sind übersichtlicher.
- **Sommerschnitt** bremst das Wachstum und fördert die Blütenbildung. Dafür spricht auch, dass Gehölze im Sommer Schnittwunden schneller überwachsen. Er empfiehlt sich ebenfalls für das Auslichten der Kronen von Äpfeln, Birnen und Kirschen.
- Niemals im **Herbst** Bäume schneiden: Dann bleiben die Schnittstellen monatelang offen und sind Eintrittspforten für Krankheitserreger!

PRAXISTIPP

Im Januar profitieren Obstgehölze von einer Düngergabe. Dafür verteilen Sie rund um jeden Beerenstrauch etwa 2 l Kompost, vermischt mit 100 g Hornmehl. Jeder Obstbaum erhält 4 l Kompost mit 100–140 g Hornmehl. Als Alternative zu eigenem Kompost können Sie bei Bedarf kalireiche organische Volldünger nach den Packungsangaben der Hersteller einsetzen.

Obstbaumschnitt: die Basics

Im Garten kommen Sie mit wenigen Schnittregeln gut über die Runden. Schneidet man jedes Jahr, hält sich der Aufwand in Grenzen, und die Bäume bleiben übersichtlich. Es kommt aber auch darauf an, wie Sie schneiden. Je stärker ein Zweig eingekürzt wird, desto kräftiger ist der Neuaustrieb – zulasten der Blütenbildung. Wenn Sie eher Letzteres bewirken möchten, kürzen Sie die Triebe weniger stark.

Schneiden Sie dabei auf einen schräg nach oben und außen wachsenden Zweig zurück. Er fungiert nun als neue Triebspitze. Fachleute nennen diesen Schnitt »Umlenken«. Ebenso wichtig wie ein wenig Know-how ist das richtige Werkzeug: eine sichere Leiter, eine Schere mit scharfer Klinge und eine Astsäge mit unverbrauchtem, schmalem Blatt, mit der Sie auch in spitze Winkel kommen.

Was Sie dafür benötigen:

Gartenschere

Astschere

Astsäge

Handschuhe

Beim Pflanzschnitt drei gleichmäßig um den zukünftigen Stamm verteilte, im flachen Winkel ansetzende, kräftige Zweige auswählen. Alle übrigen Triebe an der Basis abschneiden. Bei Spindeln nur zu tief oder zu steil abgehende Zweige kappen.

Kürzen Sie Frucht- und Leitäste 5–10 mm oberhalb einer nach außen zeigenden Knospe ein. Setzen Sie die Schere dabei leicht schräg nach außen an. Schneidet man zu nah, trocknet die Knospe ein. Bleibt oberhalb der Knospe ein zu langer Zweigstummel stehen, kann der Baum die Schnittstelle schlecht überwachsen.

Starke Äste entfernen Sie in drei Schritten, damit sie nicht am Stamm einreißen. Sägen Sie den Ast je nach Dicke 30–50 cm oberhalb der endgültigen Schnittstelle von unten bis etwa zur Hälfte ein. Dann sägen Sie ihn 10 cm weiter vom Stamm entfernt von oben her ab. Entfernen Sie noch den Stumpf am Astring, dem Wulst zwischen Stamm und Ast.

Beim Auslichten im Sommer schneiden Sie zu dicht stehende Seitentriebe und überflüssige Steiltriebe (Wasserschosser) entlang der Leitäste direkt an der Zweigbasis auf Astring.

Reißen Sie Wildtriebe, die unterhalb der Veredlungsstelle am Stamm oder aus der Wurzel treiben, mit einen kräftigen Ruck aus. Dabei werden auch die schlafenden Knospen rund um die Zweigbasis mit entfernt. Schneidet man die Triebe ab, wird das Wachstum noch mehr angeregt, und neben der Schnittstelle schlagen oft neue Wildtriebe aus.

Frühlingsobst

Erdbeeren oder Rhabarber? Am liebsten beides, denn alle übrigen Obstarten lassen noch ein wenig auf sich warten. Wie schön, dass bei den süßen Beeren und auch bei den sauren Stangen neue oder wiederentdeckte Sorten für Abwechslung sorgen.

Erdbeere

Fragaria × ananassa ☼

Pflanzabstand: 50 × 25 cm (ca. 6 Stück/m²)
- **Nährstoffbedarf:** mittel
- **Familie:** Rosengewächse, Anbauabstand mindestens 5 Jahre
- **Standort:** humusreiche, feuchte, aber wasserdurchlässige, schwach saure Böden
- **Pflanzung:** Anfang August und im April (mehrmals tragende Sorten und getopfte Pflanzen)

Gartenerdbeeren sind eine Kreuzung aus Chile-Erdbeere und nordamerikanischer Scharlacherdbeere, groß, robust und viel haltbarer als Walderdbeeren.

Strohmulch schützt die Früchte vor Grauschimmel.

Für eine lange Erntezeit mehrere Sorten mit unterschiedlicher Reifezeit und dazu mehrmals tragende Sorten pflanzen!

ANBAU/PFLEGE: Gartenerdbeeren werden von Züchtern und Vermehrungsbetrieben als preisgünstige Grünpflanzen verschickt. In den Versandbeuteln bleiben die Setzlinge lange frisch, dennoch sollte man sie nach der Ankunft rasch einpflanzen. Getopfte Pflanzen aus dem Gartencenter sind deutlich teurer. Für einen Quadratmeter benötigen Sie ca. 6 Pflanzen. Egal, wofür Sie sich entscheiden: Eine wirklich reiche Ernte ist bei den einmal tragenden Sorten nur dann zu erwarten, wenn Sie die Pflanzen bis Mitte August des Vorjahres eingepflanzt haben. Mehrmals tragende Sorten schaffen das auch noch, wenn Sie dafür erst im September Platz oder Zeit haben. Ab Mitte September sollten Sie keine Erdbeerpflanzen mehr setzen – bis zum ersten Frost können die jungen Pflänzchen nicht mehr richtig einwurzeln. Bei Sorten, die nicht selbstfruchtbar sind, wie 'Mieze Schindler', muss man geeignete Bestäubersorten dazupflanzen, etwa 'Senga Sengana'. Gute Jungpflanzen erkennen Sie an der kräftigen Herzknospe, mindestens drei voll entwickelten Blättern und den gut verzweigten Wurzeln bzw. einem kräftig durchwurzelten Topfballen. Für große, gesunde Früchte pflanzt man jährlich neu, spätestens jedoch nach 3 Jahren und immer in ein Beet, auf dem mindestens 5 Jahre keine Erdbeeren angebaut wurden. Gesunde Pflanzen können dabei durch Ausläufer vermehrt werden. Tipp: Vor der Pflanzung ca. 3 l/m² ausgereiften Kompost, am besten Laub- oder Rindenkompost, und etwas Hornmehl einarbeiten. Regelmäßig Unkraut jäten, aber nur oberflächlich hacken. Nach der Ernte entfernt man alle nicht benötigten Ausläufer und schneidet die äußeren fleckigen und verbräunten Blätter ab.

Ein Netz schützt vor Vogelfraß.

'Mara des Bois' als Ampelpflanze

Anschließend kräftig gießen und die Erdbeerreihen mit humusreichem Kompost mulchen.

AUF DEM BALKON: Mehrmals tragende Sorten blühen und fruchten eigentlich nur zweimal, können jedoch über einen langen Zeitraum beerntet werden. Dafür benötigen sie zusätzlich Nährstoffe in Form eines leicht löslichen Beerendüngers. Die erste Gabe erfolgt Anfang Juli, im September wird ein zweites Mal gedüngt.

SCHÄDLINGE UND KRANKHEITEN: Erdbeerblütenstecher, Erdbeermilben, Grauschimmel und Lederfäule durch Pilze, Schnecken

❯ *Entfernt man regelmäßig die Ausläufer, kann man deutlich mehr und größere Früchte ernten.*

BEETPARTNER: Knoblauch, Borretsch. Bei neu gepflanzten Erdbeeren können Sie Wintersalat zwischen die Reihen setzen oder das Beet für eine Zwischenkultur mit Spinat und Feldsalat nutzen.

GUTE SORTEN: Frühsorten 'Lambada': sehr süß und aromatisch, 'Wädenswil 6': Schweizer Aroma-Erdbeere; **mittelfrühe Sorten** 'Mieze Nova': aromatische, selbstfruchtbare Neuzüchtung, 'Mieze Schindler': umwerfend in Duft und Aroma, 'Senga Sengana': süß-säuerlich, 'Senga Sengana Selektion': wenig anfällig für Grauschimmel; **Spätsorten** 'Ferma', 'Pegasus'; **mehrmals tragende Sorten** 'Mara des Bois': Walderdbeergeschmack, 'Meraldo'

ERNTE UND VERWENDUNG: Erdbeeren reifen nicht nach und sind nach der Ernte höchstens 3 Tage ohne Aromaverlust haltbar. Am besten morgens ernten, solange die Früchte noch kühl und fest sind.

INHALTSSTOFFE: Über 360 Aromastoffe sorgen für den begehrten Erdbeerduft und -geschmack. 200 g Früchte decken den Tagesbedarf an Vitamin C. Erdbeeren haben zudem einen höheren Gehalt an anderen Vitaminen und Mineralien als Kern- oder Steinobst bei deutlich weniger Kalorien.

TIPP: Für Nachwuchs bei Erdbeeren im Mai die blühfreudigsten Mutterpflanzen auswählen und markieren. Im Juli drückt man die kräftigsten Ausläufer in kleine, ins Beet eingesenkte Töpfe mit humusreicher Komposterde. Anfang August, wenn die Ableger den Topf durchwurzelt haben, können sie in ein neues Beet mit tief gelockerter Erde umziehen. Wichtig: Nur so tief pflanzen, dass die Herzknospen über der Erde liegen, und das Beet feucht halten.

Walderdbeere

Monatserdbeere

Wald- und Monatserdbeeren

Fragaria vesca ☀ ◑

Pflanzabstand: 25 × 25 cm (ca. 16 Stück/m²)
- **Nährstoffbedarf:** mittel
- **Familie:** Rosengewächse, Anbauabstand 5 Jahre
- **Standort:** lockere, wasserdurchlässige, humus-reiche, lehmige Böden
- **Aussaat:** Vorkultur von Februar bis August in Saatschalen, Keimdauer ca. 4 Wochen
- **Pflanzung:** von April bis Mai

PRAXISTIPP

Eine Besonderheit für Experimentier-freudige sind die in Europa heimi-schen Zimt- oder Moschuserdbeeren (*Fragaria moschata*). Sie verlangen eine feuchte, humusreiche Erde. Lässt man die Ausläufer wuchern, breiten sie sich rasant aus und erweisen sich als idealer Bodendecker. Entfernt man die Ausläufer, gibt es deutlich mehr und größere Früchte.

ANBAU/PFLEGE: Walderdbeeren entfalten ihr köst-liches Aroma am besten in voller Sonne. Sie können problemlos unter Beerensträuchern und Obstbäu-men angesiedelt werden – Hauptsache, sie können sich ungestört ausbreiten! Monatserdbeeren (*Fraga-ria vesca* var. *hortensis*) bilden keine Ausläufer, sie eignen sich deshalb für den Rand des Kräuterbeets und den Balkonkasten. Sie können nur durch Samen vermehrt werden – eine langwierige Angelegenheit, die aber sehr viel Spaß macht und sich auch lohnt, wenn man viele Pflanzen braucht. Für eine Ernte im selben Jahr kauft man die Pflanzen besser zu.

AUF DEM BALKON: In einem Kasten von 60–80 cm haben bis zu 6 Monatserdbeeren Platz. Die Erde gleichmäßig feucht halten und ab Blühbeginn alle 2–4 Wochen kalireiche Beinwelljauche ins Gieß-wasser geben.

SCHÄDLINGE UND KRANKHEITEN: wie Erdbeere

BEETPARTNER: Borretsch, Echte Kamille

GUTE SORTEN: **Walderdbeere** 'Adriana'; **Monats-erdbeeren** 'Alexandria' und 'Rügen': rote Früchte, 'Fraise de Bois': weiße Früchte

ERNTE UND VERWENDUNG: Monatserdbeeren reifen von Juni bis zum Herbst, Walderdbeeren bilden nur von Juni bis Juli Früchte. Da die Erdbeeren nach der Ernte rasch an Aroma verlieren, sollte man sie sofort genießen. Sie lassen sich aber auch mit etwas Zucker püriert in kleinen Portionen einfrieren. Wer auf Erdbeeren allergisch reagiert, kann Monatserd-beeren probieren, diese sind oft besser verträglich.

Rhabarber

Rheum rhabarbarum ☀-◐

Pflanzabstand: 1 × 1 m
- **Nährstoffbedarf:** hoch
- **Familie:** Knöterichgewächse, Anbauabstand 7 Jahre
- **Standort:** lehmig und feucht, nährstoffreich
- **Pflanzung:** September und März bis Anfang April

Rhabarbersaison ist von Ende März bis Frühsommer. Am liebsten essen wir die sauren Stängel mit reichlich Zucker als Kompott, Marmelade oder auf dem Kuchen. Die Stauden gehören jedoch nicht zu den Obstarten, sondern gelten als Gemüse.

ANBAU/PFLEGE: An einem sonnigen bis halbschattigen Platz in lehmig-feuchter Erde ist Rhabarber ausgesprochen pflegeleicht. Jungpflanzen setzt man am besten im Frühherbst oder Frühjahr. Alle 8–10 Jahre werden ältere Stauden geteilt und an anderer Stelle neu gepflanzt. Jedes Teilstück sollte mindestens zwei gut ausgebildete Knospen aufweisen. Lockern Sie die Erde am neuen Standort und arbeiten Sie 3–4 l Reifkompost ein. Setzen Sie die Pflanzen oder Wurzelstücke ca. 40 cm tief und decken Sie die Stelle mit Kompost ab. Neue und umgepflanzte Stöcke dürfen erst ab dem zweiten oder dritten Jahr beerntet werden. Die Blütenstängel vor allem bei Jungpflanzen frühzeitig ausbrechen. Weil die großen Blätter während der Hauptwachstumszeit enorm viel Wasser verdunsten, müssen Sie reichlich gießen! Spätestens ab Mitte Juli brauchen die Pflanzen eine Ruhephase, außerdem werden die Stiele dann faserig.

SCHÄDLINGE UND KRANKHEITEN: Falscher Mehltau durch Pilzbefall, Viruserkrankungen; bereiten im Garten jedoch selten Probleme

BEETPARTNER: Im Gemüsegarten stören die ausladenden Stauden. Gut machen sie sich jedoch in der Nachbarschaft von Johannisbeeren und Himbeeren. Am Fuße des Komposthaufens profitieren sie vom nährstoffreichen Sickerwasser.

GUTE SORTEN: Frühsorten 'Rosara', 'The Sutton': rotstielig mit grünem Fruchtfleisch; **mittelfrühe Sorten** 'Himbeerrot': mild mit roter Schale und rotem Fruchtfleisch, 'Holsteiner Blut': mild mit roter Schale und rotem Fruchtfleisch; **Spätsorten** 'Frambozen Rood', 'Red Valentine': besonders mild, mit leichtem Himbeeraroma

ERNTE UND VERWENDUNG: Ernten Sie pro Pflanze höchstens ein Drittel der Stiele, sobald sich die Blätter voll entfaltet haben.

INHALTSSTOFFE: Wertvoll ist Rhabarber durch reichlich enthaltenes Vitamin C und Kalium. Die Oxalsäure gilt als Kalziumräuber. Isst man Rhabarber zusammen mit Milchprodukten, verbindet sie sich mit dem Kalzium der Milch und nicht mit dem des Körpers.

Rhabarber bildet ausladende Stauden.

❯ *Fassen Sie die Stiele bei der Ernte an der Basis an und drehen diese dann mit einem Ruck ab.*

SOMMER

Sommerzeit ist Beerenzeit! Jetzt reifen Johannis- und Stachelbeeren, schon kurz darauf kann man Himbeeren naschen. Wie gut, dass sie nicht viel Platz brauchen und man gleich mehrere Sorten pflanzen kann!

Gute Pflege – reiche Ernte

Im sommerlichen Obstgarten fallen einige Handgriffe an, die sicherstellen, dass die angesetzten Früchte optimale Bedingungen haben und gute Qualität liefern. Als Belohnung reifen ab Juni schon die ersten Beeren, gefolgt von Kirschen.

❯ *Größere Wunden können die Bäume im Sommer schneller verschließen. Achten Sie beim Sägen auf einen sicheren Stand der Leiter!*

Sommer, Sonne, Wassermangel – Gießen gehört während Trockenperioden zur Pflegeroutine. Auch im Obstgarten, wo noch einige spezielle Pflegemaßnahmen dazukommen.

Das Wassermanagement

Gerade während des Fruchtwachstums sind die Obstgehölze auf eine gleichmäßige Feuchtigkeit der Erde angewiesen. Das erreichen Sie mit regelmäßigen Wassergaben während Trockenperioden in Kombination mit Mulchen (→ Seite 39).

- Obstgehölze – vor allem Beerensträucher – haben flache Wurzeln, die nicht austrocknen dürfen.
- Unter den Baumobstarten brauchen es Pflaumen und Äpfel am feuchtesten, gefolgt von Birne und Süßkirsche. Lediglich Pfirsich, Sauerkirschen und Aprikosen bevorzugen eher trockene Böden.
- Kleinere Obstbäume kommen mit 20 l/m² Wasser alle 14 Tage aus, größere brauchen 40 l/m². Bedenken Sie, dass die feinen Saugwurzeln bis über den Kronenrand hinauswachsen. Wässern Sie deshalb vor allem in diesem Bereich.

Für Baumobst empfiehlt sich eine gut gepflegte Baumscheibe. Das ist der Bereich von etwa 1,5 m Durchmesser um den Stamm. Eine Mulchschicht hält Unkraut in Schach, schützt gleichzeitig vor der Verdunstung von Bodenwasser und bewahrt somit eine gleichmäßige Feuchtigkeit.

Beerenobst profitiert ebenfalls von einer die Bodenfeuchtigkeit ausgleichenden Mulchschicht.

Tipp: Manche Biogärtner begrünen die Baumscheiben ihrer Obstbäume – bis auf eine Zone direkt um den Stamm – lieber mit Sommerblumen oder blühenden Gründüngungspflanzen (→ Seite 37). Dort finden nützliche Insekten willkommenen Unterschlupf und Nahrung. Achtung: Lupinen gelten nicht als geeignete Nachbarn für Obstgehölze.

❯ *Je früher Sie überzählige Äpfel ausdünnen, desto größer werden die verbliebenen Früchte.*

Spezielle Pflegemaßnahmen

Wenn Sie im Sommer einen Teil der Früchte entfernen und nochmals zur Schere greifen, sichern Sie langfristig die Fruchtbarkeit der Obstgehölze.

Zu dichten Fruchtansatz ausdünnen

Vor allem neuere Pflaumen- und Apfelsorten auf schwach wachsenden Wurzelunterlagen tragen oft mehr Früchte, als der Baum ernähren kann.

- Lassen Sie nicht mehr als sieben bis acht der schönsten Jungfrüchte pro Meter Zweiglänge hängen. Alle übrigen pflücken Sie aus.
- Beste Zeit dafür ist nach dem natürlichen Fruchtfall Ende Juni, bei dem einige Sorten von selbst die überschüssigen, noch grünen Früchte abwerfen.
- Schattenfrüchte im Kroneninneren und verkrüppelte oder fleckige Früchte entfernen Sie ebenfalls.

Ohne Ausdünnen bleiben alle Früchte klein und schmecken weniger aromatisch. Außerdem bilden die Bäume weniger Blütenanlagen aus. Im nächsten Jahr fällt die Ernte daher ziemlich mager aus.

Licht und Luft schaffen

Ab Mitte Juli können Sie mit dem Auslichten der Kronen von Äpfeln und Birnen beginnen. Der

Vorteil: Solange die Bäume im Saft stehen, können sie Wunden besser verschließen. Weil mehr Licht und Luft ins Kroneninnere dringt, beugt der Sommerschnitt auch Pilzkrankheiten wie Schorf oder Mehltau vor. Bei zu stark wachsenden Sorten mit geringem Fruchtansatz können Sie das Wachstum etwas bremsen. Dafür setzen die Bäume mehr Blüten an. Bei Pflaumen ist Vorsicht geboten. Ein Sommerschnitt ist nur in Ausnahmefällen und bei sehr wüchsigen Bäumen sinnvoll. Kirschen reagieren auf einen zu starken Schnitt im Sommer mit übermäßigem Gummifluss.

Beerensträucher lichten Sie nach der Ernte aus (→ Seite 142/143). Bei Himbeeren und Brombeeren binden Sie zugleich die neuen Triebe ans Spalier.

Sonderfall Erdbeeren

Bei Erdbeeren folgen Ernte, Vermehrung und Pflanzung im Sommer dicht aufeinander.

- Mulchen Sie mit Stroh, dann bleiben die Früchte sauber, und Schneckenfraß hält sich in Grenzen.
- Schneiden Sie nach der Ernte die Ausläufer ab – es sei denn, Sie wollten Jungpflanzen gewinnen. Dann befestigen Sie einzelne Ausläufer auf mit Anzuchterde befüllten Töpfen. Sobald sie bewurzelt haben, trennen Sie sie von der Mutterpflanze.
- Bei Pflanzen, die keine Ausläufer produzieren sollen, schneiden Sie die Blätter ab und lassen das Herz stehen! Das beugt Pilzkrankheiten vor.
- Ab Ende Juli bis Anfang August ist die beste Pflanzzeit für einmal tragende Erdbeersorten.
- Halten Sie den Boden gleichmäßig feucht. Dies gilt vor allem für die Zeiträume nach der Pflanzung sowie von der Blüte bis zur Ernte.

❯ *Rote und Weiße Johannisbeeren reifen Ende Juni.*

Beerensträucher in Bestform

Beerenobst gedeiht – je nach Art – am Spalier, als Strauch oder als Hochstamm. Johannisbeeren und Stachelbeeren erweisen sich dabei als Alleskönner. Unabhängig von der Anbauform werden die Gehölze im Sommer nach der Ernte ausgelichtet.

> ❯ *Ein Stachelbeer-bäumchen, unterpflanzt mit Lavendel, macht jedem Rosenstämmchen Konkurrenz. Wie bei den Rosen ist auch der dünne Stamm der Beerenhoch-stämmchen windbruchge-fährdet. Deshalb müssen sie an einem Pflanzpfahl festgebunden werden, der bis in die Kronenmitte reicht. Schönheit hat ihren Preis: Nach ca. 8 Jahren sind die Bäum-chen erschöpft und sollten ersetzt werden.*

Während Himbeeren und Brombeeren mit ihren weichen Trieben auf jeden Fall Unterstützung brauchen, bleiben Johannisbeeren, Stachelbeeren und Heidelbeeren auch als Sträucher standhaft. Schneiden muss man sie alle.

Multitalente für den Beerenhunger

Bei Himbeeren und Brombeeren zieht man die Ruten traditionell am Spalier. Aufrecht wachsende Sorten werden neuerdings auch an Einzelpfähle aufgebunden. Das ermöglicht in kleinen Gärten die Nutzung sonniger Ecken mit wenigen Pflanzen. Bei Johannis- und Stachelbeeren war lange die Strauch-erziehung üblich. Sie lassen sich genauso gut ans Spalier binden oder als Hochstamm kultivieren.

Erziehung am Spalier

Für ein Beerenobstspalier schlagen Sie im Abstand von 2–4 m etwa 2,50 m lange Pfähle in den Boden. Bringen Sie daran rostfreie Drähte an.

- Für Himbeeren spannen Sie zwei Drähte, einen in 0,80 m sowie einen in 1,80 m Höhe.
- Brombeeren lassen sich am besten an vier Drähten in 0,90 m, 1,20 m, 1,60 m bzw. 2 m Höhe erziehen.
- In kleinen Gärten bietet sich für Johannisbeeren und vor allem für bedornte, stark wachsende Stachelbeeren die Erziehung an einem Spalier an.

Dafür brauchen Sie drei Drähte im Abstand von jeweils 50 cm. Binden Sie die Triebe wie Brombeerruten fächerförmig auf.

Der Beeren-Topfgarten

Auch eine sonnige Terrasse bzw. ein Balkon eignen sich bestens für die Kultur von Beerengehölzen. Topfdurchmesser von mind. 50 cm sorgen dafür, dass die Erde im Sommer nicht so rasch austrocknet oder sich zu stark erhitzt. Warme Füße mögen die Bewohner sonniger Waldlichtungen gar nicht.

Erfolgstipps für den Schnitt

Mit einem Sommerschnitt nach der Ernte lichten Sie die Beerengehölze aus und regen die Bildung von fruchttragenden Trieben an.

- **Sommerhimbeeren** blühen und fruchten an den Ruten, die im Jahr zuvor gewachsen sind. Diese lassen sich wegen der dunklen, braunen Rinde leicht von den grünen einjährigen Trieben unterscheiden. Schneiden Sie möglichst gleich nach der Ernte alle alten Ruten nah am Boden ab. Von den jungen Neutrieben lässt man pro laufendem Meter acht bis zehn der kräftigsten stehen und bindet sie am Draht fest. Alle übrigen ebenfalls abschneiden.
- Bei **Herbsthimbeeren** schneiden Sie im Herbst einfach alle Ruten möglichst nah am Boden ab.
- **Brombeeren** werden ähnlich gezogen wie Himbeeren. Die Triebe fruchten im zweiten Jahr und werden nach der Ernte abgeschnitten.

> *Am Spalier erzogene Johannisbeeren bilden besonders große Früchte an langen Trauben.*

- **Rote und Schwarze Johannisbeeren** sowie **Stachelbeeren** müssen Sie alljährlich verjüngen (→ Seite 144/145). Aber: Beerensträucher, die nur wenig Neutriebe bilden und insgesamt eher schwach wachsen, schneiden Sie im Sommer besser nicht. Stattdessen regen Sie die Bildung starker Jungtriebe durch einen Schnitt im Februar/März an.
- **Kulturheidelbeeren** schneiden Sie erstmals im vierten Standjahr. Entfernen Sie alle Zweige, die sich kreuzen oder ins Strauchinnere wachsen. Jedes Jahr nehmen Sie mindestens einen der älteren Hauptäste heraus. Dafür ziehen Sie einen kräftigen Neutrieb nach. Zehn Hauptäste reichen aus. Belässt man mehr, gibt's kleinere Früchte. Stark überhängende Zweige kürzen Sie auf Kniehöhe ein, um den Neuaustrieb zu fördern. Ohne Rückschnitt verzweigen sich die oberen Triebspitzen zunehmend und liefern ebenfalls nur noch kleine Früchte. Kappen Sie alle älteren, verholzten Zweige, erkennbar durch die typischen Risse in der Rinde, knapp oberhalb eines 1–2 Jahre alten Seitentriebs mit glatter Rinde und grüner oder roter Färbung.

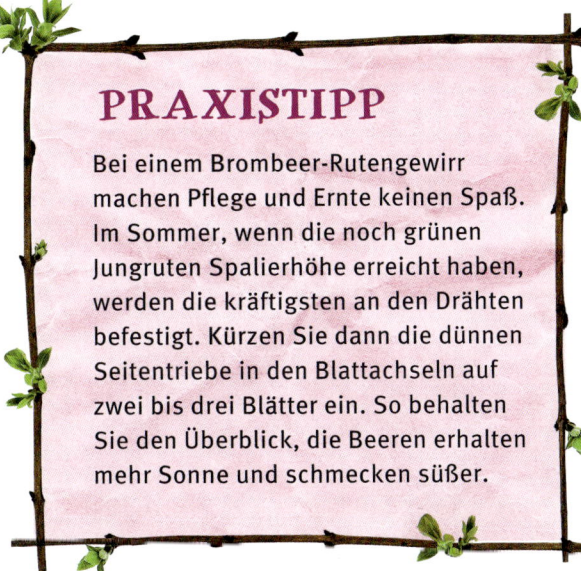

PRAXISTIPP

Bei einem Brombeer-Rutengewirr machen Pflege und Ernte keinen Spaß. Im Sommer, wenn die noch grünen Jungruten Spalierhöhe erreicht haben, werden die kräftigsten an den Drähten befestigt. Kürzen Sie dann die dünnen Seitentriebe in den Blattachseln auf zwei bis drei Blätter ein. So behalten Sie den Überblick, die Beeren erhalten mehr Sonne und schmecken süßer.

Beerenpflege mit der Schere

Beerensträucher – besonders Hochstämmchen – tragen mehr und größere Früchte, wenn sie regelmäßig ausgelichtet werden. Ab dem vierten Pflanzjahr erledigt man den nötigen Schnitt am besten gleich nach der Ernte. Nachzügler können im Spätherbst oder Frühjahr vor dem Neuaustrieb noch zur Ast- und Gartenschere greifen. Seit einiger Zeit setzt sich die Praxis des Sommerschnitts durch. Es

spricht einiges dafür. Stark wachsende Sorten verlegen dann weniger Kraft ins Wachstum, dafür mehr in die Blütenbildung. Junge Triebe im Strauchinneren bekommen mehr Sonnenlicht ab und haben mehr Platz zum Wachsen. Zudem stehen die Nährstoffe aus dem Boden den wenigen verbliebenen Trieben komplett zur Verfügung. Und nicht zuletzt heilen die Wunden im Sommer einfach besser ab.

Was Sie dafür benötigen:

Gartenschere

Astschere

Handschuhe

1 Johannisbeeren werden am besten direkt nach der Ernte ausgelichtet. Zu lange, jüngere Triebe kürzen Sie über einem jungen Seitenzweig ein. Man erkennt ihn an der hellen Rinde.

Johannisbeeren erzieht man platzsparend am Spalier. Lassen Sie bei der Pflanzung drei Triebe stehen. Alle übrigen werden entfernt. Die verbliebenen Ruten binden Sie senkrecht oder in einem Winkel von 45–60 ° an das Spalier auf.

2

Bei Beerensträuchern schneiden Sie jedes Jahr drei bis vier alte Triebe ganz heraus. Bei Johannisbeeren und Stachelbeeren kürzen Sie zusätzlich alle zwei Jahre alten Seitentriebe auf ca. 10–15 cm lange Zweigstummel (»Zapfen«) ein. Daran entstehen im Folgejahr viele Blüten und dicke Beeren.

Stachelbeer-Hochstämmchen erzieht man mit einem Mitteltrieb und drei bis fünf Seitentrieben. Diese Triebe werden jährlich auf einen jüngeren Seitentrieb eingekürzt. Stark verzweigte Seitentriebe muss man anschließend herausschneiden und dafür kräftige, einjährige Jungtriebe nachziehen.

Neuere, stachellose Brombeersorten können Sie fächerförmig am Rankgitter oder Drahtspalier erziehen. Binden Sie jährlich im Sommer vier bis fünf junge Ruten daran auf. Alle tragenden Ranken schneiden Sie nach der Ernte oder im Herbst bodennah ab.

Sommerobst

Beerensträucher gedeihen in jedem Garten. Und was gibt es Schöneres, als im Vorübergehen ein paar Beeren zu naschen. Selbst auf Balkon oder Terrasse muss man auf Obst nicht verzichten, denn von vielen Arten gibt es Sorten, die auch im Topf wachsen.

Himbeere

Rubus idaeus ☼ ◐

Pflanzabstand: 60 × 40 cm
- **Nährstoffbedarf:** mittel bis eher gering
- **Familie:** Rosengewächse, Platzwechsel bei Neupflanzung
- **Standort:** humusreich, locker und tiefgründig
- **Pflanzung:** August bis Oktober, getopfte Sommerhimbeeren von Mitte April bis Mitte Juni
- **Nutzungsdauer:** 10–12 Jahre

Himbeeren bieten über viele Wochen ein aromatisches Naschvergnügen. Aus der europäischen und einer amerikanischen Wildart entstanden viele Kultursorten mit unterschiedlicher Erntezeit. Im Trend liegen Sorten mit gelben, aprikosenfarbenen oder fast schwarzen Beeren. Neuere Züchtungen sind hoch widerstandsfähig gegen die häufig auftretenden Ruten- und Wurzelerkrankungen.

❯ *Nach der Ernte schneidet man bei Sommerhimbeeren die alten Ruten über dem Boden ab.*

Himbeeren in Doppelreihen gepflanzt

ANBAU/PFLEGE: Himbeeren sind nur in humusreicher, leicht saurer Erde pflegeleicht. Lehmige, staunasse Böden machen ihnen zu schaffen. Bedenken sollte man auch, dass die Halbsträucher an ihrem natürlichen Standort im Wald nur auf sonnigen Lichtungen zu finden sind. In der schattigen Gartenecke kümmern sie, und die Früchte schmecken fad. Gönnen Sie der sonst anspruchslosen Beerenart also einen hellen Platz und lockern Sie den Boden vor der Pflanzung so tief wie möglich. Als Erfolgsrezept gilt der Anbau auf ca. 80 cm breiten Hügelbeeten. Weil die Pflanzen nur flach wurzeln, genügt es, wenn Sie mit Kompost und Rindenhumus vermischte Gartenerde 30–40 cm hoch auffüllen. Neben der Beetvorbereitung zahlt sich auch der Mehrpreis für sortenechte Jungpflanzen aus. Sommer-

Sommerhimbeere

Taybeere – eine Kreuzung aus Himbeere und Brombeere

himbeeren bindet man traditionell an ein einfaches Drahtgerüst, Herbsthimbeeren lässt man durch ein quer gespanntes Knotengitter wachsen und kann so auf das Anbinden verzichten. Sommerhimbeeren erhalten ihre jährliche Kompostgabe im Sommer nach dem Schnitt der abgeernteten Ruten (→ Seite 143), Herbsthimbeeren düngt man im Frühjahr und eventuell ein zweites Mal im Juni. Dabei niemals im Wurzelbereich hacken! Vor allem während der Fruchtbildung darf die Erde nie völlig austrocknen. Nach der Ernte, sobald die Jungruten groß genug sind, muss man nur noch wässern, wenn es längere Zeit nicht regnet. Bei Herbsthimbeeren werden alle Ruten nach der Ernte bodennah geschnitten.

'Fall Gold'

AUF DEM BALKON: Zum Anbau lohnen sich vor allem Herbsthimbeeren. Man setzt sie in große Töpfe oder Pflanzkästen in Hortensien- oder spezielle Beerenerde oder mischt gute Gartenerde mit strukturreichem Laubkompost.

SCHÄDLINGE UND KRANKHEITEN: Himbeerkäfer an Sommerhimbeeren und Two-Timer-Himbeeren (neue Züchtung, Ernte an ein- und zweijährigen Ruten), Pilzbefall durch Grauschimmel, Rutenkrankheit und Wurzelfäule (Phytophthora)

BEETPARTNER: Vergissmeinnicht als Unterpflanzung soll den Himbeerkäfer abwehren.

GUTE SORTEN: frühe Sommersorten 'Cumberland': von 1898, schwarze Beeren, 'Laszka', 'Malling Freya', 'Tula Magic', 'Willamette': Ernte ab Ende Juni; **mittelfrühe Sommersorten** 'Gelbe Antwerpener': von 1800, unübertroffenes Himbeeraroma, 'Meeker': Ernte ab Juli; **späte Sommersorte** 'Fall Gold', 'Schönemann': auch für höhere Lagen, Ernte Juli bis August; **frühe Herbstsorten** 'Aroma Queen', 'Himbo Top': Ernte Juli bis September; **späte Herbstsorten** 'Autumn Amber': aprikosenfarben, 'Pokusa', 'Polka': Ernte August bis Oktober

ERNTE UND VERWENDUNG: Reife Beeren lösen sich leicht vom hellen, zapfenförmigen Blütenboden. In den frühen Morgenstunden gepflückte Beeren möglichst noch am selben Tag essen, max. 2–3 Tage im Kühlschrank aufbewahren oder portionsweise einfrieren. Die Beeren möglichst nicht waschen.

TIPP: Taybeeren bilden lange Ranken und werden wie Brombeeren angebaut. Die Früchte ähneln Himbeeren, schmecken aber fader und saurer.

Brombeeren zieht man am Spalier.

'Loch Ness'

Brombeere

Rubus fruticosus ☼

Pflanzabstand: 2–4 m

- **Nährstoffbedarf:** mittel
- **Familie:** Rosengewächse
- **Standort:** lehmige bis humusreiche, wasser-durchlässige Gartenböden
- **Pflanzung:** März bis Mai, getopfte Pflanzen auch im Frühherbst
- **Nutzungsdauer:** 10–15 Jahre

Brombeeren wachsen auf fast jedem Boden, sind frostempfindlicher als Himbeeren, vertragen dafür Trockenheit viel besser. Vergisst man das Gießen, bleiben die Früchte aber klein und sind weniger saftig. Es gibt heute auch stachellose Sorten, die zwar weniger aromatisch, aber leichter zu ernten sind.

ANBAU/PFLEGE: Gut bewurzelte Jungpflanzen setzt man im Frühjahr. Bei einer Herbstpflanzung ist das Risiko, dass das Holz bis zum Frosteinbruch nicht ausreift, zu hoch. Auch gut eingewachsene Brombeeren wurzeln nur flach, deshalb schützt man sie durch eine dicke, aber lockere Mulchschicht aus Rinden- oder Zweighäcksel vor dem Austrocknen oder Durchfrieren. Aufrecht wachsende Sorten können etwas enger gepflanzt und fächerförmig erzogen werden. Im Sommer bindet man dafür 5–6 junge Bodentriebe am Spalier auf und kürzt die Seitentriebe nach 2–3 Blättern ein. Abgeerntete Ruten werden im Herbst gleich nach der Ernte bodennah herausgeschnitten. Tipp: Brombeeren lassen sich im Sommer leicht über Absenker (→ Seite 197) vermehren.

SCHÄDLINGE UND KRANKHEITEN: Brombeergallmilbe, Grauschimmel und Rutenkrankheit (Pilze)

BEETPARTNER: niedrige Kulturheidelbeeren und Kulturpreiselbeeren

GUTE SORTEN: 'Loch Ness' (Syn. 'Nessy'), 'Navaho': ohne Stacheln, 'Theodor Reimers': geschmacklich herausragend, aber mit bis zu 8 m langen Ranken mit vielen spitzen Stacheln

ERNTE UND VERWENDUNG: Je nach Sorte reifen Brombeeren ab Mitte Juli und liefern über mindestens 8 Wochen laufend saftige Früchte. Pflücken Sie nur Beeren, die sich leicht vom Zweig lösen.

❭ *Im Sommer kürzt man die Seitentriebe junger Ruten auf 2–3 Blätter ein.*

Kulturheidelbeere

Vaccinium corymbosum ☼-◐

Pflanzabstand: 1–1,50 m
- **Nährstoffbedarf:** mittel
- **Familie:** Heidekrautgewächse
- **Standort:** leicht, humusreich und sauer (pH-Wert 3,5–4,5)
- **Pflanzung:** September
- **Nutzungsdauer:** 15–30 Jahre

Kulturheidelbeeren sind mit den einheimischen Heidelbeeren (*Vaccinium myrtilus*) eng verwandt. Die aus Nordamerika oder Neuseeland stammenden Züchtungen werden jedoch 1,60–2 m hoch und liefern mehrere Kilogramm Früchte – wohlgemerkt pro Strauch! Anders als bei Heidelbeeren ist bei Kulturheidelbeeren nur die Schale tiefblau, im Inneren sind die dicken Beeren weiß bis zartgrün.

ANBAU/PFLEGE: Die Anlage eines Blaubeerbeets ist ein wenig aufwendig, die überwältigende Ernte macht die Arbeit aber rasch wieder wett. Für die Pflanzung mehrerer Sorten spricht die deutliche Ernteverlängerung, außerdem werden die Früchte

Glockenförmige Blüten der Heidelbeere

bei Fremdbestäubung etwas größer. Die Sträucher wurzeln nur flach, deshalb genügt ein gut 40 cm tiefes Pflanzloch. Damit die Wurzeln in die Breite wachsen können, sollte es aber 1 m Durchmesser haben. Füllen Sie in die Grube grob strukturierte, saure Pflanzerde, vermischt mit mind. einem Drittel gut angefeuchtetem Rindenkompost aus Nadelhölzern. Setzen Sie die Sträucher nur so tief, wie sie im Topf gestanden haben, und decken Sie die Erde dann mit einer 15–20 cm dicken Schicht aus Nadelholz-Hackschnitzeln ab. Gedüngt wird mit speziellem Beerendünger. In den ersten Jahren im Frühjahr pro Strauch 1–2 Esslöffel gleichmäßig im Wurzelbereich verteilen, später die Menge etwas erhöhen. Bei Sommertrockenheit täglich gießen!
AUF DEM BALKON: Kleinwüchsige Sorten eignen sich für mindestens 25-Liter-Töpfe. Als Pflanzerde nehmen Sie am besten torffreie Bio-Beerenerde.
SCHÄDLINGE UND KRANKHEITEN: Frostspanner, Vögel (Vogelschutznetz auflegen!)
BEETPARTNER: Cranberrys, Preiselbeeren
GUTE SORTEN: frühe Sorten (Ernte ab Mitte Juli) 'Earlyblue', 'Patriot'; **mittelfrühe Sorten** (Ernte Mitte Juli bis Ende August) 'Bluecrop', 'Poppins', 'Northcountry': kleinwüchsig, für Töpfe; **späte Sorte** (Ende August bis Mitte September) 'Elisabeth': hoher Zierwert, feuerrote Herbstfärbung
ERNTE UND VERWENDUNG: Die Beeren reifen in dicken Trauben. Sie können gut gekühlt ca. 1 Woche aufbewahrt werden und lassen sich prima einfrieren.

Kulturheidelbeere 'Earlyblue'

Weiße Johannisbeere

Rote Johannisbeere

Rote und Schwarze Johannisbeeren

Ribes rubrum und *Ribes nigrum* ☼ ◐

Pflanzabstand: 1,30–1,80 m

- **Nährstoffbedarf:** mittel
- **Familie:** Stachelbeergewächse
- **Standort:** leicht saure, wasserdurchlässige und humusreiche Erde
- **Pflanzung:** Mitte Oktober bis Ende November (nach dem Laubfall)
- **Nutzungsdauer:** 5–8 Jahre (Stämmchen), 15–20 Jahre (Sträucher)

Viele große, süße bis mild säuerliche Beeren an langen, leicht zu pflückenden Rispen – so sieht die ideale Sorte bei Johannisbeeren aus. Pflanzen Sie mehrere Sorten an, dann lässt sich die Ernte von Ende Juni bis August ausdehnen. Johannisbeeren sind ausreichend selbstfruchtbar, richtig schöne, dicke Beeren und lange Trauben gibt es nur, wenn die Blüten durch den Pollen einer anderen Sorte bestäubt werden – ein weiterer Grund, mehrere Sträucher zu pflanzen. Außerdem können Sie die Ernte über viele Wochen ver-

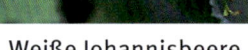

längern. Frühsorten reifen bereits um den 24. Juni (Johanni), mittelfrühe Züchtungen ab der ersten Juliwoche, und die Beeren der Spätsorten werden Mitte Juli bis Anfang August gepflückt. Die Weiße Johannisbeere ist keine eigene botanische Art, sondern eine Form der Roten Johannisbeere.

ANBAU/PFLEGE: Weil das Holz der Sträucher extrem frosthart ist, eignen sich Johannisbeeren auch für den Anbau in rauen Lagen. Extreme Sommerhitze vertragen sie schlecht, in wärmeren Regionen mit Weinbauklima gedeihen sie besser an einem halbschattigen Platz. Wo im Frühjahr häufig Spätfröste auftreten, muss man auf Frühsorten verzichten. Weniger gefährdet sind die Blüten von mittelfrüh bis spät reifenden Sorten. Schwarze Johannisbeeren blühen meist früher als rote oder weiße Sorten. Johannisbeeren akzeptieren auch halbschattige Plätze zwischen größeren Obstbäumen, doch nur in der Sonne gereifte Beeren entwickeln das volle Aroma. Bei Schattenfrüchten überwiegt die Säure.
Die Sträucher pflanzt man so tief, dass die untere Verzweigung anschließend mit Erde bedeckt ist. Hochstämmchen und Spalier-Johannisbeeren dürfen Sie nur so tief setzen, wie sie in der Baumschule gestanden haben. Nach der Pflanzung und während der Fruchtbildung großzügig wässern. Außerdem jährlich im Frühjahr rund um die Strauchbasis gesiebten Kompost (eventuell vermischt mit einer Handvoll Hornspäne) 1–2 cm hoch ausbringen.

Wie andere Strauchbeeren ertragen Johannisbeeren Hacken und Jäten im Wurzelbereich nur schlecht und sind dankbar für eine 10–15 cm hohe Mulchschicht aus Grünschnitt, Stroh oder Holzschnitzeln. Damit die Sträucher vital bleiben, entfernt man beim jährlichen Auslichtungsschnitt die 3–4 Jahre alten Triebe und zieht dafür die entsprechende Zahl kräftiger Jungtriebe nach (→ auch Seite 144). Hinweis: Das Abwerfen der winzigen, grasgrünen Johannisbeeren gleich nach der Blüte nennt man »Verrieseln«. Manche Sorten neigen mehr dazu, oft sind jedoch Spätfröste, nasskühles Wetter oder Trockenheit die Ursache. Auch Sträucher mit zu vielen Seitentrieben werfen das Zuviel an Beeren oft frühzeitig ab; also beim Schnitt großzügig auslichten.

AUF DEM BALKON: Hochstämmchen lassen sich mit Monatserdbeeren als Unterpflanzung hübsch in Szene setzen. Sträucher erzieht man mit drei Trieben, die an Bambusstäben fixiert werden. Ost- und Westbalkone sind besser geeignet, auf der Südseite gibt's Sonnenbrand auf den Blättern, und vor allem weiße Beeren verbräunen und vertrocknen rasch!

SCHÄDLINGE UND KRANKHEITEN: Pilzbefall durch Johannisbeer-Säulenrost, Johannisbeer-Gallmilbe, Johannisbeer-Blasenlaus

GUTE SORTEN: Frühsorten 'Ceres': schwarze Johannisbeere, 'Jonkheer van Tets': rote Johannisbeere

❯ *Ein Netz schützt vor Amseln und anderen gefiederten »Beerendieben«.*

von 1941; **mittelfrühe Sorten** 'Cheresneva' (Syn. 'Neva'): aromareiche, großfrüchtige schwarze Johannisbeere, 'Rolan': rote, dicke Beeren, 'Weiße Versailler': weiß, gut formierbar; **Spätsorte** 'Rovada': lange Trauben

ERNTE UND VERWENDUNG: Johannisbeeren sind ideal, wenn man den Sommer über viele Wochen Beeren für Müsli, Kuchen und Nachtisch ernten möchte. Sie erleichtern Selbstversorgern die Verwertung, weil sie auch nach der Vollreife noch lange am Strauch hängen bleiben und nach und nach gepflückt werden können. Je länger man abwartet, desto mehr Zucker und Aromastoffe bilden die Beeren, dafür sinkt der Gehalt an gelierendem Pektin.

INHALTSSTOFFE: Neben reichlich Vitamin C liefern Johannisbeeren eine Extraportion Mineralstoffe, vor allem Kalium und Kalzium.

TIPP: Einige Johannisbeersorten werden auch als Hochstämmchen angeboten. Dafür propft man sie auf die Goldjohannisbeere (*Ribes aureum*). Die weit oben liegende Veredlungsstelle ist windbruchgefährdet, deshalb brauchen die dekorativen Bäumchen einen kräftigen Pfahl, der bis in die Kronenmitte reichen muss. Auch bei guter Pflege vergreisen Hochstämmchen schneller als Büsche und müssen nach 8–10 Jahren ersetzt werden.

Statt Hacken ist eine Mulchschicht besser.

Stachelbeere

Ribes uva-crispa ☀-☽

Pflanzabstand: 0,50 (Spindel) bis 1,30 m
- **Nährstoffbedarf:** mittel
- **Familie:** Stachelbeergewächse
- **Standort:** warme Lage, nicht zu trockener, kalkhaltiger Boden
- **Pflanzung:** Mitte Oktober bis Ende November und März (vor dem neuen Austrieb)
- **Nutzungsdauer:** 10–15 Jahre

Stachelbeeren erobern ihren angestammten Platz im Garten nur langsam zurück. Das liegt nicht an der etwas mühsamen Ernte der ursprünglich bedornten Sorten. Nein – der Hauptgrund für die Verbannung war der aus Amerika eingeschleppte Stachelbeermehltau. Dabei wusste schon Titania, die Elfenkönigin in Shakespeares »Sommernachtstraum«, die Früchte zu schätzen: »Sucht Aprikos' ihm und Stachelbeer' ...«, befahl sie ihren Elfen, um ihrem Geliebten eine Freude zu bereiten. Da »Gooseberries«, wie die Stachelbeeren auf Englisch heißen, in England zu den beliebtesten Früchten gehören, stammen von dort auch viele der heute noch empfehlenswerten Sorten.
Stachelbeeren haben Dornen. Anders als Stacheln sind diese fest mit dem Zweig verwachsen, lassen sich also nicht wie bei Rosen einfach ablösen. Richtig gemein ist, dass oft gleich 2–3 Dornen in Büscheln in den Blattachseln sitzen. Für Familien-

❯ *Als Spindel am Spalier gezogen bleiben Stachelbeeren gesund und sind leicht zu pflegen.*

gärten gibt es inzwischen aber genügend schmackhafte, kaum bedornte Züchtungen.

ANBAU/PFLEGE: Pflanzung, Pflege und Schnitt sind vergleichbar mit denen der Johannisbeeren. Für einen reichen Fruchtansatz und große Beeren sollte man ebenfalls mindestens zwei Sorten pflanzen, die sich gegenseitig bestäuben, und bei der Sortenwahl auf die Widerstandsfähigkeit gegen Mehltaupilze

'Früheste Gelbe'

'Black Velvet'

achten. Auch ein großzügiger Abstand zwischen den Sträuchern beugt Pilzbefall vor. Beim Düngen Zurückhaltung üben, ein hohes Nährstoffangebot und dadurch bedingte weiche Triebspitzen machen die Sträucher anfällig für Pilzkrankheiten. An einem sonnigen Platz können die dünnschaligen Beeren Sonnenbrand bekommen, auch Hitze und Trockenheit setzen ihnen zu, deshalb die Sträucher am besten zwischen andere Beerensträucher oder in den lichten Halbschatten größerer Gehölze pflanzen oder mit Vlies beschatten. Nicht nur wegen der bequemen Ernte, auch weil der Stachelbeermehltau in luftiger Höhe weniger zum Problem wird, sind Hochstämmchen beliebt. Leider sind die starren Triebe aber stark bruchgefährdet. Die Erziehung mit 1–3 Haupttrieben am Spalier erleichtert die Pflege und liefert im Vergleich zum Busch bessere Fruchtqualität und größere Beeren. Stachelbeeren bilden mehr Seitentriebe als Johannisbeeren und müssen entsprechend stärker ausgelichtet werden.

SCHÄDLINGE UND KRANKHEITEN: Pilzbefall durch Amerikanischen Stachelbeermehltau, Blattfallkrankheit und Johannisbeer-Säulenrost

GUTE SORTEN: Frühsorten 'Früheste Gelbe': aus England von 1825, mild, honigsüß und aromatisch, wenig mehltauanfällig, neigt nicht zu Sonnenbrand, 'Rokula': rote Schale, gering bedornt, sehr guter Geschmack; **mittelfrühe Sorten** 'Invicta': gelbe Beeren, 'Redeva': rotschalige, aromatische Beeren, dornenlos; **späte Sorte** 'Black Velvet': kleine, aber hocharomatische Früchte, wuchsstarke, widerstandsfähige Sträucher

ERNTE UND VERWENDUNG: Eine Besonderheit ist die »Grünpflücke« bei Stachelbeeren. Früher legte man die noch grasgrünen Früchte in Zuckersirup ein und verlieh ihnen so die nötige Süße. Für den Handel oder die industrielle Verarbeitung bestimmte Stachelbeeren werden noch heute »grünreif« gepflückt, denn ausgereifte Beeren sind nicht transportfähig. Zum Frischverzehr und für Kuchen, Kompott oder Konfitüre pflückt man alle 1–3 Tage nur voll ausgefärbte, reife Früchte, die auf sanften Druck nachgeben, deren Schale aber noch prall und fest ist. Die Beeren der Sorte 'Black Velvet' können nach der Vollreife noch lange am Strauch hängen bleiben, sie werden immer süßer und aromatischer.

INHALTSSTOFFE: Neben vielen Vitaminen und Mineralien liefern Stachelbeeren das Vitamin Folsäure – für Schwangere besonders wichtig und unentbehrlich für Zellteilung und Blutbildung.

Jostabeere

Jostabeeren (*Ribes × nigridolaria*) entstanden durch Kreuzung von Gartenstachelbeere, Schwarzer Johannisbeere und wilder Oregon-Stachelbeere. Die stachellosen, stark wachsenden Sträucher vereinen die Eigenschaften von Stachelbeere und Schwarzer Johannisbeere, wachsen aber deutlich stärker. Die Fruchtgröße liegt zwischen der von Schwarzer Johannisbeere und Stachelbeere. Die Beeren schmecken im Vergleich zu Stachelbeeren und Schwarzen Johannisbeeren etwas fad, finden aber ihre Liebhaber, weil ihnen das nicht von allen geschätzte Aroma der Schwarzen Johannisbeeren fehlt. Die Beeren reifen unterschiedlich ab und hängen einzeln. Fazit: Auch wegen des für Beerenobst hohen Platzbedarfs (Pflanzabstand 2 m!)

❯ *Die Beeren hängen einzeln an den Trieben, die Ernte erfordert deshalb etwas Geduld.*

und des Zeitaufwands beim Schnitt eher eine Bereicherung des Obstangebots für größere Gärten!

'Koröser Weichsel'

'Gerema'

Sauerkirsche

Prunus cerasus ☼

Platzbedarf: 4,5 × 3 m
- **Nährstoffbedarf:** mittel
- **Familie:** Rosengewächse
- **Standort:** lehmiger bis lehmig-sandiger, wasser-durchlässiger Boden
- **Pflanzung:** Herbst, vor dem ersten Frost

ANBAU/PFLEGE: Sauerkirschen sind anspruchslos. Die Bäume blühen erst, wenn die Spätfrostgefahr vorüber ist, und da die Früchte auch bei kühlem, nassem Sommerwetter kaum platzen, ist die Ernte so gut wie gesichert. Der Schnitt erfordert etwas Übung. Im Herbst entfernt man alle abgeernteten Zweige und kürzt die einjährigen Triebe ein. Durch einen regelmäßigen Rückschnitt älterer Seitenäste lässt sich auch die Tendenz zur Verkahlung im Inneren der Krone verhindern.

SCHÄDLINGE UND KRANKHEITEN: Pilzbefall durch Spitzendürre (Monilia), Schwarze Kirschblattläuse, Wühlmäuse (fressen bevorzugt die Wurzeln junger Bäume)

GUTE SORTEN: Weichseln (dunkle Früchte, Saft ist gefärbt) 'Gerema', 'Karneol', 'Koröser Weichsel': für geschützte Lagen, 'Morina': bestes Zucker-Säure-Verhältnis, lässt sich platzsparend als Fächerspalier erziehen, 'Safir': sehr ertragreich; **Amarellen** (hellfrüchtig, Saft ungefärbt) 'Diemitzer Amarelle' (Syn. 'Ludwigs Frühe'), 'Morellenfeuer'; die beliebte

Schattenmorelle ist hoch anfällig für die Spitzendürre und deshalb im Biogarten fehl am Platz.

ERNTE UND VERWENDUNG: Die Ernte beginnt Ende Juli. Reife Sauerkirschen können noch 2 Wochen am Zweig bleiben und nach und nach verwertet werden. Meist genießt man die Früchte in der Roten Grütze, auf Torten, als Saft, Sirup oder Konfitüre. Unbedingt probieren: Fürs Müsli entsteinte Sauerkirschen bei niedriger Temperatur dörren.

INHALTSSTOFFE: Der Anteil an Vitamin C und sekundären Pflanzenstoffen (vor allem Flavonoide) nimmt mit der Rotfärbung der Früchte zu.

❯ *Bei der Spaliererziehung kürzt man im Sommer die dünnen Seitentriebe ein.*

Süßkirsche

Prunus avium ☼

Platzbedarf: 4 × 5 m bis 8 × 12 m (Hochstamm)

- **Nährstoffbedarf:** mittel
- **Familie:** Rosengewächse
- **Standort:** lehmiger bis sandig-lehmiger und wasserdurchlässiger Boden
- **Pflanzung:** Frühherbst oder zeitiges Frühjahr

Knackige Knorpelkirschen oder lieber etwas weichere, saftige Herzkirschen? Bei beiden Gruppen kann man zwischen Sorten mit dunkelroten Früchten oder solchen mit hellem Fleisch und rötlich gelber Schale wählen. Der botanische Name *Prunus avium*, also Vogelkirsche, weist darauf hin, dass man sich vor allem bei den Frühsorten auf Mitesser einstellen muss. Dafür werden frühe Züchtungen kaum von den Maden der Kirschfruchtfliege befallen.

ANBAU/PFLEGE: Süßkirschen fühlen sich in wärmeren Lagen wohl, in kühlen Höhenlagen bleiben die Bäume und Früchte kleiner. In milderen Regionen können Spätfröste die frühen Blüten schädigen, auch bei kühlem Frühsommerwetter muss man oft Ernteeinbußen in Kauf nehmen. Niedrige Temperaturen führen zum »Röteln« der Früchte. Dabei färben sie sich vorzeitig hellrot und fallen ab. Bei der Pflege ist das Steinobst ziemlich anspruchslos.

Süßkirschen blühen schon ab Ende März.

Zusätzlich zum Winterschnitt empfiehlt sich bei stärker wachsenden Bäumen ein Rückschnitt im Sommer (→ Seite 131). Dieser »bremst« das Wachstum und sorgt für mehr Blütenknospen.

AUF DEM BALKON: Selbstfruchtbare Mini-Kirschen wie 'Fruttoni Cinderella' werden nur 1,50 m hoch und eignen sich für Töpfe mit ca. 40 l Volumen.

SCHÄDLINGE UND KRANKHEITEN: Schwarze Kirschblattläuse, Kirschfruchtfliege, Röteln, Gummifluss durch Verletzungen der Rinde, auf feuchten Böden auch am gesunden Holz

GUTE SORTEN: 2. KW 'Burlat', 'Kassins Frühe Herzkirsche'; **3. KW** 'Celeste': selbstfruchtbar; **3.–4. KW** 'Carmen', 'Early Korvik S'; **7. KW** 'Oktavia', 'Regina'. Die Reifezeit der Süßkirschen staffelt man nach Kirschenwochen (KW). Die 1. und 2. KW ist der Zeitpunkt, zu dem die frühesten Sorten reifen, also von Ende Mai bis Anfang Juni. Die meisten Süßkirschen reifen in der 5.–7. KW.

ERNTE UND VERWENDUNG: Während der Kirschenzeit isst man die Früchte frisch vom Baum – aber höchstens 1 Pfund auf einmal. Und kein Wasser dazu trinken, dadurch wird die Magensäure verdünnt. Die auf der Schale sitzenden natürlichen Hefekeime werden nicht abgetötet, die Früchte beginnen zu gären, und man bekommt Bauchzwicken. Ernteüberschüsse halten sich eingekocht oder eingefroren bis zur nächsten Kirschenzeit.

INHALTSSTOFFE: Kirschen enthalten viele Mineralien und sekundäre Pflanzenstoffe sowie Vitamine, vor allem aus der Gruppe der B-Vitamine.

'Carmen'

Späte Sorten blühen im April.

Einfach verlockend: am Baum gereifte Pfirsiche.

Pfirsich

Prunus persica ☼

Platzbedarf: 4 × 5 m
- **Nährstoffbedarf:** mittel
- **Familie:** Rosengewächse
- **Standort:** humusreiche, kalkarme Böden in warmen Lagen
- **Pflanzung:** März

ANBAU/PFLEGE: Ideal für den Anbau im Garten sind Sorten mit später Blüte und Widerstandsfähigkeit gegen die häufig auftretende Kräuselkrankheit. Beim Frühjahrsschnitt lassen sich wahre und falsche Fruchttriebe leicht unterscheiden. »Falsch« nennt man Triebe, die nur 15 cm lang sind und ausschließlich runde Blütenknospen und am Ende eine spitze Blattknospe tragen. Die daran gebildeten Früchte bleiben wegen Mangelernährung klein oder fallen bald ab. Bei den »echten« Fruchttrieben sitzt zwischen zwei runden Blütenknospen jeweils eine Blattknospe, die im Sommer die wachsenden Pfirsiche mit Nährstoffen versorgt. Nur diese lässt man stehen, die »falschen« schneidet man heraus.

AUF DEM BALKON: Zwergpfirsiche sind die perfekten Kübelpflanzen für den Balkon und die Terrasse. Die kleinwüchsigen Raritäten blühen überreich, der Schnitt entfällt, nötig ist lediglich das Ausdünnen des meist überreichen Fruchtansatzes.

SCHÄDLINGE UND KRANKHEITEN: Kräuselkrankheit und Scharka (Pilze), Grüne Pfirsichblattlaus

GUTE SORTEN: selbstfruchtbar 'Benedicte': weißfleischig, 'Kernechter vom Vorgebirge' (Syn. 'Roter Ellerstädter', 'Roter Weinbergpfirsich': Schale und Fruchtfleisch tiefrot, Zwergpfirsich 'Pix Zee Amber'; **nicht selbstfruchtbar** 'Revita': cremeweißes Fruchtfleisch, sehr robust

ERNTE UND VERWENDUNG: Weinbergpfirsiche sind lange hart, reifen dann innerhalb von ein paar Tagen und müssen rasch verwertet werden. Bei den übrigen Sorten sollten Haut und Fruchtfleisch sortentypisch ausgefärbt sein.

❯ *Typisch für die Kräuselkrankheit sind die verformten, blasigen Blätter.*

Aprikose
Prunus armeniaca ☼

Platzbedarf: 6 × 4 m
- **Nährstoffbedarf:** mittel
- **Familie:** Rosengewächse
- **Standort:** kalkhaltige, humusreiche Erde
- **Pflanzung:** Herbst bis Frosteinbruch, in kühleren Lagen im März

Aprikose 'Luizet'

Aprikosen wachsen unter ähnlichen Bedingungen wie Pfirsiche. Die Bäume sind frosthärter, die Blüten jedoch empfindlicher.

ANBAU/PFLEGE: Als Standort benötigen frei stehende Aprikosen mildes Weinbauklima und leichten Boden ohne Staunässe. In weniger günstigen Lagen zieht man sie bevorzugt an einem nach Südwesten ausgerichteten Wandspalier. Dabei hat sich die Fächerform, bei der man bis zu 6 Gerüstäste im Abstand von 50–60 cm schräg nach oben am Spalier befestigt, am besten bewährt. Die aus diesen Ästen wachsenden Fruchttriebe werden jährlich im Juni und Ende Juli bis Anfang August auf 7 Blätter eingekürzt, sobald die Zweige eine Länge von 30–40 cm erreicht haben. Legen Sie im Frühjahr unbedingt Vlies bereit, um die Bäume zu beschatten. Dadurch lässt sich der Blühbeginn um ein bis zwei Wochen verzögern, bis die Spätfrostgefahr vorüber ist. Eine Kokosmatte oder eine dicke Mulchschicht aus Stroh schützt die Wurzelzone im Winter und verhindert auch eine rasche Bodenerwärmung und einen frühen Austrieb im Frühling. Das ist auch wichtig, weil bei früher Blütezeit oft noch keine Bienen oder Hummeln unterwegs sind.

AUF DEM BALKON: Auch Zwergsorten werden bis zu 2 m hoch und benötigen Töpfe mit ca. 40 l Fassungsvermögen.

SCHÄDLINGE UND KRANKHEITEN: Spitzendürre und Fruchtfäule durch Monilia-Pilzbefall, Scharka-Virus, Gummifluss durch Verletzungen der Rinde, auf feuchten Böden auch am gesunden Holz, Bakterienbrand

GUTE SORTEN: selbstfruchtbar 'Compacta': frostharte Zwergaprikose, 'Kuresia': resistent gegen Scharka-Viren, reich tragend (Fruchtausdünnung, → Praxistipp links), 'Luizet': aromatische, traditionelle französische Sorte für nährstoffreiche, warme und trockene Böden; **nicht selbstfruchtbar** 'Oranged': bewährte, hoch widerstandsfähige Sorte mit aromatischen Früchten

ERNTE UND VERWENDUNG: Aprikosen reifen Ende Juli bis Anfang August. Pflücken Sie die Früchte erst, wenn sich das Fruchtfleisch restlos und sauber vom Stein löst. Am Baum gereifte Aprikosen sind vor allem frisch ein Hochgenuss, ebenso köstlich sind Marmelade und saftige Aprikosen-Tarte. Überschüsse lassen sich gut einfrieren.

INHALTSSTOFFE: Die Früchte enthalten reichlich Beta-Carotin und die Vitamine B_1, B_2 und C sowie wichtige Mineralstoffe, vor allem Kalium, Kalzium und Phosphor.

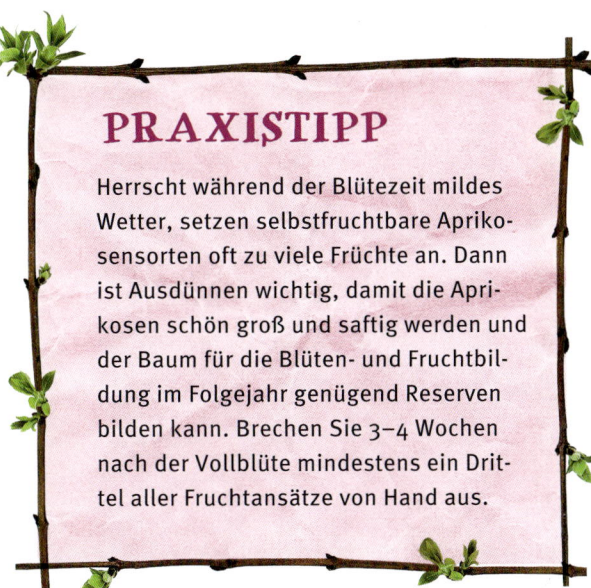

PRAXISTIPP

Herrscht während der Blütezeit mildes Wetter, setzen selbstfruchtbare Aprikosensorten oft zu viele Früchte an. Dann ist Ausdünnen wichtig, damit die Aprikosen schön groß und saftig werden und der Baum für die Blüten- und Fruchtbildung im Folgejahr genügend Reserven bilden kann. Brechen Sie 3–4 Wochen nach der Vollblüte mindestens ein Drittel aller Fruchtansätze von Hand aus.

HERBST

»Der Herbst bringt Trauben, der Winter den Schnee ...«, heißt es in einem alten Kinderlied. Doch bevor es so weit ist, können Sie jetzt Äpfel, Birnen und Zwetschgen ernten und weitere Früchte ihrer Arbeit einfahren.

Erntezeit im Obstgarten

Wenn sich das Laub allmählich bunt färbt, gibt der Sommer seinen Abschied. Jetzt sind die späten Apfel- und Birnensorten reif. Körbe und Kisten sind rasch gefüllt, und es bleibt genug Zeit, um aus dem Fallobst einen köstlichen Kuchen zu backen.

Im Oktober ist Erntezeit für die späten Apfel- und Birnensorten. Sind die Früchte im Keller, nutzt man milde Tage für ein paar wichtige Pflegearbeiten.

Baumreife und Genussreife

So richtig lecker und gesund sind Früchte nur dann, wenn man sie reif, aber nicht überreif pflückt. Der richtige Zeitpunkt hängt von der Obstart ab. Schütteln Sie Äpfel und Birnen, die Sie einlagern möchten, nicht einfach vom Baum, sondern pflücken Sie die Früchte einzeln, um sie behutsam in Kisten und Körbe zu legen. Ernten Sie Lagerobst grundsätzlich bei trockenem Wetter und wählen Sie dafür nur gesunde, makellose Früchte aus.

Wann sind Äpfel und Birnen reif?

Herbst- und Winteräpfel pflückt man „baumreif". Weil sie dann noch ziemlich hart sind, ist der richtige Zeitpunkt etwas kniflig zu bestimmen. Erntet man zu früh, reifen sie später kaum nach, wartet man zu lange, verkürzt sich die Lagerzeit. Einen Anhaltspunkt liefert die Sortenbeschreibung. Je nach Lage und Witterungsverlauf sind Schwankungen von bis zu 14 Tagen möglich. Weitere Anzeichen:

• Der Stiel reifer Äpfel löst sich bei vorsichtigem Drehen oder Anheben fast von selbst vom Zweig.
• Die Grube rund um den Blütenkelch ist tief und bei vielen Sorten von kleinen Höckern umgeben.
• Das Fruchtfleisch ist reinweiß oder gelblich, bei rotschaligen Sorten unter der Schale auch leicht rosa, ohne den geringsten grünlichen Schimmer.
• Kerne färben sich jedoch gerade bei Spätsorten oft schon lange vor der Reife hell- oder dunkelbraun.
• Anders als Frühsorten entwickeln Lageräpfel ihren Geschmack und das harmonische Verhältnis von Zucker und Fruchtsäure erst vier bis acht Wochen nach der Ernte. Sie beginnen dann stark zu duften.

❯ *Ein Weißanstrich mit Kalk, Kräuterextrakten und Mineralien pflegt die Rinde und verhindert Frostrisse.*

Bei **Birnen** erkennt man den besten Pflücktermin an der Schale. Unreif sind die Früchte grasgrün oder, wie die Sorte 'Conference', verwaschen pastellgrün. Sobald sich die Schale aufhellt und, je nach Sorte, gelb bzw. rötlich verfärbt, sind **Herbstbirnen** pflückreif. **Winterbirnen** werden nicht vor Ende Oktober, wo möglich sogar erst im November geerntet – vorausgesetzt, die Temperaturen fallen

❯ *Von Monilia-Pilzen befallene Pflaumen nicht am Baum lassen, sondern möglichst rasch entfernen.*

weder bei Tag noch bei Nacht deutlich unter 0 °C. Haben Sie Geduld: Oktobersonne sorgt dafür, dass Früchte Zucker und Aromastoffe einlagern.

Das Blaue vom Himmel

Auch die **späten Zwetschgen** müssen so langsam vom Baum. Diese Früchte erntet man erst, wenn sie voll ausgereift und dunkelblau bis dunkelviolett leuchten. Pflücken Sie die Bäume mehrmals durch,

denn nur am Zweig ausgereifte Früchte entfalten ihr sortentypisches Aroma. Zu früh geerntet, schmecken sie einfach nur sauer. Wartet man zu lange, ist das Fruchtfleisch zwar süß, aber weniger saftig.

Herbstliche Handgriffe

Jetzt machen Sie den Obstgarten winterfit. Außerdem ist die Zeit wieder günstig für Neupflanzungen.
- Das Falllaub können Sie als schützende Mulchdecke auf den Baumscheiben zusammenharken.
- Flechten, Moose und lose Borke am Stamm älterer Obstbäume sind nicht schädlich. Weil darin Schaderreger überwintern können, ist Stammpflege mit einer Drahtbürste vorbeugender Pflanzenschutz!
- Nach dem Abbürsten empfiehlt sich ein Weißanstrich des Stamms und der unteren Leitäste (→ Foto links). Er reflektiert Sonnenstrahlen und verhindert, dass die gefrorene Rinde bei starken Temperaturschwankungen und einseitiger Erwärmung unter Spannung gerät und reißt.
- Im Herbst ist wieder Pflanzzeit. Die Gehölze bilden dann im Spätherbst und Winter neue Wurzeln und treiben im nächsten Jahr kräftig aus. Nur in rauen Lagen mit frühem Wintereinbruch setzt man neue Apfel- und Birnbäume besser im zeitigen Frühling, sobald der Boden nicht mehr gefroren ist.

Wichtige Pflanzregeln

Beachten Sie vor der Pflanzung folgende Tipps:
- Kontrollieren Sie Jungbäume und Beerensträucher bereits beim Kauf in der Baumschule auf Schäden an Zweigen, Wurzeln und Veredelungsstellen.
- Gehölze aus dem Versandhandel packen Sie möglichst rasch aus, überprüfen die Qualität und ob die richtige Sorte geliefert wurde.
- Bäume und Beerensträucher mit nackten Wurzeln möglichst rasch pflanzen oder an einem schattigen Ort in feuchte Erde einschlagen.
- Getopfte Obstgehölze bis zur Pflanzung vor Wind und Frost schützen und regelmäßig gießen.

❯ *Vor der Pflanzung kürzen Sie die Wurzeln von Beerensträuchern auf ca. 30 cm Länge ein.*

Herbstobst

Sie möchten gern ein Apfelbäumchen pflanzen, oder darf es auch ein etwas größerer Birnbaum sein? Pflaumen passen ebenfalls gut in den Garten, und es gibt viele Sorten, die selbst ohne ständige Pflege im Herbst für volle Erntekörbe sorgen.

Apfel
Malus domestica ☼

Platzbedarf: 2–50 m² (Buschbaum/Hochstamm)
- **Nährstoffbedarf:** gering bis hoch (je nach Wurzelunterlage)
- **Familie:** Rosengewächse
- **Standort:** humus- und nährstoffreiche, lehmige bis leicht sandige Böden, offene Lagen
- **Pflanzung:** Spätherbst und zeitiges Frühjahr

Als älteste Apfelsorte gilt der 'Borsdorfer Apfel'. Vor fast 1000 Jahren wurde diese Sorte erstmals schriftlich erwähnt. Seit damals hat sich viel getan. Wer heute einen Apfelbaum pflanzen möchte, kann unter unzähligen traditionellen, regional besonders wertvollen und neuen Züchtungen wählen. Beim Einkauf ist von der Fülle kaum etwas zu merken – gerade einmal sieben Sorten teilen sich in der Regel

'Rubinola'

Äpfel platzsparend am Spalier erzogen

das Regal im Supermarkt, ganze 25 Sorten werden überhaupt noch großflächig kultiviert und auf den Wochenmärkten angeboten.

ANBAU/PFLEGE: Besonders gut wachsen Äpfel in eher kühleren Regionen, in denen es auch im Sommer immer wieder regnet. Fehlt den Bäumen Wasser, werfen die frühen Apfelsorten einen Teil der Früchte ab, die Winteräpfel haften meist noch fest am Zweig, aber das Aroma und die Lagerfähigkeit leiden. Ein offener, sonniger Platz ist ideal – dort trocknen die Blätter nach Regenfällen rasch ab, und auch die Früchte der späten Sorten reifen im Herbst gut aus. Äpfel brauchen ausnahmslos eine andere Sorte zur Befruchtung. Wenn Sie zwei Bäume pflanzen, wählen Sie am besten Sorten, die als Befruchter

'Schöner von Boskoop'

'Alkmene'

für möglichst viele andere Sorten infrage kommen (alle unten genannten Sorten). Die Auswahl ist angesichts der Vielzahl an alten und neuen Apfelsorten nicht leicht. Am besten lassen Sie sich in einer Bio-Obstbaumschule bei der Sortenwahl beraten.

AUF DEM BALKON: Äpfel sind die einzige Obstart, der ein superschlanker, balkongerechter Wuchs in den Genen liegt. Auf Südbalkonen und -terrassen wird es aber auch den Säulenäpfeln meist zu warm, besser geeignet ist die luftige Südost- oder Südwestseite des Hauses. Zwergäpfel, z. B. 'Karneval' mit rot-gelb gestreiften Früchten, werden bis zu 2 m hoch und können mit etwas Schutz in einem frostfesten Kübel draußen überwintern.

SCHÄDLINGE UND KRANKHEITEN: Pilzbefall durch Schorf, Echten Mehltau und Kernhausfäule, Blattläuse, Apfelwickler, Frostspanner

GUTE SORTEN (NACH PFLÜCKREIFE): ab August 'Nela': klein, saftiges Fruchtfleisch, bis Oktober lagerfähig; **September** 'Alkmene': klein bis mittelgroß, knackiges, aromatisches Fruchtfleisch, Genussreife September bis Dezember, 'Rubinola': mittelgroß, festes, würziges, feinsäuerliches Fruchtfleisch, Genussreife September bis Oktober; **Ende September/Anfang Oktober** 'Ariwa': festes, süßsäuerliches Fruchtfleisch, Genussreife ab Oktober bis Februar; **Oktober** 'Glockenapfel': mittelgroß, weißes, festes feinsäuerliches Fruchtfleisch, Genussreife November bis März, 'Schöner von Boskoop': beliebter Kuchenapfel, Genussreife November bis März

ERNTE UND VERWENDUNG: Bei den Sommeräpfeln und frühen Herbstäpfeln fallen Pflück- und Genussreife zusammen. Späte Herbstäpfel, vor allem aber die lagerfähigen Wintersorten, schmecken erst ein paar Wochen nach der Ernte. Dann wird das Fruchtfleisch etwas weicher, und die Zucker- und Aromastoffe haben ihr Optimum erreicht.

INHALTSSTOFFE: »An apple a day keeps the doctor away.« Wer kennt dieses Zitat nicht. Warum ein Apfel am Tag den Arztbesuch überflüssig machen kann, wird aber meist nicht erwähnt: 30 verschiedene Vitamine sind in Äpfeln nachgewiesen. Doch nur traditionelle Sorten mit viel Fruchtsäure enthalten reichlich immunregulierendes Quercetin und andere sekundäre Pflanzenstoffe (Polyphenole) für eine gute Abwehrkraft. Den neuen, süßen Sorten wurden sie weitgehend weggezüchtet, um den Verbrauchergeschmack zu befriedigen. Polyphenolreiche Sorten wie 'Berlepsch' vertragen meist auch Apfelallergiker.

❯ *Mit Leimringen kann man im Herbst die Falter des Apfelwicklers abfangen.*

'Harrow Sweet'

'Concorde'

Birne

Pyrus communis ☼

Platzbedarf: 5–60 m² (Buschbaum/Hochstamm)

- **Nährstoffbedarf:** mittel
- **Familie:** Rosengewächse
- **Standort:** humus- und nährstoffreiche, wasserdurchlässige Böden, warme Lagen
- **Pflanzung:** Herbst bis zum Frost, Frühjahr vor dem Austrieb

Wie keine andere Frucht warten Birnen mit einer Fülle verschiedener Aromen auf. Die meisten Sorten entstanden im 18. Jahrhundert in Frankreich. Aktuelle Züchtungen brauchen neben weniger Platz auch deutlich weniger Pflege. Die beliebteste Birne aller Zeiten kommt aus England. 'Williams Christ' gehört zum Standardangebot in jedem Supermarkt – schon deshalb sieht man sich für den Anbau im eigenen Garten besser nach einer ebenso wohlschmeckenden, aber weniger anspruchsvollen Sorte um. Früher waren vor allem Birnen mit weichem, zartschmelzendem Fruchtfleisch beliebt, aktuell geht der Trend zu knackigen, festen Früchten.

ANBAU/PFLEGE: Bei der Widerstandsfähigkeit gegen Krankheiten wie Birnenschorf können traditionelle Sorten durchaus mit den neueren Züchtungen mithalten. 'Conference' überzeugte 1885 die Jury der »Nationalen Englischen Birnenkonferenz« und gilt noch heute als eine der besten Herbst- und Winterbirnen. Damit alte wie neue Sorten früher fruchten und kleine Kronen bilden, werden sie in der Baumschule auf Quitten gepfropft. Als Nachteil muss man eine höhere Frostempfindlichkeit in Kauf nehmen. Außerdem macht der Quittenpartner auf kalkhaltigen Böden Probleme.

❯ *Entfernen Sie beim Pflanzschnitt alle Konkurrenztriebe zum Mitteltrieb.*

Fragen Sie in der Baumschule nach neueren, kalk-verträglichen Unterlagen (z. B. 'Pyrodwarf'). In weniger milden Lagen zieht man Birnen traditionell am Spalier. Um den Schnittaufwand in Grenzen zu halten, sollten Sie für diesen Zweck Sorten mit kurzem Fruchtholz, z. B. 'Madame Verte', bevorzugen. Das gilt auch bei der geplanten Erziehung als schlanker Spindelbusch. Gerade die weniger wüchsigen Bäume sind aber anspruchsvoll und brauchen nach der Kompostgabe im März eine zweite Düngergabe Ende Mai. Bleibt der Regen während der Fruchtbildung längere Zeit aus, muss man häufig und durchdringend gießen, sonst bilden Birnen harte Steinzellen rund um das Kerngehäuse oder werfen einen Teil der Früchte ab. Mulchen Sie die Baumscheibe vor allem bei jungen Bäumen rund um den Stamm im Sommer mit Grasschnitt oder Stroh, so lässt sich eine gleichmäßige Bodenfeuchtigkeit am besten erhalten. Birnen brauchen wie Äpfel eine andere Sorte zur Befruchtung.

AUF DEM BALKON: Säulenbirnen kann man auch in Töpfen ziehen. Anders als bei Äpfeln bleiben sie nur in Form, wenn man die Seitentriebe jährlich auf 10–15 cm kurze Zapfen zurückschneidet. Die Herbstbirne 'Decora' ist am einfachsten in Schach zu halten, aber auch diese Bäume werden nach ein paar Jahren 4–5 m hoch!

SCHÄDLINGE UND KRANKHEITEN: Pilzbefall duch Birnengitterrost und Birnenschorf; Feuerbrand (Bakterien), Blattläuse, Birnblattsauger

GUTE SORTEN (NACH PFLÜCKREIFE): ab September 'Frühe von Trevoux': feinsäuerliches Fruchtfleisch, Genussreife ab Pflückreife bis ca. 3 Wochen nach der Ernte; **Mitte September** 'Concorde': zartschmelzendes, nach Melone schmeckendes Fruchtfleisch, Genussreife Oktober bis Dezember, gilt als feuerbrandresistent, 'Harrow Sweet': süßes, zartschmelzendes Fruchtfleisch, Genussreife September bis November, gilt als feuerbrandresistent; **Mitte September bis Anfang Oktober** 'Conference': flaschenförmige, graugrüne Früchte mit beroster Schale und aromatischem, saftigem Fruchtfleisch, Genussreife Mitte Oktober bis Ende November; **Mitte bis Ende Oktober** 'Madame Verte': kräftig aromatisches, saftig-schmelzendes Fruchtfleisch, Genussreife Ende November bis Januar

ERNTE UND VERWENDUNG: Herbstbirnen erntet man, sobald sich der erste zarte Farbhauch zeigt,

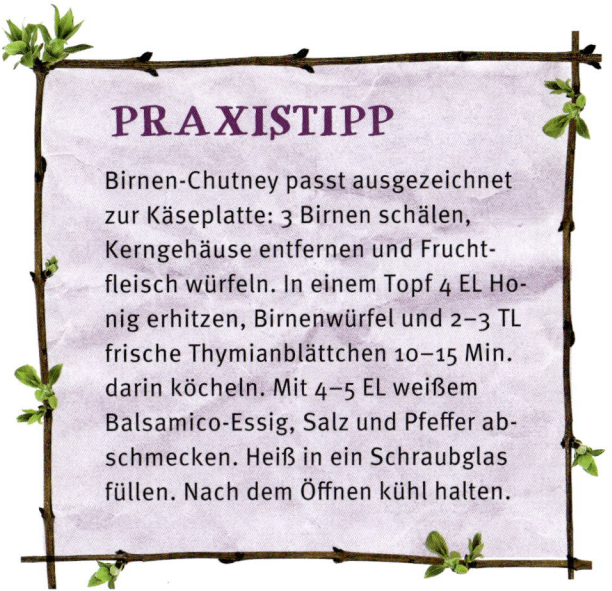

PRAXISTIPP

Birnen-Chutney passt ausgezeichnet zur Käseplatte: 3 Birnen schälen, Kerngehäuse entfernen und Fruchtfleisch würfeln. In einem Topf 4 EL Honig erhitzen, Birnenwürfel und 2–3 TL frische Thymianblättchen 10–15 Min. darin köcheln. Mit 4–5 EL weißem Balsamico-Essig, Salz und Pfeffer abschmecken. Heiß in ein Schraubglas füllen. Nach dem Öffnen kühl halten.

dann lassen sie sich länger einlagern. Winterbirnen pflückt man möglichst ab Ende Oktober, bis dahin legen sie an Aroma und Gewicht noch einmal zu.

INHALTSSTOFFE: Als Vitaminlieferant schneiden Äpfel besser ab, Birnen sind dafür reicher an Mineralien, vor allem an Phosphor, Kalium und Kalzium. Birnen wirken deshalb entschlackend und entwässernd, und der geringere Fruchtsäuregehalt schont empfindliche Mägen.

'Frühe von Trevoux'

Pflaume

Prunus domestica ☼

Platzbedarf: 2,5–20 m² (Buschbaum/Hochstamm)

- **Nährstoffbedarf:** gering bis mittel
- **Familie:** Rosengewächse
- **Standort:** feuchte, aber nicht staunasse, lehmige Böden, windgeschützte Lagen
- **Pflanzung:** Herbst bis Anfang November, in raueren Lagen März bis Anfang April

Pflaumen, Zwetschgen, Reneklode, Mirabellen – Vielfalt gehört bei diesem Steinobst zum Programm! Die verschiedenen Varianten – streng wissenschaftlich übrigens allesamt Pflaumen – stammen von zwei Wildarten ab, der Kirschpflaume (*Prunus cerasifera*) und der Schlehe (*Prunus spinosa*).

Pflaumen reifen früher als Zwetschgen, sind meist rund bis oval. Die Schale ist rötlich bis tiefblau, das saftige Fleisch ist hell- bis goldgelb gefärbt.

Zwetschgen nennt man die tiefviolette bis schwarzblaue Spielart der Pflaumen mit länglichen, festen und erfrischend säuerlichen Früchten.

Mirabellen sind deutlich kleiner und kugelrund. Auf der gelben Schale bilden sich oft rote Punkte oder rot überhauchte Bäckchen. Das Fruchtfleisch schmeckt zuckersüß und sehr mild.

Reneklode erkennt man an der runden Form und der grünen bis grüngelben Schale. Das hoch aromatische Fruchtfleisch ist gelb mit leichtem Grünstich.

'Reineklode Violett'

Doch die Familienbande sind eng, und die Unterscheidung fällt selbst Fachleuten schwer, da sich Pflaumen nach Lust und Laune kreuzen. So findet man die als pflaumentypisch geltende Längskerbe (»Bauchnaht«) auch bei der berühmten 'Bühler Frühzwetschge'. Bei neueren Sorten bemühen sich die Züchter, die frühe Reife der Pflaumen mit der guten Steinlöslichkeit der Zwetschgen zu vereinigen. Ein Punkt ist allerdings geklärt: Außer »Zwetschge« erlaubt der Duden auch »Zwetsche«. In Österreich nennt man alle »Zwetschken«, auch wenn Pflaumen gemeint sind, in Norddeutschland ist es umgekehrt, dort gibt es nur Pflaumen.

ANBAU/PFLEGE: Beim Standort gelten Pflaumen als wenig wählerisch, doch das stimmt nur bedingt. Je kleiner die Baumform, desto besser muss die Versorgung mit Wasser und Nährstoffen sein. Auf trockenen Böden und in regenarmen Gebieten muss man mit kleineren Früchten vorliebnehmen. Auf strenge Winterfröste reagieren Pflaumen empfindlich, bei hohen Temperaturschwankungen zwischen Tag und Nacht kann die Rinde platzen. Früh blühende Sorten erfordern mildes Klima, spät reifende Züchtungen eignen sich ebenfalls nur für wärmere Lagen. In kühleren Regionen bleibt den Bäumen zwischen Ernte und Wintereinbruch nur eine kurze Erholungsphase, und sie vergreisen rasch. Der beste Zeitpunkt für den Rückschnitt und das Auslichten der Krone ist von März bis April. Ein Sommer-

Zwetschge 'Toptaste'

> *Wildpflaumen blühen ebenso schön wie die Gartensorten und können diese auch befruchten.*

schnitt ist, anders als oft beschrieben, nur in Ausnahmefällen und bei Bäumen sinnvoll, die auf einer sehr stark wachsenden Unterlage veredelt wurden. Nicht vergessen: Den überreichen Fruchtansatz neuerer Sorten im Juni von Hand ausdünnen (→ Seite 157)!

SCHÄDLINGE UND KRANKHEITEN: Pflaumenwickler, Blattläuse, Befall durch Scharka-Virus

GUTE SORTEN (NACH PFLÜCKREIFE): Mitte Juli bis Anfang August 'Katinka': neuere, scharkatolerante Frühzwetschge, gut zum Backen; **Ende Juli bis Anfang August** 'Bühler Frühzwetschge': scharka-

tolerant, Goldzwetschge 'Tipala'; **Mitte August** 'Aprimira': Kreuzung aus Zwetschge und Mirabelle mit Aprikosenaroma, 'Mirabelle von Nancy'; **Ende August bis Anfang September** 'Althans Reneklode': zuckersüßes, würziges Fruchtfleisch, 'Reineklode Violett'; **Ende August bis Mitte September** 'Jojo': völlig scharkaresistente Zwetschge, 'Königin Victoria': historische Sorte, 'Toptaste': scharkatolerante Zwetschge; **Anfang bis Mitte September** 'Haroma': Zwetschge mit orangerotem Fleisch und dunkler Haut, gut zum Dörren

ERNTE UND VERWENDUNG: Die Ernte zieht sich bei den meisten Sorten über mindestens zwei Wochen hin. Alle Sorten schmecken frisch vom Baum, als Kompott, Marmelade oder auf dem Kuchen. Zum Einfrieren längs einschneiden, entsteinen, einzeln in einer flachen Schale vorfrosten und portionsweise verpacken.

INHALTSSTOFFE: Beim Vitamingehalt stellen Pflaumen keine Rekorde auf – mit einer Ausnahme: Die Früchte enthalten viele B-Vitamine und gelten deshalb als Nervenstärker bei Stress. Spurenelemente wie Zink und Kupfer helfen ebenfalls bei Unruhe und Gereiztheit. Bekannt ist die verdauungsfördernde Wirkung der Pektine. Das gilt für frische Pflaumen wie auch für eingeweichte Trockenpflaumen.

INFO: Wie der gefährliche Feuerbrand ist auch die Scharkakrankheit meldepflichtig, das heißt, wird ein Befall erkannt oder vermutet, sollte die zuständige Behörde, z. B. das Landwirtschaftsamt, informiert werden. Bei Pflaumen und Zwetschgen zeigen sich an den Blättern ab Mai verwaschene, hell- bis olivgrüne Ringe. An den Früchten entstehen linien- oder ringförmige Einsenkungen. Die direkte Bekämpfung der vor allem durch Blattläuse übertragenen Erkrankung ist nicht möglich. In Baumschulen führt der Pflanzenschutzdienst regelmäßig Kontrollen zum Auftreten der Scharka-Erkrankung durch. Damit bietet der Kauf in Marken-Obstbaumschulen größtmögliche Sicherheit, gesunde und scharkafreie Bäume zu erhalten.

Reneklode

'Aprimira'

Kiwi

Actinidia ☼

Pflanzabstand: 1–3 m
- **Nährstoffbedarf:** gering bis mittel
- **Familie:** Strahlengriffelgewächse
- **Standort:** humusreiche, saure Erde, vor Wind und Frost geschützte, wärmere Lagen
- **Pflanzung:** Mitte Mai

Großfrüchtige Kiwi

Kiwis stammen ursprünglich aus China, in Neuseeland entstand aus der Wildform die großfrüchtige Kulturform (*A. deliciosa*). Diese eignet sich nur für warme Standorte. Stachelbeergroße, glattschalige Mini-Kiwis (*A. arguta*) sind kältefest und überstehen dagegen winterliche Frostperioden bis –20 °C meist ohne Schaden. Die meisten Kiwisorten sind zweihäusig, es gibt also weibliche und männliche Pflanzen. Zu jeder weiblichen Sorte muss man eine männliche Befruchtersorte pflanzen. Ausnahme: Die Sorte ‘Solo’ trägt männliche und weibliche Blüten an einer Pflanze, ist also selbstfruchtbar.

ANBAU/PFLEGE: Am besten wachsen Kiwis auf Böden mit leicht saurem Charakter, kalkhaltige Erde verursacht Mangelkrankheiten. Die Blätter vergilben und fallen ab. Bei lehmigen Böden hebt man eine große Pflanzgrube aus und vermischt die Aushuberde mit je einem Drittel Sand und Rindenkompost. Alle Sorten benötigen ein stabiles, am besten frei stehendes, mindestens 2 m hohes Rankgerüst. Im ersten Jahr zieht man den Haupttrieb senkrecht nach oben, im zweiten bindet man die kräftigsten Seitentriebe waagerecht. Ab dem dritten Jahr entstehen daran Fruchtruten, die beim Sommerschnitt eingekürzt werden. Zusätzlich ist im Winter ein strenger Rückschnitt fällig. Von Juli bis September entwickeln die Pflanzen ziemlich viel Durst und brauchen einmal pro Woche so viel Wasser, dass der Boden 30–40 cm tief durchfeuchtet wird. Jede weitere Pflege entfällt!

SCHÄDLINGE UND KRANKHEITEN: keine bekannt
GUTE SORTEN: großfrüchtig ‘Green Light’, ‘Hayward’; **mittelgroße Frucht** ‘Solo’: aromatisch; **Mini-Kiwi** ‘Maki’: rotschalig, ‘Weiki’: sehr frosthart
ERNTE UND VERWENDUNG: Nur Mini-Kiwis reifen bei uns an der Pflanze aus. Ausgewachsene weibliche Pflanzen liefern im September ca. 5 kg Früchte. Bei großfrüchtigen Kiwis können Sie ab Oktober mit mindestens 15 kg rechnen. Weil die Früchte nach der Ernte nachreifen müssen, ist ein kühler, trockener Lagerraum nötig. Von dort bringt man sie portionsweise ins warme Wohnzimmer und isst sie, sobald sie auf sanften Druck etwas nachgeben.
INHALTSSTOFFE: Kiwis liefern 10-mal mehr Vitamin C als Zitronen. Sie enthalten ein verdauungsförderndes Enzym, das in keiner anderen Obstsorte vorkommende Actinidin. Aber: Actinidin spaltet Eiweiß, z. B. in Milchprodukten, dabei entstehen nach kurzer Zeit unangenehme Bitterstoffe. Das Enzym verhindert auch, dass Gelatine fest wird. Götterspeise gelingt also nicht.

Mini-Kiwi

Blaue Traube 'Muscat Bleu'

Weintraube

Vitis vinifera ☼

Pflanzabstand: 1,5 m
- **Nährstoffbedarf:** mittel bis hoch
- **Familie:** Weinrebengewächse
- **Standort:** sandig-lehmiger Boden, möglichst sonnige Lagen
- **Pflanzung:** April bis Mai

Ein Rebstock am Haus ist in Weinbaugebieten Tradition. Doch auch für weniger günstige Lagen gibt es jetzt Sorten, die nur geringe Ansprüche an die Pflege stellen und im Herbst viele Früchte liefern.

ANBAU/PFLEGE: Pflanzen Sie die jungen Rebstöcke an eine nach Süden oder Südwesten ausgerichtete Wand. Bei einem geschützten Standort eignen sich Weinreben auch bestens zum Beranken einer Pergola oder für die Erziehung an einem frei stehenden Holz- oder Drahtspalier. Tafeltrauben stellen höhere Anforderungen an das Klima als Weintrauben (Keltertrauben). In sandig-lehmiger Erde gedeihen Rebstöcke am besten, aber auch jeder andere gute, wasserdurchlässige Gartenboden ist geeignet. Düngung: Im Frühjahr gut verrotteten Kompost oberflächlich im Wurzelbereich einarbeiten. Ab dem 4. Standjahr im Juni zusätzlich organischen Beerendünger ausbringen. Der Schnitt erfolgt im Spätwinter, bevor der Saft zu steigen beginnt. Im Sommer kürzt man

die Ranken erneut ein und bricht an den Schnittstellen entstehende Seitentriebe (Geiztriebe) aus.

AUF DEM BALKON: Reben tragen auch als Kübelpflanze jahrelang viele Trauben, der Topf sollte aber mindestens 30 l Erde fassen. Tipp: 2 Teile hochwertige Biopflanzerde mit einem Teil Blähton mischen. In den Wintermonaten Topf und Stamm mit Noppenfolie und Vlies schützen und die Pflanzen in frostfreien Perioden ab und zu gießen.

SCHÄDLINGE UND KRANKHEITEN: Traubenwickler, Wespen, Pilzbefall durch Botrytis

GUTE SORTEN (NACH REIFEZEIT): Mitte August 'Esther': blaue, große Beeren; **August bis Mitte September** 'Muscat Bleu': blau, würzig; **Ende August bis Anfang September** 'Birstaler Muscat', 'Lakemont' (Syn. 'New York'): weiß, kernlos, Muskataroma; **Mitte September bis Anfang Oktober** 'Fanny': weiß, großbeerig, 'Theresa'

ERNTE UND VERWENDUNG: Früh reifende Weintrauben erntet man ab August. Neuere, pilzfeste Tafeltrauben reifen ab Anfang September. Den richtigen Reifezeitpunkt erkennt man an der sortentypischen Beerenfarbe und den allmählich verholzenden Stielen. Sie möchten eigenen Hauswein keltern? 15 kg Trauben ergeben 10–12 l Saft.

Weiße Traube 'Theresa'

Der Kenner der alten Sorten

Am Hang des Teutoburger Waldes bei Bielefeld baut Hans-Joachim Bannier sein Obstsorten-Arboretum auf. Der Pomologe fand sogar den verloren geglaubten Apfel 'Edelborsdorfer' wieder, der schon im 13. Jahrhundert in Klostergärten stand.

HANS-JOACHIM BANNIER kultiviert über 350 alte und neue Apfelsorten.

herausfinden, wenn die Sorten noch existieren. Zum Glück werden Obstbäume auf stark wachsenden Wurzelunterlagen bis zu 100 Jahre alt. Nur deshalb gibt es viele alte Sorten noch.

▶ Genügt es nicht, diese Sorten in Obstmuseen oder Genbanken zu erhalten?

Viele sind einfach zu schade dafür, ihr Dasein allein in »Genbanken« zu fristen. Natürlich gibt es unter Tausenden von Obstsorten auch viele, die nur noch historische Bedeutung haben. Dem früher im Rheinland häufig angebauten Süßapfel fehlt jegliche Säure. Die Äpfel wurden ausschließlich für die Herstellung von Apfelkraut verwendet. Niemand würde sie heute anbauen. Solche Sorten könnte man also in Museumsgärten erhalten. Aber gerade Pflanzungen der Deutschen Genbank Obst liegen meist in Weinbauregionen – und damit in besonders feuerbrandgefährdeten Gebieten. Werden die wenigen Bäume befallen, ist die Sorte nicht mehr zu retten. Der Pomologen-Ver-

▶ Was ist so faszinierend am Sammeln längst vergessener Obstsorten?

Mich hat schon immer die Vielfalt mehr interessiert als die Masse. Vielfalt bedeutet ja auch Vielfalt im Geschmack, im Aussehen. Kennen Sie Apfelsorten, die nach Erdbeeren schmecken oder nach Walnuss? Ja, solche Äpfel, die gibt es tatsächlich! Vielfalt bedeutet auch, Eigenschaften von Obstsorten zu bewahren und zu erhalten, denen wir heute keine Bedeutung zumessen, die aber morgen wieder interessant sein können. Vielleicht stellt sich mal heraus, dass helle Kirschen gesundheitlich besonders wertvoll sind. Das können wir nur

❯ Süßkirsche 'Maibigarreau' schmeckt besonders gut, sie wird weniger von Vögeln gefressen als dunkle Sorten.

ein hat daher ein privates Netzwerk gegründet, um diese Sorten an vielen Standorten in Gärten und auf Streuobstwiesen zu erhalten.

▶ Sollte man im Garten lieber traditionelle oder moderne Sorten pflanzen?

Viele neuere Obstzüchtungen sind für den Erwerbsanbau bestimmt und erfordern ein professionelles Pflanzenschutz- und Düngemanagement. Für Selbstversorger ist das Wichtigste, dass die Bäume auch bei weniger intensiver Pflege gesund bleiben und gut gedeihen. Alte Obstsorten sind häufig robuster und daher für den Anbau heute noch von Bedeutung.

▶ Gilt das denn auch für die schorfresistenten Apfelsorten, die in den letzten Jahren verstärkt auf den Markt gekommen sind?

Auch die Züchter haben inzwischen gemerkt, dass es im Obstbau mit Sorten wie 'Golden Delicious' oder 'Elstar' nicht weitergehen kann. Um sie widerstandsfähiger zu machen, kreuzte man sie mit einem Wildapfel, dessen Schorfresistenz man auf einem einzigen Gen lokalisiert hatte. Den Effekt dieses Gens wollte man für moderne anfällige Sorten nutzen. In der Praxis zeigt sich jedoch schon nach wenigen Jahren, dass die Resistenz nicht hält. Daher würde ich Sorten wie 'Topaz' zwar versuchsweise pflanzen, aber nicht alles auf diese Karte setzen.

▶ Schmecken Sorten aus den Obstgärten unserer Großeltern anders?

Moderne Sorten werden fast nur für den Frischverzehr angebaut. Der Geschmack geht heute in Richtung süß und mild-aromatisch. Bei den alten Sorten ist er wesentlich vielfältiger. Gerade für Apfelmus oder Saft braucht man Fruchtsäure als Geschmacksgeber. Traditionelle Tafeläpfel wie der Klarapfel sind oft verschwunden, weil sie für die großen Transportwege und den Verkauf im Selbstbedienungsladen zu druckanfällig oder nicht schön genug sind.

▶ Sind die Äpfel von früher gesünder?

Es fällt auf, dass viele Allergiker alte Sorten besser vertragen. Gute Erfahrungen habe ich mit 'Prinz Albrecht von Preußen', 'Goldparmä-

❯ *Das Obst-Arboretum in Bielefeld kann man bei einer Führung besichtigen.*

ne' und 'Berner Rosenapfel' gemacht. Es liegt vermutlich im höheren Polyphenolgehalt, der die Eiweißaufnahme im Körper beeinflusst. Es gibt auch neuere Sorten, die gut verträglich sind wie 'Alkmene' oder 'Santana'. Sorten mit höherem Säureanteil enthalten meist mehr Vitamin C. Auch die teils höheren Bitterstoffanteile und der höhere Gehalt an sekundären Pflanzenstoffen sind gut für die Gesundheit.

▶ In Ihrem Arboretum haben Sie viele fast vergessene Sorten der Süßkirsche aufgepflanzt. Sind diese auch gartentauglich?

Wir kennen inzwischen über 200 erhaltenswerte Sorten, die aus dem Erwerbsobstbau verschwunden sind, darunter einige, die für Hausgärten unbedingt zu empfehlen sind, z.B. Herzkirschen wie 'Werdersche Braune' und 'Frühe Schwarze'. Wegen der frühen Reife bleiben die Früchte meist madenfrei. Interessant sind auch helle Kirschen, die im Handel längst verschwunden sind, obwohl sie hervorragend schmecken und bekömmlicher sind als dunkle. Und um 'Maibigarreau' und 'Große Prinzessin' muss man sich weniger mit Vögeln streiten.

171

DER
KRÄUTER
GARTEN

Frische Kräuter rund ums Jahr

Kräuter in all ihrer Vielfalt gehören zur Grundausstattung eines Küchengartens. Wenn Sie zeitig aussäen und während der Hochsaison für Vorräte sorgen, haben Sie das ganze Jahr über etwas davon, ob für duftende Tees oder als aromatisches Gewürz.

Ob Sie nur ein Kräuterbeet möchten, einen klassischen Kräutergarten oder ob Sie lieber Lavendel, Salbei und Ysop zwischen Rosen, Sommerblumen bzw. an den Rand der Gemüsebeete setzen – die duftenden Pflanzen passen sich überall ein.

Im **Frühling**, ab März/April, kann man dem robusten Schnittlauch beim Wachsen fast zusehen. Auch Kerbel, Kresse und Rucola lassen sich nicht lange bitten: Schon wenige Tage nach der Aussaat in Töpfe und Beete (→ Seite 180/181) sprießen würzige Blättchen. Bis sie groß genug sind für den ersten Schnitt, können Sie die Zeit leicht überbrücken: Wildkräuter, allen voran Löwenzahn, Gänseblümchen und Gundermann, schmecken jetzt richtig lecker und sind gesund. Mehrjährige wie Liebstöckel, Bohnenkraut oder Thymian säen Sie ab April.

Ab Mitte Mai kann man empfindlichere Arten, wie Basilikum und Majoran, aussäen.

Vor dem Austrieb schneiden Sie außerdem Halbsträucher wie Rosmarin zurück (→ Seite 181).

Im **Frühsommer** hat die Ernte der klassischen Küchenkräuter Hochkonjunktur mit Estragon, Liebstöckel und Petersilie.

Der **Hochsommer** ist die Zeit der mediterranen Arten. Thymian, Rosmarin, Salbei und Co. haben kurz vor der Blüte oder bei Blühbeginn die beste Qualität. Dann ist der beste Zeitpunkt zum Trocknen und Konservieren

PRAXISTIPP

Im Frühling ist das Angebot an getopften Kräutern am größten; aber Vorsicht, denn sie kommen jetzt allesamt aus dem warmen Gewächshaus und brauchen unbedingt eine Eingewöhnungszeit, bevor sie ins Beet gepflanzt werden. Zum Abhärten stellt man Topfkräuter erst einige Tage an einen halbschattigen Ort, bevor man sie an ihren Platz im Beet setzt.

MÄRZ

APRIL

MAI

Einjährige Küchenkräuter und Pflanzen für essbare Blüten jetzt aussäen.

Basilikum und andere empfindliche Kräuter ziehen Sie nun in Töpfen vor.

Die Ernte von Zitronenmelisse und Pfefferminze beginnt.

> *Ein Pflanzkasten auf der Terrasse liefert zum Salat auch die Kräuter für das Dressing.*

(→ Seite 226/227). Im Juni/Juli können Sie von diesen Halbsträuchern Stecklinge gewinnen (→ Seite 195), falls Sie noch ein paar Pflanzen brauchen. Viele mehrjährige Arten profitieren auch jetzt von einem Rückschnitt (→ Seite 194).

Auch im **Spätsommer** wird geerntet: Samen von Kümmel, Koriander, Gewürzfenchel und Dill sind reif, wenn im September die Tage spürbar kürzer werden.

Mehrjährige wie Schnittlauch, Estragon und Zitronenmelisse werden im **Spätherbst** zur Vermehrung geteilt (→ Seite 208). Sind die ersten Fröste angekündigt, schützen Sie empfindlichere Pflanzen, z. B. Thymian und Rosmarin, mit Vlies oder Folie, während exotische Arten wie Strauchbasilikum und Fruchtsalbei ins Winterquartier eingeräumt werden (→ Seite 210/211). Bevor der **Winter** kommt, stellen Sie bei Bedarf Töpfe für die Wintertreiberei von Schnittlauch und Petersilie bereit (→ Seite 209).

JULI

Schneiden Sie Lavendel und andere mediterrane Kräuter zurück.

AUGUST

Ernten Sie Oregano und Rosmarin zum Trocknen als Würze für den Winter.

OKTOBER

Schnittlauch und Petersilie zum Treiben ausgraben und eintopfen.

FRÜHLING

Wenn im Beet würzige Schnittlauchhalme sprießen, übertrumpfen sich die Gärtnereien mit ihrem Angebot. Wie Sie die besten Kräuter für Ihren Garten und Ihre Küche finden? Immer der Nase nach!

Mit Kräutern gestalten

Kräuter passen sich jedem Gartenstil an. Ob formal, nach dem Vorbild der Klostergärten oder ganz natürlich – sie machen einfach alles mit! Man kann sie auch gerne zwischen Duftstauden, Rosen oder ins Gemüsebeet pflanzen.

❯ *Ein sonniges Kiesbeet mit wärmespeichernden Feldsteinen bietet ideale Bedingungen für den Kräuteranbau. Ringelblumen und Klatschmohn versamen sich selbst und tauchen in jedem Jahr an einer anderen Stelle auf.*

Gerade in kleinen Gärten kommen Kräuter ganz groß raus, beispielsweise als würzige Ergänzung im Gemüsebeet, als duftende Begleiter zwischen niedrigen Beet- und Pfingstrosen oder in einem separaten Kräutergärtchen nahe am Haus.

Pflanzideen für jeden Geschmack

Die Grenzen zwischen Küchen-, Heil- und Duftkräutern sind fließend. Gerade deshalb ergeben sich unzählige Gestaltungsmöglichkeiten.

• Je kleiner der Kräutergarten ist, umso klarer sollte er unterteilt sein. Geometrische Beetformen sind pflegeleicht, und auch einzeln gepflanzte Kräuter kommen darin gut zur Geltung. Oft reicht für ein solches Gärtchen schon eine sonnige Ecke oder ein schmaler Streifen entlang der Terrasse.

• Höhere Kräuter, die auch in normalen Gartenböden gedeihen, fühlen sich zwischen Blütenstauden und Sommerblumen wohl. Das gilt nicht nur für Arten wie Indianernessel, deren große Blüten und Blätter als Tee- oder Heilkraut genutzt werden. Mit Melisse und Gewürzfenchel kann man zwischen den bunten Blüten noch ein paar ruhigere Akzente setzen oder umgekehrt roten Mohn, orangefarbene Ringelblumen und lilablaue Glockenblumen zwischen grüne Kräuter streuen. Französischer Estragon, Salbei und Wermut ergeben charmante Wegbegleiter.

• Polsterbildende Thymianarten oder Kriechendes Bohnenkraut setzt man, genau wie niedrige Stauden, an den Beetrand, Klein- und Halbsträucher wie Salbei, Ysop oder Eberraute in die Mitte, und im Hintergrund können Engelwurz, Anis-Agastache, Malven und Johanniskraut Größe zeigen.

Standortgerechte Lösungen

Für eine lange Lebensdauer der Kräuter sollten Sie deren unterschiedliche Ansprüche kennen und darauf achten, dass Sie nur Arten kombinieren, die in puncto Standort, Boden, Licht und Wärme die gleichen Bedürfnisse haben (→ Seite 180/181).

Eine Spirale – Lebensraum für viele Kräuter

Ein Konzept, das allen gerecht wird, ist die Kräuterspirale. Darunter versteht man ein meist durch eine Natursteinmauer eingefasstes, kreisförmig angelegtes Beet, dessen einzelne Etagen sich wie die Windungen eines Schneckenhauses spiralförmig in die Höhe winden.

• Ganz oben bildet magere, durchlässige, kalkhaltige Erde die Sonnenterrasse für Mittelmeerkräuter wie Rosmarin, Salbei, Thymian oder Lavendel.

• In der mittleren Zone mit normaler Gartenerde gedeihen Majoran, Melisse und Weinraute.

• Auf der sonnenabgewandten Seite und am Fuß der Kräuterschnecke ist es etwas kühler und der Boden feuchter. Hier fühlen sich Brunnenkresse, Wilde Rauke, Schnittlauch und Sauerampfer wohl.

Wie im Beet heißt es aber aufpassen: Wuchskräftige Kräuter wie Minzen verdrängen bescheidenere Arten im Laufe der Jahre und können das Zusammenleben empfindlich stören. Hier müssen Sie die Drängler gelegentlich in ihre Schranken weisen. Der häufigste Fehler: Aus Platzmangel wird das Bauwerk zu klein angelegt. 3 m Durchmesser (bei max. 1 m Höhe) sollten es mindestens sein, sonst werden die Windungen zu steil, und die Kräuter auf der West- und Nordseite führen ein dauerhaftes

❯ *Basilikumarten und -sorten lieben eher feuchte Erde. Die nach Kresse duftenden Asia-Salate halten Schnecken fern.*

Schattendasein. Nur bei genügend Freiraum um sich herum ist eine Kräuterspirale ein attraktiver Blickfang. In kleinen Gärten wirkt sie ohne Anbindung an eine Natursteinmauer oder die Terrasse rasch wie ein Fremdkörper.

Wärmespeicher für Mediterrane

Eine Trockenmauer verschlingt weniger Baumaterial. Ihre Größe und Form lassen sich leicht an die zur Verfügung stehende Fläche oder das Gelände anpassen. Die Steine speichern Sonnenwärme und geben diese nachts langsam ab. Helle Quader reflektieren das Licht, übrigens ebenso wie ein heller Kiesbelag oder eine weiß gestrichene Mauer. Dies genügt oft schon, damit sich Sonnenanbeter wie Rosmarin und Thymian wie im warmen Süden fühlen. Wasserdurchlässige, leicht sandige und nährstoffarme Erde ist eine weitere wichtige Voraussetzung dafür, dass diese Arten genauso viele ätherische Öle entwickeln wie auf den kargen Böden rund ums Mittelmeer.

Endlich wieder würziges Grün!

Die Kräutersaison beginnt im März! Viele Arten lassen sich leicht aussäen, einige auf der Fensterbank, robuste direkt ins Freiland. Andere kauft man besser als Jungpflanzen beim Gärtner. Alle brauchen ein Beet, das zu ihren Ansprüchen passt.

❯ *Vorgezogene Petersilien-Pflänzchen können Sie schon im März ins Freilandbeet setzen.*

Das Sortiment an Küchenkräutern füllt ganze Spezialkataloge. Entsprechend vielfältig sind ihre Anforderungen an Anzucht, Standort und Pflege.

So ziehen Sie Kräuter an

Unter den Kräutern gibt es einerseits Arten mit kurzer Kulturdauer, andererseits solche, die eine etwas längere Anlaufzeit haben, dafür aber über viele Jahre regelmäßige Ernte liefern.

• Schnellkeimer wie Kresse, Kerbel und Blattkorian-der können, je nach Witterung, ab März/April ins

Beet gesät werden. Eine Nachsaat alle drei bis vier Wochen garantiert steten Nachschub. Borretsch keimt spät, sät sich jedoch auch selber aus.
• Fenchel ist zweijährig, setzt seine Samen also im Folgejahr an. Wer es v. a. darauf abgesehen hat, verschiebt die Aussaat auf Juni bzw. August.
• Schnittlauch und einjährigen Majoran sät man Ende April direkt oder zieht Jungpflanzen an.
• Einjähriges Bohnenkraut säen Sie ab Mai ins Beet.
• Lavendel, Majoran, Rosmarin und Salbei keimen im Beet nur lückig. Deshalb empfiehlt sich die Vorkultur im Haus und das Auspflanzen im Mai. Die meisten Kräuter sind Lichtkeimer (→ Seite 54/55). Bedecken Sie die Saat nicht mit Erde.

❯ *In Wasser vorgequollene Kressesamen keimen in feuchter Erde innerhalb von zwei bis drei Tagen.*

> *Kräuter brauchen nicht unbedingt ein eigenes Beet: Sie geben attraktive Wegbegleiter ab. Für Arten, die trockene Standorte vorziehen, machen Sie schwere Böden mit Sand, Splitt oder Kies durchlässiger.*

Krautige Arten wie Zitronenmelisse und Schnittlauch vermehrt man auch über Teilen des Wurzelstocks. Bei mediterranen Halbsträuchern haben sich dafür Stecklinge im Juni/Juli bewährt (→ Seite 195).

Viele Arten wie Kresse, Liebstöckel, Minzen und Melisse bevorzugen frische, feuchte Böden. Mediterrane Halbsträucher gedeihen auf durchlässigen, eher trockenen und mageren Standorten.

Sonnenplätze bevorzugt

Ein sonniger Standort ist Voraussetzung für die begehrte Aromenvielfalt. Nur Schnittlauch, Bärlauch, Rucola und Estragon geben sich mit einem Platz im Halbschatten zufrieden.

Pflegeleicht und unkompliziert

Das Wunderbare an Kräutern ist, dass sie mit wenig Aufwand viel Würze und Vitamine bringen.

- In Trockenzeiten das Gießen nicht vergessen.
- Eine Kompostgabe von 1–2 l/m² zur Beetvorbereitung dient als Nährstoffreserve und sichert die Versorgung über viele Wochen.
- Mehrjährige wie Liebstöckel erhalten die gleiche Ration, sobald im Frühling an den Stängelresten die ersten grünen Blättchen sichtbar werden.
- Salbei, Lavendel, Thymian und andere verholzende Kräuter kommen ohne Düngung aus. Auf leichten, sandigen Böden harken Sie im Frühling ein wenig Kompost ein. Geben Sie gleich noch eine Handvoll Algenkalk oder Gesteinsmehl dazu.
- Damit Halbsträucher nach dem langen Winter von unten schön buschig austreiben, werden sie bis knapp in die holzigen Stängelteile, also meist um ein bis zwei Drittel ihrer Länge eingekürzt.
- Ausdauernde Balkonkräuter brauchen alle 2–3 Jahre einen größeren Topf. Dieser sollte so groß sein, dass der Wurzelballen hineinpasst und rundherum etwa 3 cm Platz zum Anfüllen neuer Erde ist.

ALLES BIO

»Übersehen« Sie beim Unkrautjäten die vitaminreichen Wilden! Die zartbitteren Blätter des Löwenzahns und die nussigen der Wiesenpimpinelle bereichern Salate. Knoblauchsrauke ist sehr lecker im Kräuterquark. Der Genuss bleibt folgenlos: Knoblauchatem ist nicht zu befürchten. Und das Wiesenschaumkraut macht dem Namen »Wiesenkresse« alle Ehre.

Auf Balkon und Terrasse

Mit den fein abgestuften Grüntönen sind Kräuter durchaus eine Alternative zu den üblichen Balkonblumen. In großen Pflanzkübeln können Sie einen Mini-Kräutergarten anlegen und darin eine Sammlung Ihrer Lieblingssorten präsentieren.

Es gibt nur wenige Kräuter, die sich bei guter Pflege im Pflanzgefäß nicht wohlfühlen. Das etwas heikle Basilikum und frostempfindliche Mehrjährige sind in Töpfen und Kübeln sogar besser aufgehoben.

Noch mehr Möglichkeiten

In Kübeln, Balkon- und Pflanzkästen rücken Kräuter ganz nah an die Nase und an die Küche heran.

Alles für den Balkonkasten

In Kästen am Küchenfenster sind Kräuter stets griffbereit. Dafür eignen sich Arten, die maximal 30–40 cm hoch wachsen und nicht zu tief wurzeln, wie Petersilie, Kerbel und Schnittlauch. Thymian, Majoran und Bergbohnenkraut ergänzen sich im Balkonkasten ebenso gut wie im Gemüsegratin. Kräuter haben gar nichts gegen blühende Partner wie Husarenknöpfchen oder Männertreu. Wer lieber Essbares dazupflanzt, kombiniert sie mit Zitronen- oder Orangentagetes.
Achten Sie beim Bepflanzen auf die nötigen Abstände zwischen den Gewürzen. Die Kräuter schließen die Lücken bald und halten die lange Saison dann besser durch. Denken Sie auch daran, nur Arten mit gleichen Ansprüchen zu kombinieren.

Terrassenbeete und Mini-Kräutergärten

In großen Kübeln und Pflanzkästen können Gemüse und Kräuter wie im Beet zusammenziehen. So braucht Genoveser Basilikum viel Wärme, mag aber keine pralle Sonne und profitiert daher neben bunt-

❯ *Ein kleines Hochbeet auf der Terrasse bietet Platz für eine Palette an Küchenkräutern und Blattgemüse. Sommerblumen wie Blaues Gänseblümchen sind hübsche Begleiter.*

> *Arrangieren Sie die Kräuter beim Bepflanzen von Balkonkästen oder Kübeln so, dass sie ausreichend Platz zum Weiterwachsen haben.*

stieligem Mangold von der feuchten, nährstoffreichen Erde und dem Schatten, den das Blattgemüse bietet. Dill und rankende Minigurken sind im Topf und in der Küche ein prima Paar. Kleinblättriges Buschbasilikum und Tomaten harmonieren auf der Pizza ebenso wie in Pflanzgefäßen. Lavendel, Ysop und Salbei teilen sich gerne einen Topf, wenn er 25 l fasst, was einem Durchmesser von 45–50 cm entspricht. Rosmarin, Minzen und mehrjährige Basilikumarten haben den Topf lieber für sich.

Duft der großen weiten Welt

Gönnen Sie Exoten, von Ananas-Salbei bis Zitronengras, am besten einen eigenen Topf. Der Grund: Sie müssen im Spätherbst ins Haus umziehen und wollen dann, je nach Art, mal kühl und dunkel, mal warm und hell stehen. Auch Lorbeerbäumchen und Strauchbasilikum bevorzugen den Solo-Auftritt.

Kunststoff oder Terrakotta?

Pflanzgefäße gibt es in vielen Materialien. Wählen Sie, was am besten zu Ihrem Stil passt.
- Natürliche Ton- und Terrakottagefäße bieten sich für den Biobalkon an. Das poröse Material lässt Feuchtigkeit verdunsten. Das bewirkt eine leichte Kühlung und verhindert Staunässe, gleichzeitig

trocknet die Erde im Randbereich aber auch schneller aus.
- Für Tröge und kleine Hochbeete aus Holz gibt es preiswerte Bausätze, die Sie mit einem umweltfreundlichen Anstrich auf den Stil Ihres Hauses und die Gartengestaltung abstimmen können.
- Kunststofftöpfe im Terrakotta-Look sind leicht, so langlebig wie Ton, absolut frostsicher und damit für Kräuter geeignet, die im Freien überwintern.

Für einen guten (Neu-)Start

Jetzt dürfen alle Kräuter, die im Winterquartier ausgeharrt haben, Frühlingsluft schnuppern. An milden Tagen trägt man Lorbeerbäumchen, Süßkraut und Zitronenverbene ins Freie. Zunächst stellt man sie besser in den windgeschützten Halbschatten, sonst verbräunen die lichtentwöhnten Blätter.
Pflanzen, die ihr Gefäß komplett durchwurzelt haben, topfen Sie um. Die Wurzeln sollten bequem in den neuen Topf passen und rundherum etwa 3 cm Platz zum Anfüllen neuer Erde lassen. Kräuter in kleineren Töpfen müssen jährlich, größere Kübelpflanzen nur alle 2–3 Jahre umziehen. Sonst genügt es, wenn Sie im Frühling die Erdschicht 2–3 cm tief abkratzen und den Topf anschließend mit frischer Erde auffüllen.
Topfen Sie neu gekaufte Kräuter um, ehe ihre Wurzeln im Kreis an der Topfwand entlang wachsen. Ernten sollte man erst bei kräftigem Neuaustrieb.

ALLES BIO

Achten Sie beim Kauf von Kräuter- und Balkonpflanzenerde auf die Aufschrift »ohne Torf« oder »torffrei«! Im Handel erhältliche torffreie Substrate enthalten eine Mischung aus Rindenhumus und Holz-, Kokos- oder Hanffasern. Zusätze wie Sand oder Lavagranulat sorgen für eine stabile Struktur. Eine gute Alternative sind Erden von regionalen Kompostwerken mit Qualitätssiegel.

Kästen und Töpfe bepflanzen

Topfen Sie gekaufte Kräuter möglichst bald um. Für die Topfgröße gilt: Der Durchmesser sollte nur drei oder vier Zentimeter größer sein als der bisherige. Darin stehen die Pflanzen stabil, und die Wurzeln können die frische Erde rasch durchdringen. Setzen Sie mehrere Kräuter in ein Gefäß, halten Sie zwischen den Wurzelballen und zum Kastenrand mindestens zwei Zentimeter Abstand ein. Wässern Sie Tongefäße ein paar Stunden vor dem Bepflanzen, damit sie der Erde keine Feuchtigkeit entziehen.

Was Sie dafür benötigen:

Pflanzkasten

Tongranulat, Blähton, Kies

Vlies

Pflanzerde

Gießkanne

Decken Sie die Wasserabzugslöcher mit einem flachen Stein oder einer Tonscherbe ab. Verteilen Sie dann eine 3–5 cm hohe Drainageschicht aus Tongranulat, Blähton oder Kies gleichmäßig auf dem Gefäßboden.

1

2

Damit die Erde nicht in die Drainageschicht gerät, decken Sie das Granulat mit einem passend zugeschnittenen Vlies ab. Füllen Sie das Pflanzgefäß zu ca. einem Drittel mit Bio-Kräutererde. Die Erde sollte gut strukturiert, also nicht zu feinkrümelig, und feucht, aber nicht nass sein.

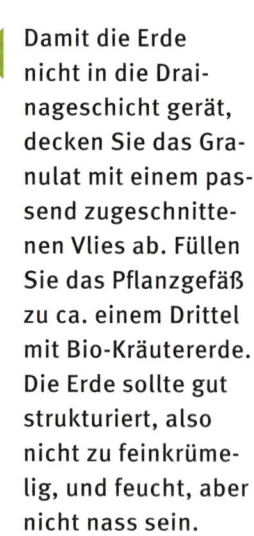

3 Topfen Sie die Kräuter vorsichtig aus. Dabei eventuell die Topfwände leicht zusammendrücken, dann löst sich der Topfballen leichter. Ist der Wurzelballen sehr fest, lockern Sie die Außenseite mit den Fingern auf. Nicht zu zaghaft, es macht nichts, wenn Sie dabei ein paar Würzelchen abreißen.

Die Kräuter in den Kasten oder Topf setzen. Mit Erde auffüllen. Den Wurzelballen ca. 1 cm hoch mit Erde bedecken. Die Erde zum Schluss rundherum andrücken, sodass die Oberfläche etwa 2 cm unter dem Topf- oder Kastenrand liegt (Gießrand).

4

Gießen Sie die Kräuter an, bis Wasser durch die Abzugslöcher austritt. Nach einer kurzen Pause, in der sich die Erde vollsaugen kann, wässern Sie nochmals. Stellen Sie den Kasten einige Tage an einen halbschattigen, vor Wind geschützten Platz.

Frühlingskräuter

Endlich wieder frische Kräuter für Feinschmecker! Ein Butterbrot in frisch gehackten Schnittlauch drücken oder ein paar Blättchen Petersilie über die Suppe streuen. Und wer nicht auf Basilikum verzichten möchte, kann es jetzt säen und pflanzen.

Petersilie

Petroselinum crispum ☼ ◑

Saattiefe: 1 cm | **Reihenabstand:** 25–30 cm

ANBAU/PFLEGE: Aussaat ins Frühbeet ab März, ins Freiland, wenn sich der Boden nicht mehr nass und kalt anfühlt. Der Langsamkeimer muss in der Startphase gut gegossen werden. Unbedingt Anbaupausen von 4–5 Jahren einhalten. Späte Saaten im August leiden weniger unter Pilzkrankheiten.
SCHÄDLINGE UND KRANKHEITEN: Wurzelälchen, Septoria-Blattflecken und andere Pilzkrankheiten
BEETPARTNER: Radieschen, Tomaten, Zichoriensalate
GUTE SORTEN: **Krause Petersilie** 'Grüne Perle 2'; **glatte Petersilie** 'Gigante d'Italia'
ERNTE UND VERWENDUNG: von Ende April bis November

Schnittlauch

Allium schoenoprasum ☼

Saattiefe: 2 cm | **Pflanzabstand:** 30 cm

ANBAU/PFLEGE: Schnittlauch lässt sich leicht aus Samen ziehen, bis zur Schnittreife vergehen aber viele Wochen. Ungeduldige setzen im Frühjahr vorgezogenen Schnittlauch (Kräutergärtnerei) in kalkhaltigen Boden in sonniger Lage. Pflanzen aus dem Supermarkt wurzeln im Freiland nur zögernd ein. Im Herbst Horste nach Laubeinzug durch Teilung vermehren.
SCHÄDLINGE UND KRANKHEITEN: Schnittlauchrost, Pilzbefall durch Falschen Mehltau
BEETPARTNER: Dill, Petersilie, Möhren, Erdbeeren
GUTE SORTEN: 'Elbe': weiß blühend, hübsch für Töpfe, 'Forescate': burgunderrote Blüten, 'Gonzales', 'Schmitt'
ERNTE UND VERWENDUNG: Die Halme nah am Boden schneiden, sie wachsen langsamer, bilden aber geschlossene Spitzen.

Zitronenbasilikum hat große, glatte Blätter.

Keimlinge von rotem und grünem Basilikum

Einjähriges Basilikum

Ocimum basilicum ☼ ☼

Saattiefe: max. 0,5 cm | Pflanzabstand: 25–30 cm

- **Nährstoffbedarf:** mittel
- **Familie:** Lippenblütler, Anbauabstand 3–4 Jahre
- **Boden:** humusreich, frei von Staunässe
- **Aussaat:** Vorkultur ab März (Keimtemperatur 18–20 °C)
- **Pflanzung:** ab Mitte Mai
- **Kulturdauer:** 4–12 Wochen ab Aussaat

Zum Glück gibt's Basilikum! Sommer, Sonne, italienische Lebensart – allein der Duft versetzt uns sofort in eine entspannte Stimmung.

ANBAU/PFLEGE: Verteilen Sie bei der Vorkultur die Samen sparsam auf der Erde und drücken sie sanft an, sodass sie beim Befeuchten nicht weggeschwemmt werden. Vor dem Auspflanzen ins Beet Kompost in den Boden einarbeiten. Während der gesamten Wachstumszeit ist eine Temperatur von 18–20 °C ideal. An sehr sonnigen Plätzen werden die Blätter hart und zäh.

AUF DEM BALKON: In Kästen oder Einzeltöpfen in leicht aufgedüngter Pflanzenerde auf der Südwestseite oder im lichten Schatten entwickeln sich die Pflanzen bestens und können über viele Wochen beerntet werden. Gießen, wenn die Topferde fast völlig trocken ist, Staunässe unbedingt vermeiden.

SCHÄDLINGE UND KRANKHEITEN: Botrytis-Pilze, Schnecken, Blattläuse, Trauermücken

BEETPARTNER: Tomaten, Petersilie, Bohnenkraut, Minze, Gewürztagetes

GUTE SORTEN: Basilikum 'Genovese', **Dunkelrotes Basilikum** 'Osmin', **Thai-Basilikum** 'Thai', **Zitronenbasilikum** 'Lime', **Zimtbasilikum** (*Ocimum basilicum cinnamomum*), **Buschbasilikum** (*Ocimum basilicum minimum*)

ERNTE UND VERWENDUNG: Basilikum verwendet man möglichst frisch oder konserviert Blätter und Zweige in Öl. Schneidet man die Triebspitzen laufend ab und pflückt zusätzlich die Blätter der beiden nächsten Blattpaare, bilden sich in den Blattachseln neue Seitentriebe. So lässt sich der Blühbeginn verzögern, und die Pflanzen bleiben buschig.

INHALTSSTOFFE: Die ätherischen Öle wie Linalool fördern die Konzentrationsfähigkeit und sorgen für einen klaren Kopf.

❯ *Geerntet werden die oberen Triebspitzen und jungen Blätter mit einem scharfen Messer.*

Dill

Anethum graveolens ☀

Saattiefe: 2–3 cm | Reihenabstand: 15–20 cm

ANBAU/PFLEGE: Die Aussaat erfolgt in ein möglichst fein-krümeliges Saatbett. Tipp: Erfahrene Biogärtner waschen die Samen in kaltem Wasser, lassen sie trocknen und säen erst dann. Dabei werden keimhemmende Stoffe auf der Schale abgebaut. Anbauabstand wie bei allen Dolden-blütlern 4 Jahre. Dill gedeiht ab April auf leicht sandigen Böden und in lehmiger Erde, ist aber frostempfindlich.
AUF DEM BALKON: Ab April bis Anfang Juli im Abstand von 4 Wochen in Töpfe aussäen, damit immer frische Fiederblätter zur Verfügung stehen.
SCHÄDLINGE UND KRANKHEITEN: Blattläuse, Welke durch Fusarium-Pilze
BEETPARTNER: Gewürztagetes, Möhren, Gurken
GUTE SORTEN: Tetra-Dill: besonders dichtlaubig
ERNTE UND VERWENDUNG: 6–8 Wochen nach der Saat können Dillspitzen gepflückt werden, bei beginnender Blüte ist das Kraut am aromatischsten. Ganze Dolden mit Blüten oder den noch weichen Samen gibt man an Kräuter-essig, Einlegegurken und Fischgerichte.

Kerbel

Anthriscus cerefolium ☀ ◑

Saattiefe: 2–3 cm | Reihenabstand: 15–20 cm

ANBAU/PFLEGE: Gartenkerbel ist wenig kälteempfindlich und kann bereits ab März ausgesät werden. Sobald die Stängel schieben, schmecken die Blätter weniger würzig. Achtung Doldenblütler – vierjährige Anbaupausen sind obligatorisch! Ab Juni bis September können Sie erneut aussäen, dieses Mal ohne Gefahr der frühen Blütenbildung.
AUF DEM BALKON: Kerbel gedeiht bestens in Kästen mit leicht aufgedüngter, feuchter Erde.
SCHÄDLINGE UND KRANKHEITEN: Blattläuse, Pilzbefall durch Falscher Mehltau
BEETPARTNER: Salat wird in der Nachbarschaft von Kerbel weniger von Schnecken befallen.
GUTE SORTEN: 'Verena'
ERNTE UND VERWENDUNG: Ernte 6–8 Wochen nach der Aussaat bis kurz vor der Blüte. Nur frisch verwenden.

Kresse

Lepidium sativum ☼-◑

Saattiefe: 0,5 cm | Reihenabstand: 10–15 cm

ANBAU/PFLEGE: Kresse wächst auf jedem Gartenboden. Die Samen keimen bereits bei Temperaturen ab 6 °C.
AUF DEM BALKON: Kresse kann in Schalen ganzjährig erdelos auf Küchenkrepp gekeimt werden, Biogärtner gönnen auch den Keimsprossen etwas sandige Anzuchterde.
SCHÄDLINGE UND KRANKHEITEN: Erdflöhe (im Beet)
BEETPARTNER: Salat, Radieschen und Frühmöhren
GUTE SORTEN: Sorten gibt es kaum, man unterscheidet jedoch groß- und kleinblättrige Auslesen. Die Sprosse der japanischen Daikonkresse schmecken nach Radieschen.
ERNTE UND VERWENDUNG: Schon nach 7 Tagen kann man die Keimblätter ernten; wartet man noch ein paar Tage, erscheinen die ersten echten Blätter. Mit genügend Feuchtigkeit gezogene Kresse hat ein mildes, senfartiges Aroma, bei Trockenheit werden die Blätter meerrettichscharf.
INHALTSSTOFFE: Senföle und Vitamin C stärken die Abwehrkräfte und wirken antibakteriell.

Salatrauke

Eruca sativa ☼-◑

Saattiefe: 0,5-1 cm | Reihenabstand: 20 cm

ANBAU/PFLEGE: Als Rauke bezeichnet man die einjährige Salatrauke, italienisch Rucola, und die schärfere, zwei- bis mehrjährige Wilde Rauke (*Diplotaxis tenuifolia*). Sie fühlen sich in leicht humoser Erde auf einem sonnigen Beet am wohlsten. Ideale Bodentemperatur ca. 20 °C, Frühjahrssaaten keimen rascher unter Vlies. Im Sommer zieht man Rauke im Halbschatten, dort werden die Blätter milder. Sparsam oder gar nicht düngen, sonst reichert sich Nitrat in den Blättern an. Bei Folgesaaten das Beet wechseln.
AUF DEM BALKON: Alle 4 Wochen je Balkonkasten 2 Reihen aussäen. Die Erde bis zum Keimen feucht halten.
SCHÄDLINGE UND KRANKHEITEN: Erdflöhe
BEETPARTNER: Schnittsalat, Dill, Schnittmangold
GUTE SORTEN: 'Toscana': für Sommeranbau, Wilde Rauke 'Roma': für die Überwinterung im Frühbeet
ERNTE UND VERWENDUNG: Die Blätter ca. 2 cm über Erdniveau abschneiden, dann wachsen sie rasch wieder nach.

Liebstöckel

Levisticum officinale ☼ ◑

Pflanzabstand: 50 cm

ANBAU/PFLEGE: Vorgezogene Jungpflanzen gibt es im Frühjahr auf dem Wochenmarkt. Liebstöckel, wegen des typischen, an Suppenwürze erinnernden Geschmacks auch Maggikraut genannt, wächst auf allen Böden und gedeiht besonders prächtig in humusreicher Erde. Im März/April und im Juli nach dem Rückschnitt jeweils 2–3 l Kompost rund um die Stauden verteilen und oberflächlich einharken. Im Sommer ab und zu großzügig wässern und kräftig zurückschneiden. Durch Teilung der Wurzelstöcke im Herbst lassen sich die Pflanzen leicht vermehren.
SCHÄDLINGE UND KRANKHEITEN: Blattläuse, häufig auch harmlose Blattflecken
BEETPARTNER: Tomaten, Kartoffeln und Rhabarber
ERNTE UND VERWENDUNG: Schon wenige Blätter und Stängel verleihen Suppen, Eintöpfen, Kartoffelauflauf und Kräuteressig einen runden Geschmack.
INHALTSSTOFFE: Liebstöckel regt die Verdauung an.

Gewürzfenchel

Foeniculum vulgare ☼

Saattiefe: 1 cm | Pflanzabstand: 30–50 cm

ANBAU/PFLEGE: Die Aussaat der Fenchelsamen erfolgt im März oder April. Da 2–3 Pflanzen meist genügen, kauft man diese aber meist zu. Gewürzfenchel versamt sich in wärmeren Lagen gern selbst und erobert Beet für Beet. In lehmigen, tiefgründigen Böden entwickeln die Pflanzen eine mehrere Zentimeter dicke Pfahlwurzel und sind nur mit Mühe wieder auszurotten. Pflege ist kaum nötig, nach einer Kompostgabe im Frühjahr bilden die Pflanzen mehr und dichtere Blätter und blühen etwas später.
BEETPARTNER: Tomaten, Stangenbohnen, Fruchtrosen und höhere Blütenstauden
GUTE SORTEN: Meist nur die Art im Handel, Ausnahme: Bronze-Gewürzfenchel 'Rubrum' mit kupferrotem Laub
ERNTE UND VERWENDUNG: Fenchelkraut ist ein guter Ersatz für Dill. Der Blütenpollen kommt als Gewürz gerade in Mode, die Preise für ein Döschen sind beachtlich. Fenchelfrüchte schätzt man in süßen und salzigen Gerichten.

Koriander

Coriandrum sativum ☼

Saattiefe: 1–2 cm | Reihenabstand: 25–30 cm

ANBAU/PFLEGE: Man sät im Abstand von 2–3 Wochen (ca. 100 Korn/m) vom späten Frühjahr bis Ende Juli immer wieder neu in nährstoffreiche, kalkhaltige Erde. Will man das Kraut ernten, genügt Halbschatten, die kugelrunden Früchte reifen nur an einem sonnigen Platz aus. Wichtig: Für die Samengewinnung so früh wie möglich aussäen!

AUF DEM BALKON: Blattkoriander wächst rasch, und da man meist nur kleine Mengen braucht, kann man schon mit wenigen Töpfen die laufende Ernte sichern.

BEETPARTNER: Möhren und Kohl

GUTE SORTEN: Blattkoriander 'Chinesischer' bildet mehr Blätter und blüht erst spät.

ERNTE UND VERWENDUNG: Korianderkraut ähnelt glatter Petersilie. Man verwendet die frischen Blätter in Salat, Dips oder Currys. Korianderfrüchte sind u. a. als Brotgewürz und im Weihnachtsgebäck beliebt.

INHALTSSTOFFE: Blattkoriander enthält viel Beta-Carotin.

Essbare Blüten

☼

Saattiefe: 1–2 cm | Reihenabstand: 20–25 cm

ANBAU/PFLEGE: Essbare Blütenmischungen, z. B. mit Tagetes, Ringelblumen, Borretsch und Malven, sät man ab April entweder in Reihen oder breitwürfig im Freiland aus und hält das Beet feucht, bis die Sämlinge erscheinen. Dünnen Sie die Pflanzen auch in der Reihe auf einen Abstand von ca. 20 cm aus, damit sie reich blühen.

ERNTE UND VERWENDUNG: Blüten welken rasch, deshalb pflückt man sie erst kurz vor der Verwendung. Ganze Blüten können Sie in einer Schale mit Wasser einige Stunden frisch halten. Möglichst nicht waschen oder nur kurz in kaltem Wasser schwenken. Um versteckte Insekten loszuwerden, schüttelt man die Kelche kopfüber aus. Werden nur die Blütenblätter verwendet, diese erst beim Anrichten auszupfen. Bei Gänseblümchen, Hornveilchen, echten Veilchen, Borretsch und Gewürztagetes kann man die ganzen Blüten essen. Die Kelche von Ringelblumen schmecken bitter, also zupft man die Blütenblätter ab.

SOMMER

Ein Kräutergarten ist eine Fundgrube für alle Sinne.
Schon der Duft von Blättern und Blüten versetzt uns in Sommerlaune!
Entdecken Sie neue Aromen – jetzt ist die beste Zeit dazu.

Hochsaison im Kräutergarten

Eine Prise Lavendelduft weckt oft die Sehnsucht nach dem sonnigen Süden. Nicht bei Ihnen: Wer will schon weg, wenn die Kräuter im Garten und auf der Terrasse ihre vollste Pracht entfalten? Zudem möchte man die Aromen für den Wintervorrat konservieren.

❯ *Der Buntblättrige Salbei (Salvia officinalis tricolor) lässt sich wie Gartensalbei im Sommer leicht über Stecklinge vermehren.*

Kräutergärtner packt jetzt das Erntefieber! Dabei können Sie auch gleich den Rückschnitt erledigen und Stecklinge für die Vermehrung sammeln.

Aromen für jetzt oder später

Bei vielen Kräutern ist der richtige Erntetermin von entscheidender Bedeutung. Schließlich hängt davon der Gehalt an geschmacksgebenden und gesundheitsfördernden Inhaltsstoffen ab.

- Blätter sind in der Regel bei Blühbeginn am aromatischsten. Die Ausnahme ist z. B. Lavendel.
- Wählen Sie für die Ernte einen warmen, trockenen, aber leicht bedeckten Vormittag, wenn die Kräuter ganz prall sind. Warten Sie aber so lange ab, bis der Tau verdunstet ist.
- Blüten sollten sich gerade ganz geöffnet haben.
- Samen ernten Sie besser »taufrisch«: Sie fallen bei trockenen Fruchtständen leicht ab.

Sommerpflege für Kräuter

Bei rechtzeitigem Rückschnitt, Gießen, Düngen und regelmäßiger Kontrolle auf Krankheiten und Schädlinge ist die Kräutersaison noch lange nicht zu Ende.

Bei der Ernte gleich zurückschneiden

Natürlich können Sie, wenn Sie nur kleine Mengen brauchen, einfach ein paar Blätter abpflücken. Bei manchen Kräutern lohnt es sich aber, die Schere etwas beherzter anzusetzen (→ Seite 196/197).
- Weiche Kräuter wie Dill, Blattkoriander oder Basilikum kürzen Sie um ein Drittel ein.
- Kürzen Sie die weichen Triebspitzen nicht verholzter Zweige von Salbei, Rosmarin und Thymian ein.
- Die Triebe von Zitronenmelisse und Minze schneiden Sie bei Blühbeginn eine Handbreit über dem Boden zurück. So regen Sie den Neuaustrieb an.
- Im Hochsommer ist bei Thymian, Lavendel, Ysop und anderen Arten, die im unteren Bereich verholzen, ein zweiter Rückschnitt fällig. Kürzen Sie die Triebspitzen knapp über den verholzten Stängelteilen ein. So verjüngen sich die Halbsträucher und verkahlen nicht von unten. Nach Mitte August nicht mehr schneiden, weil der Neuaustrieb dann vor dem Frost nicht richtig ausreifen kann. Halbsträucher frieren dann häufig so stark zurück, dass sie nicht mehr zu retten sind.

Wenn der Regen auf sich warten lässt

Während Trockenperioden kommen auch im Kräutergarten Wasserschlauch und Gießkanne zum Einsatz (→ Seite 38/39). Ganz wichtig: Sparsam gießen! Warten Sie, bis die Erde nahezu ausgetrocknet ist. Im Beet genügt eine Wassergabe pro Woche. Im Topf muss man auch hitzegewohnte Arten wie Thymian und Rosmarin regelmäßig gießen. Selbst wenn diese Halbsträucher in ihrer Heimat scheinbar wochenlang ohne Nass auskommen – wer einmal versucht hat, in der Provence oder der italienischen Macchia wild wachsenden Thymian auszugraben, weiß, wie tief die Wurzeln in der steinigen Erde reichen! Kleine Töpfe und Balkonkästen brauchen an sonnigen Tagen täglich Wasser, bei größeren Pflanzkübeln und -kästen müssen Sie nur alle drei Tage für Nachschub sorgen. Am besten vertrauen Sie auf die Fingerprobe: Fühlt sich die Erde bis in 5 cm Tiefe trocken an, ist es Zeit fürs Gießen.

Für den kleinen Nährstoffhunger

Kräftig wachsende Kräuter wie Liebstöckel, Schnittlauch, Zitronenmelisse, Sauerampfer, Minzen und Fenchel sind für eine zweite Reifkompostgabe im Juni dankbar. Arbeiten Sie eine Schicht von einem Zentimeter Höhe oberflächlich in die Erde ein. Topfkräuter dagegen brauchen häufiger Nachschub. Hierfür eignen sich spezielle Bio-Kräuterdünger.

Berücksichtigen Sie dabei, dass manche Arten mehr, andere weniger Nährstoffe brauchen. Mehrjährige getopfte Pflanzen erhalten im August ihre letzte Düngerration, damit die Triebe vor dem Winter ausreifen.

Haben Sie ein Auge auf Schaderreger!

Obwohl gezüchtete Sorten der Kräuter ihren Wildformen viel näher stehen als die von Obst und Gemüse, sind sie nicht völlig immun gegen Schädlinge und Krankheitserreger. Falls es Ihre Schützlinge erwischt hat, handeln sie schnell (→ Seite 42/43). Manchmal helfen auch einfache Tricks, größere Ausfälle rechtzeitig zu vermeiden.

- Pflanzen Sie die Kräuter an einen günstigeren, sonnigeren Standort mit eher magerem Boden: Zu viel Stickstoff macht anfällig gegen Krankheiten.
- Unterstützen Sie die Widerstandskraft mit Pflanzenauszügen aus Schachtelhalm (→ Seite 44/45).
- Minzen und Melisse leiden im Spätsommer oft unter Rost- oder Mehltaubefall. Schneiden Sie sie bis kurz über den Erdboden zurück. Darauf treiben die Pflanzen aus der Basis wieder kräftig aus, und der Schaden ist nach wenigen Wochen vergessen.

❯ *Kräuterstecklinge wie von Thymian bewurzeln in feuchter Erde innerhalb weniger Wochen.*

Stecklingsvermehrung

Hierfür eignen sich die meisten ausdauernden Kräuter wie Rosmarin oder Bergbohnenkraut. Kappen Sie Triebspitzen in der Zone zwischen noch grünen und leicht holzigen Stängelteilen unterhalb einer Blattachsel. Entfernen Sie bei kleinblättrigen Arten wie Thymian alle Blätter im unteren Stängelbereich. Belassen Sie bei großblättrigen Kräutern wie Zitronenverbene an der Triebspitze nur 2–3 Blätter und kürzen Sie diese evtl. um die Hälfte ein. Die Triebenden etwas antrocknen lassen und in feuchte Anzuchterde stecken. Bis zum Bewurzeln mit einer Kunststoffhaube oder Folie abdecken.

Kräuter ernten und vermehren

Im Sommer ist die Schere eines der wichtigsten Werkzeuge des Gärtners. Gut, wenn Sie Ihre Kräuter auf mal weniger, mal mehr besonnte Plätze verteilt haben. Die Pflanzen entwickeln sich dann unterschiedlich rasch, und Sie können sich die Zeit für die Ernte und den Rückschnitt besser einteilen. Mehrjährige Kräuter lassen sich im Sommer leicht über Stecklinge vermehren. Das lohnt sich vor allem, wenn Sie viele Pflanzen brauchen, zum Beispiel für eine Dufthecke oder als Beetumrahmung. Die Vermehrung über Absenker ist noch einfacher und erfolgversprechender, aber nur dann sinnvoll, wenn Sie wenige Jungpflanzen nachziehen möchten.

Was Sie dafür benötigen:

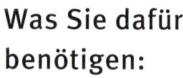

Kräuterschere

Gartenschere

Küchenschere

Drahtkrampen

Salbei ernten Sie vor der Blüte Ende Mai/ Anfang Juni. Dabei die Zweige um ein Drittel kürzen. Im August nur Triebspitzen ernten.

1

2

Zitronenmelisse schneiden Sie bereits kurz bevor sich die Blüten-knospen öffnen etwa eine Hand-breit über dem Boden ab. Der tiefe Schnitt sorgt für einen kräftigen Neuaustrieb. Tipp: An Tagen mit leicht bedecktem Himmel ist der Gehalt an ätherischen Ölen am höchsten.

Lavendelblüten ernten Sie von Ende Juni bis Anfang Juli, sobald sich fast alle Ähren geöffnet haben. Schneiden Sie die Blütenstängel mit der Gartenschere 10–15 cm unterhalb der Ähre ab. Direkt im Anschluss, spätestens Mitte August, verpassen Sie den Sträuchern mit der Heckenschere noch den typischen, kuppelartigen Formschnitt.

Als Stecklinge für die Vermehrung (→ Seite 195) eignen sich reife, aber nicht verholzte Triebspitzen. Setzen Sie die Schere knapp oberhalb der Zone an, wo der Stängel zu verholzen beginnt.

Thymian, Rosmarin, Oregano und Salbei können Sie über Absenker vermehren. Dafür entblättern Sie im Juni/Juli flache, wenig verholzte Triebe ohne Blüte bis auf die Spitze. Den Stängel betten Sie 10 cm tief in lockere feuchte Erde ein. Die Triebspitze sollte steil herausschauen. Mit einer Metallklammer oder einem Stein fixieren Sie den Stängel. Im Herbst oder folgenden Frühling hat er bewurzelt. Abschneiden und an die gewünschte Stelle umpflanzen.

Mediterrane Kräuter

Wer könnte an Rosmarin, Salbei oder Lavendel vorübergehen, ohne ein paar Blättchen zwischen den Fingern zu zerdrücken und die sinnlichen Aromen tief einzuatmen. In der Sommersonne entfalten auch Bohnenkraut und Estragon ihre ganze Würzkraft.

Bohnenkraut

Satureja hortensis und *S. montana* ☼

Lichtkeimer | Pflanzabstand: 25–30 cm

- **Nährstoffbedarf:** gering
- **Familie:** Lippenblütler, Anbauabstand 3–5 Jahre
- **Boden:** locker, sandig, wasserdurchlässig
- **Aussaat:** Vorkultur ab April, Direktsaat Mai bis Juli
- **Kulturdauer:** einjähriges Bohnenkraut 12–24 Wochen, mehrjähriges Bohnenkraut ca. 16 Wochen ab Pflanzung

ANBAU/PFLEGE: Das einjährige Gartenbohnenkraut (*S. hortensis*) sät man direkt ins Beet und vereinzelt die Pflanzen, sobald sie sich zu verzweigen beginnen. Das winterharte mehrjährige Winter- oder Bergbohnenkraut (*S. montana*) bildet kleine, niedrige Büsche. Im Beet genügt eine Kompostgabe im Frühjahr. Es gedeiht noch besser, wenn man rund

Winter- oder Bergbohnenkraut ist mehrjährig.

herum dazu etwas Algenkalk einarbeitet. Die höheren Arten und Auslesen schneidet man im Frühjahr zurück. Sie treiben zuverlässig wieder aus.

AUF DEM BALKON: Geeignet sind das rosa blühende Bergbohnenkraut, das Kriechende Bergbohnenkraut (*S. spicigera*) mit polsterartigem Wuchs und weißen Blüten und das Zwerg-Bergbohnenkraut (*S. montana* subsp. *illyrica*) mit blau-violetten Blüten. Topfen Sie die Pflanzen jährlich in frische Erde um. Im Sommer mäßig gießen und Staunässe vermeiden.

SCHÄDLINGE UND KRANKHEITEN: sehr selten

BEETPARTNER: Busch- und Stangenbohnen

GUTE SORTEN: Gartenbohnenkraut 'Aromata'; **Bergbohnenkraut** 'Aromakugel'; **Zitronen-Bergbohnenkraut** (*S. montana* var. *citriodora*)

ERNTE UND VERWENDUNG: Einjähriges Bohnenkraut für eine zweite oder dritte Ernte nicht zu tief schneiden. Bei mehrjährigen Arten ganze Zweige kappen. Diese lassen sich gut trocknen.

Einjähriges oder Gartenbohnenkraut

Estragon

Artemisia dracunculus var. *sativa* ☼ ◐

Pflanzabstand: 30–40 cm

ANBAU/PFLEGE: Wenn möglich, gibt man beim Kauf dem Französischen Estragon den Vorzug und pflanzt im Herbst oder Frühjahr. Die Pflanzen blühen nicht, müssen also über Stecklinge oder Absenker vermehrt werden. Russischer Estragon lässt sich leicht aus Samen ziehen. Er ist anspruchslos und wächst auf jedem Gartenboden, der grazilere Französische Estragon braucht einen sonnigen Platz mit durchlässiger, aber nährstoffreicher Erde. In kühleren Lagen und bei schwerer, lehmiger Erde überstehen die Pflanzen den Winter oft nicht. Anbauabstand 3 Jahre.
SCHÄDLINGE UND KRANKHEITEN: Rostpilze, Wurzelälchen
BEETPARTNER: Basilikum, Fenchel, Salat
GUTE SORTEN: Man unterscheidet nur zwischen 2 Formen: Französischem und Russischem Estragon.
ERNTE UND VERWENDUNG: Ernte der jungen Triebspitzen, einzelner Blätter oder ganzer Triebe (eine Handbreit über dem Boden) im Sommer. Nicht zum Trocknen geeignet.

Currykraut

Helichrysum angustifolium (Syn. *H. italicum*) ☼

Lichtkeimer | Pflanzabstand: 40–60 cm

ANBAU/PFLEGE: Currykraut verlangt wasserdurchlässige, sandige Böden. Die beste Pflanzzeit ist ab April. Wie Lavendel schneidet man die Sträucher nach der Blüte und erneut im zeitigen Frühling zurück. Anders als Lavendel treibt Currykraut auch aus den verholzten Zweigteilen wieder aus. Vermehrung durch Stecklinge, sie bewurzeln innerhalb von 4 Wochen. Saatgut keimt nach ca. 14 Tagen. An einem geschützten Platz und auf warmen Böden kann Currykraut mit etwas Schutz im Freien überwintern.
AUF DEM BALKON: Currykraut ist auf dem Balkon nicht ausreichend winterhart. Deshalb im Haus überwintern.
BEETPARTNER: Lavendel, Salbei, Ysop, Bergbohnenkraut
GUTE SORTEN: 'Silbernadel': kompakt wachsend, schmale, silbrige Blätter, 'Weißes Wunder': »Schnee-Currykraut«, fast weiße Blätter, goldgelbe Blüten, gilt als kältefest
ERNTE UND VERWENDUNG: Ganze Zweige im Lamm- oder Gemüseeintopf mitkochen. Sparsam verwenden!

Minze

Mentha ☼◐

Lichtkeimer | Pflanzabstand: 40–50 cm

- **Nährstoffbedarf:** mittel bis hoch
- **Familie:** Lippenblütler, Anbauabstand 5 Jahre
- **Boden:** feucht, nährstoffreich
- **Aussaat:** ab April
- **Pflanzung:** ab September
- **Kulturdauer:** 6 Monate ab Pflanzung, 10–12 Monate ab Aussaat

Die Familie der Minzen ist riesig. Außer als Tee wird Minze bei uns kulinarisch wenig genutzt. Schade, denn gerade die mentholarmen, weniger »minzigen« Spielarten verleihen Sommergerichten kühle Frische. Wild wachsende Minzen wie Wasserminze, Acker- und Rossminze, Wohlriechende und Poleiminze erkennt man am auch für Auslesen und Sorten typischen vierkantigen Stängel und an dem mal mehr, mal weniger kräftigen Minzeduft. Zu den Allroundern in der Hausapotheke, als Teekraut und in der Küche gehört die Englische Pfefferminze.

❯ *Sind die Pflanzen an den Ausläufern groß genug, gräbt man sie einfach aus und pflanzt sie an einer anderen Stelle neu ein.*

ANBAU/PFLEGE: Die Echte Pfefferminze kann, wie die meisten Minzearten, nur über Ausläufer (am besten im Herbst oder Frühjahr) oder Stecklinge im Sommer vermehrt werden, weil sie keine Früchte ausbildet. Abgeschnittene Triebspitzen bewurzeln jedoch rasch, das gelingt sogar im Wasserglas. Die anderen Minzen kann man aussäen, aber es lohnt sich nicht, da sich zugekaufte Pflanzen rasch ausbreiten und man meist eher zu viel als zu wenig Minze im Garten hat. Den beachtlichen Nährstoffhunger stillt man mit zwei Kompostgaben. Die erste gibt's zum Austrieb im März, die zweite im Sommer nach dem Rückschnitt. Um Minzerost vorzubeugen, die Wurzeln nach 2–3 Jahren ausgraben und einen oder mehrere Teile an einen neuen Ort versetzen.

AUF DEM BALKON: Alle Minzen können im Topf gezogen werden – vorausgesetzt, er ist groß genug und steht nicht direkt in der Sonne. Für ein mehrjähriges Minze-Vergnügen die Pflanzen jedes Jahr im Frühjahr in frische Erde umtopfen. Tipp: Zu den Balkonschönheiten zählt die Schokoladenminze mit ihren rötlichen Blättern, dunkelvioletten Stielen und lilafarbenen Blütenähren.

SCHÄDLINGE UND KRANKHEITEN: Minzerost (Pilz), Erdflöhe (auf jungen Blättern), Minzekäfer

ERNTE UND VERWENDUNG: Als Teekraut, für orientalisch inspirierte Gerichte und Süßspeisen (→ auch

Englische Pfefferminze 'Mitcham'

Minze-Stecklinge bewurzeln sich leicht.

Marokkanische Minze

Tabelle) pflückt man die frischen Triebe und streift die Blätter von Hand ab. Bei Blühbeginn Mitte Juli erntet man die Pflanzen komplett ab, dann enthalten sie die meisten Wirkstoffe. Zum Trocknen breitet man die Blätter am besten auf einem Trockenrahmen aus.

INHALTSSTOFFE: Menthol prägt den Geschmack von Ackerminze, Pfefferminze und Grüner Minze. Der Stoff sorgt für den charakteristischen Duft und hinterlässt am Gaumen neben milder Schärfe auch das typische Kältegefühl. Wenig oder kaum Menthol ist in den Blättern der Marokkanischen Minze

und der Fruchtminzen, von Erdbeer- bis Grapefruitminze, enthalten.

TIPP: Alle Minzen haben gemeinsam, dass sie wuchern. Meist erhält man dann den Tipp, die Pflanzen in Töpfe ohne Boden zu setzen, um dadurch ihre Ausbreitung einzuschränken. Die Topfwände müssen aber 40 cm tief in den Boden reichen und mindestens 10 cm hoch über das Erdniveau hinausragen, sonst ist die Mühe vergeblich. Viel besser ist es, man lässt die Minzen wuchern, gibt ihnen ein eigenes Beet und sticht die störenden Triebe mit einem Spaten ab, wenn es einem zu viel wird.

Minzen für den Biogarten

ART/SORTE	AROMA	VERWENDUNG
Pfefferminze (*Mentha × piperita*, z. B. 'Mitcham')	scharf-pfeffrig, starker Duft	Salatsoßen, Lammgerichte, Desserts und Tee – sparsam verwenden
Orangenminze (*Mentha × piperita* var. *citrata*)	fruchtig-scharf mit Orangennote	Tee, selbst gemachte Limonade, Süßspeisen, Erdbeerbowle
Schokoladenminze (*Mentha × piperita* var. *piperita* 'Chocolate' oder 'Schoko')	süßer, weicher Mentholduft, scharfes Aroma	zu allen Süßspeisen mit Schokolade
Grüne oder Krause Minze (*Mentha spicata*)	mildes, frisches Pfefferminzaroma	sommerliche Gemüsesuppen, Hackfleischbällchen, Obstsalat, Minzezucker
Marokkanische Minze (*Mentha spicata* 'Marokko')	süßer, kühler Geschmack mit feiner, minziger Schärfe	Kräutertee (mild, auch für Kinder), Joghurtdips, afrikanisch inspirierte Gerichte, z. B. Taboulé

Zitronenmelisse
Melissa officinalis ☼ ☽

Lichtkeimer | Pflanzabstand: 35–40 cm

ANBAU/PFLEGE: Melisse liebt nährstoffreiche Böden, Sonne und feuchte Wurzeln. Ein oder zwei Pflanzen sollte man gleich in den lichten Halbschatten setzen, weil sie später erntereif und dann beerntet werden, wenn die Sonnenkinder nach dem Rückschnitt nachwachsen. Oft verbreiten sich die Pflanzen selbst im Garten, man kann sie auch aussäen (Vorkultur) und durch Stecklinge vermehren. Ab dem zweiten Jahr nach der Aussaat oder Pflanzung die Pflanzen, sobald sie Blütenknospen ansetzen, auf eine Handbreit über dem Boden zurückschneiden. Anbauabstand 4 Jahre.
SCHÄDLINGE UND KRANKHEITEN: Rostpilze
BEETPARTNER: Minze, Liebstöckel, Basilikum, Erdbeeren
GUTE SORTEN: *Melissa officinalis* 'Binsuga' und 'Limoni'
ERNTE UND VERWENDUNG: Blätter oder Triebspitzen vor der Blüte ernten, blühende Melisse wird herb und seifig.

Majoran
Origanum majorana ☼

Lichtkeimer | Pflanzabstand: 20–25 cm

ANBAU/PFLEGE: Die Vorkultur in Schalen bei Temperaturen von 18–20 °C ist ab April möglich. Ins Freie dürfen die wärmeliebenden Pflanzen erst im Mai. Majoran ist nicht ausreichend winterhart und muss deshalb jedes Jahr neu ausgesät oder zugekauft werden. Ausnahme: Ligurischer Majoran. Kurzfristig überstehen die Pflanzen Temperaturen bis –5 °C. Weil Majoran anfangs sehr langsam wächst, macht sich dazwischen oft Unkraut breit. Also häufig jäten!
AUF DEM BALKON: Ein sonniger Balkon ist ideal für die Freiluftsaison, im Winter zieht Majoran an einen kühlen, hellen Fensterplatz um.
SCHÄDLINGE UND KRANKHEITEN: Pilzkrankheiten, vor allem an jungen Sämlingen
GUTE SORTEN: *Origanum majorana* 'Liguria' und 'Kreta'
ERNTE UND VERWENDUNG: Die Ernte erfolgt vor oder während der Blüte im Juni. Dabei schneidet man die Pflanzen auf etwa 5 cm über dem Boden zurück. Bei günstiger Witterung ist eine zweite Ernte im Herbst möglich. Die ätherischen Öle bleiben auch beim Trocknen erhalten.

Oregano

Origanum vulgare ☀

Lichtkeimer | Pflanzabstand: 30–60 cm

ANBAU/PFLEGE: Oregano ist generell anspruchslos. Düngen schadet dem Aroma, eine Kompostgabe im Frühjahr und ein wenig Kalk sind willkommen. Alle Arten und Sorten sind winterfest. Vermehren lässt sich der Lippenblütler langwierig über Samen, aber viel einfacher über Absenker, die rasch bewurzeln. Im Frühjahr und nach der Blüte auf ca. 5 cm über dem Boden zurückschneiden.

AUF DEM BALKON: Blüten- oder Blumen-Oregano bezaubert mit grazilen, hohen Stängeln und violetten Blütenbüscheln im Topf und Pflanzkübel.

SCHÄDLINGE UND KRANKHEITEN: Rostpilze

BEETPARTNER: Salbei, höhere Thymianarten

GUTE SORTEN: Blumenoregano *Origanum × laevigatum* 'Aromatico', **Zwergoregano** *Origanum vulgare* 'Compactum': pflegeleichter Bodendecker, gutes Aroma, *Origanum creticum*: sehr aromatisch

ERNTE UND VERWENDUNG: Trocknen verstärkt das Aroma.

Lavendel

Lavandula angustifolia ☀ ◐

Lichtkeimer | Pflanzabstand: 40–60 cm

ANBAU/PFLEGE: Lavendel wächst auf kalkhaltigen, sandigen, nährstoffarmen Böden in praller Sonne. Der häufigste Fehler: Die Jungpflanzen werden zu dicht gesetzt. Zwischen den Pflanzen vorsichtig hacken, um die empfindlichen Wurzeln zu schonen. In milden Regionen können Sie auch im Herbst pflanzen. Ältere Sträucher verholzen stark und brechen dann auseinander. Etwa alle 10 Jahre sollte man für Ersatz sorgen, z. B. durch Stecklingsvermehrung.

AUF DEM BALKON: Gut als Solist in großen Einzeltöpfen; den Topfballen im Winter vor dem Durchfrieren schützen!

SCHÄDLINGE UND KRANKHEITEN: Blattflecken durch Pilzbefall, Wanzen, Lavendelmotte

GUTE SORTEN: *Lavandula angustifolia* 'Lumière des Alpes', 'Luberon', 'Lady': rasch wachsend, für Töpfe

ERNTE UND VERWENDUNG: Ernte zur Blütezeit Anfang Juli. Die Blüten eignen sich nicht nur für Duftkissen, Seife und Parfums, sondern auch für Desserts oder Konfitüre.

Gartenthymian

Thymus vulgaris ☼

Lichtkeimer | Pflanzabstand: 40 cm

ANBAU/PFLEGE: Gartenthymian benötigt einen durchlässigen, schottrigen, kalkhaltigen Boden in voller Sonne. Zwar entwickelt er sich bei ausreichendem Licht auch in feuchten, lehmigen Böden zunächst prächtig. Weil er wegen des hohen Nährstoff- und Wasserangebots aber nur oberflächlich wurzelt, erfriert er im Winter.

AUF DEM BALKON: Das Durchfrieren ist auch auf Balkon und Terrasse ein Problem. In großen Pflanzkübeln, zusammen mit anderen Kräutern, sind die Überlebenschancen deutlich höher als im Balkonkasten. Die Erde fast austrocknen lassen und dann großzügig gießen.

BEETPARTNER: Bergbohnenkraut, Ysop, niedrige Zistrosen

GUTE SORTEN: Orangenthymian (*T. fragrantissimus*): warmes Orangenaroma, **Zitronenthymian** (*T. citriodorus*) 'Villa Nova': klarer Zitronenduft

ERNTE UND VERWENDUNG: Thymian ist ein Muss in der mediterranen Küche. Zum Trocknen Thymian erst ernten, wenn sich die kleinen Lippenblüten öffnen.

INHALTSSTOFFE: Thymiantee hilft bei Husten.

Rosmarin

Rosmarinus officinalis ☼

Pflanzabstand: 40–50 cm

ANBAU/PFLEGE: Speziell für nördliche Regionen gezüchtete Sorten überstehen kurzfristig bis –20 °C, sind aber durch anhaltende Kahlfröste hoch gefährdet. Jungpflanzen sollten ihren ersten Winter auf jeden Fall an einem möglichst kühlen, aber frostfreien Platz verbringen. Ältere, bereits ausgepflanzte Rosmarinsträucher brauchen vor allem während der Frühjahrsblüte Schutz.

SCHÄDLINGE UND KRANKHEITEN: bei Überwinterung im Haus Rote Spinne, Schildläuse

BEETPARTNER: Rosen, Salbei, Lavendel

GUTE SORTEN: 'Majorcan Pink': rosa Blüten, kriechender Wuchs, 'Upright White': weiße Blüten, aufrechter Wuchs, kaum winterhart, für Balkon geeignet, 'Weihenstephan': winterhart bis –10 °C, 'Arp': winterhart bis –20 °C

ERNTE UND VERWENDUNG: Lässt sich gut trocknen.

Gartensalbei

Salvia officinalis ☼

Pflanzabstand: 40–50 cm

ANBAU/PFLEGE: Salbei entwickelt sich an einem warmen, geschützten Platz und auf kalkreichen Böden zu kniehohen Sträuchern. Sehr humusreiche Erde ist ungeeignet. Die meisten Sorten sind winterhart. Wenn die Sträucher nach vielen Jahren stark verholzen, sollten sie ersetzt werden. Neue Pflanzen lassen sich leicht aus Stecklingen ziehen.
AUF DEM BALKON: Buntlaubiger Salbei passt wegen des ähnlichen Nährstoffbedarfs zu anderen Balkonkräutern.
SCHÄDLINGE UND KRANKHEITEN: sehr selten
BEETPARTNER: höhere Kräuter wie Lavendel, Rosmarin, Blumenoregano und niedrige Duftrosen
GUTE SORTEN: 'Berggarten', 'Rotmühle': buntblättrig, **Gelbbunter Salbei** (*Salvia officinalis*) 'Icterina', **Rotblättriger Salbei** (*Salvia officinalis*) 'Purpurascens': 30–40 cm hoch
ERNTE UND VERWENDUNG: Die Blätter erntet man laufend frisch vom Strauch. Vor der Blüte im Juni kappt man die Triebe 10–15 cm über dem Boden. Lässt sich trocknen.

Ysop

Hyssopus officinalis ☼ ◑

Lichtkeimer | Pflanzabstand: 30–40 cm

ANBAU/PFLEGE: Die ausdauernden Halbsträucher sind dankbare, hübsche Beet- und Balkonpflanzen. Die Aussaat erfolgt ab April im Haus, ab Mitte Mai dürfen die Pflanzen ins Freie. Eingewurzelter Ysop übersteht nicht zu strenge Winter auch im Beet. Nach dem Rückschnitt im Frühjahr und nach der Blüte treiben die Pflanzen wieder kräftig aus.
AUF DEM BALKON: Gut eingewurzelte Pflanzen in großen Töpfen können den Winter draußen verbringen. Jungpflanzen brauchen etwas Schutz.
SCHÄDLINGE UND KRANKHEITEN: Rostpilze
BEETPARTNER: Thymian, Oregano, Majoran
GUTE SORTEN: 'Himmelblau': hellblaue Blüten, *Hyssopus officinalis* var. *alba*: weiß blühend, Zwergysop (*Hyssopus officinalis nanus*): für Kästen, Töpfe und Dufthecken, *Hyssopus officinalis* var. *rosea*: mit rosa Blüten
ERNTE UND VERWENDUNG: Am besten schmecken frische Blätter kurz vor der Blüte (Juli bis Anfang August).

HERBST

Wenn die Septembersonne für angenehm milde Temperaturen sorgt, laufen viele Tee- und Würzkräuter noch einmal zur Hochform auf. Nutzen Sie die Zeit und legen Sie sich für den Winter einen Vorrat zu.

Saisonausklang im Kräutergarten

Die Ernte geht weiter. Sogar Aussaaten und Pflanzungen stehen noch an.
Zuweilen machen sich allerdings auch schon die Vorboten des Winters bemerkbar.
Da heißt es, kälteempfindlichen Arten etwas Schutz zu bieten.

> *Ein licht- und luftdurchlässiges Vlies bietet jungen Rosmarinsträuchern und anderen mediterranen Kräuterarten Schutz vor Frösten.*

Auch wenn es draußen kälter wird, brauchen Sie auf frische Kräuter nicht zu verzichten.

Ernten bis weit in den Winter

Im September/Oktober können Sie durch Vermehrung, Winterschutz und Eröffnung der Zimmergarten-Saison weiter für die Zukunft vorsorgen. Winter- und immergrüne Halbsträucher, von Bohnenkraut über Thymian bis Ysop, liefern bis zum Einbruch frostiger Zeiten laufend frische Blätter. Wenn diese auch etwas weniger Aroma und dafür etwas mehr bittere Gerbstoffe enthalten, schmecken sie doch allemal besser als getrocknete Tee- und Würzkräuter. Auch Petersilie und Rucola können

noch viele Wochen beerntet werden. Die Blütezeit von Ringelblumen und Gewürztagetes lässt sich durch das regelmäßige Ausschneiden abgeblühter Triebe bis weit in den Herbst hinein verlängern. Und die pikanten Blüten der Kapuzinerkresse können Sie ebenso noch bis zum ersten Frost pflücken.

Aussaaten – draußen und drinnen

Nicht verpassen sollten Sie die letzten Aussaattermine für ein- und zweijährige Küchenkräuter. Rucola und Kresse keimen in feuchter Erde bis Oktober innerhalb weniger Tage und schmecken viel milder als im Hochsommer. Kamille, Kerbel und Koriander können ebenfalls noch einmal ausgesät werden. Wie Petersilie und Schnittlauch gedeihen sie auch am hellen Küchenfenster. Stellen Sie die Töpfe dort nur einreihig auf: Pflanzen in der zweiten Reihe hungern nach Licht und bilden lange Triebe mit wenig Grün.

Teilen bringt doppelte Freude

Wenn Sie planen, im nächsten Jahr die Kräuterecke zu erweitern, ist der September eine gute Zeit, den Anfang dafür zu machen. Frauenmantel, Pimpinelle, Liebstöckel und Schnittlauch lassen sich jetzt ganz einfach durch Teilung vermehren. Wichtig: Nach dem Pflanzen die Teilstücke mit Kompost düngen und die Erde bis zum Einwurzeln gut feucht halten. Mittelmeerkräuter können Sie bis Anfang Oktober setzen: Kräftige Jungpflanzen schlagen in warmer, nährstoffreicher Erde rasch Wurzeln und sind bis zum Einbruch des Winters ausreichend frostfest.

Wenn der erste Frost droht

Halten Sie genügend Mulchmaterial, Fichtenreisig und Gärtnervlies bereit: Damit bedecken Sie die Jungpflanzen im Beet, sodass sie den ersten Nachtfrösten nicht schutzlos ausgeliefert sind. Das gilt ganz besonders für die kälteempfindlichen Kräuter-

> Wer eine Umrahmung aus Kräutern plant, kann vorhandene Pflanzen jetzt teilen und die Teilstücke rund um die Beete einpflanzen. Dafür eignen sich beispielsweise Schnittlauch und Heiligenkraut.

arten wie Thymian, Salbei, Rosmarin, Currykraut, Heiligenkraut sowie Bergbohnenkraut.

Schnittlauch von der Fensterbank

Als es noch keine Tiefkühltruhen und Supermärkte gab, trieb man über den Winter im Haus Schnittlauch an. Das gelingt nur, wenn er eine gewisse Zeit der Kälte ausgesetzt war. Falls Sie das probieren möchten, graben Sie die zum Treiben bestimmten Stöcke im Oktober aus. Einfach am Beetrand ablegen: Waren die Wurzeln einmal durchgefroren, können Sie ihn nach und nach ins Warme holen.

Kraftpakete Sprossen und Keime

Sobald draußen weniger zu ernten ist, sorgt der Zimmergarten für Vitamine. Im Naturkostladen finden Sie spezielles Saatgut für Keimlinge oder Grünsprossen. Ebenso gut können Sie unbehandeltes Biosaatgut verwenden. Bunt wird es auf dem Teller mit Rote-Bete- oder Rotkohl-Sprossen. Wer es würzig mag, probiert Rucola und Asia-Salate.

- Zum Ausprobieren reicht ein größeres Marmeladenglas, das Sie mit etwas Baumwollgaze oder Käseleinen überspannen.
- Tonschalen sind attraktiver, müssen aber nach jedem Keimdurchgang penibel gereinigt werden.
- Kultursets mit stapelbaren Schalen oder Gläser in einem passenden Abtropfrahmen sind prak-

tisch, wenn man viele Keimlinge oder gleichzeitig mehrere Sorten ziehen möchte.

Und so geht's: 1–2 Esslöffel Samen in der vierfachen Menge Wasser zwölf Stunden einweichen. Wasser abgießen, Samen in einem Sieb auffangen und ins Keimgefäß geben. Die Samen dürfen nicht zu dicht liegen und nie austrocknen! Hell stellen. Täglich morgens und abends mit kaltem Wasser gut durchspülen und abtropfen lassen. Keimlinge ernten Sie nach 4–10 Tagen, Grünsprossen brauchen 7–12 Tage, bis sie Blättchen gebildet haben.

PRAXISTIPP

Im Herbst gepflanzte Kräuter können bei Frost »hochfrieren«. Sehen Sie ab und zu nach ihnen und drücken Sie den Wurzelballen fest zurück in die Erde, sobald der Boden wieder offen ist. Bei mildem, trockenem Wetter gießen und wintergrüne Arten wie Salbei mit einer Reisigabdeckung vor Wintersonne schützen. Sonst verdunsten sie zu viel Wasser und vertrocknen.

Gut eingepackt

Die meisten Kräuter sind winterhärter, als man denkt! Dennoch ist es ratsam, empfindlichere Arten wie Rosmarin zu schützen. Beim Heckenschnitt und Aufräumen im Frühherbst fällt genügend Laub und Reisig zum Mulchen und Abdecken an. In der Stadt muss man Tannen- und Fichtenzweigbündel kaufen, auf dem Land kann man von den Herbststürmen herabgefegte Äste beim Waldspaziergang sammeln. Sobald die Temperaturen steigen und keine tiefen Fröste mehr zu befürchten sind, brauchen die Pflanzen wieder möglichst viel Luft und Licht.

Was Sie dafür benötigen:

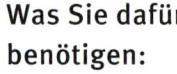

Handschuhe

Reisig

Vlies

Schilfmatte

Stroh oder Laub

Thymian mag keinen kalten Wind. Besonders empfindlich ist Zitronenthymian. Decken Sie die Pflanzen mit Nadelreisig ab. Dann ist auch der Wurzelbereich geschützt.

Topfkräuter auf dem Balkon und der Terrasse sind der Kälte viel stärker ausgesetzt als die Pflanzen im Freiland. Umwickeln Sie die Töpfe – nicht die Pflanzen – mit einer Schilfrohrmatte oder dickem Vlies und stellen Sie die Gefäße auf eine Styropor- oder Holzplatte. Wichtig: Gießen Sie bei Bedarf wintergrünen Salbei und immergrünen Rosmarin an frostfreien Tagen.

3 Eine 10–20 cm dicke Mulchschicht aus gehäckseltem Stroh oder Herbstlaub verhindert, dass der Boden bei Dauerfrost bis in tiefere Schichten durchfriert. Die Strohdecke isoliert nicht nur gegen Kälte. Sie sollte entfernt werden, sobald keine längere Kälteperiode mehr zu befürchten ist, damit sich der Boden erwärmen kann.

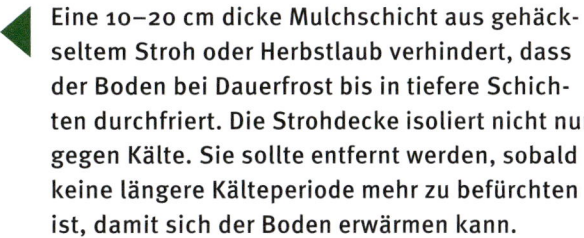

Schnee fördert bei Lavendel Pilzbefall und belastet die Zweige. Decken Sie die Sträucher mit Wintervlies ab. Bei trockenem Wetter Schnee abfegen oder abschütteln und das Vlies zum Lüften abnehmen.

4

5

Kleine Kräutertöpfe und Balkonkästen frieren innerhalb kurzer Zeit völlig durch. Stellen Sie die Kästen an einem geschützten Ort einfach in einen zweiten, größeren Kasten. Auf den Boden und zwischen die Seitenwände stopfen Sie Herbstlaub oder füllen feinen Rindenmulch ein. Tipp: Einzeltöpfe in größeren Gefäßen (z. B. in einem dekorativen Korb oder einer Holzkiste) gruppieren. Zusätzlich Tannenreisig dazwischenstecken und winterlich dekorieren.

211

Topfkräuter überwintern

Wärmebedürftige Topfkräuter vertragen etwas Frost. Riskieren Sie aber lieber nichts. Holen Sie die Pflanzen ins Haus, bevor sie kalte Füße bekommen. Helle Plätze sind begehrt, einige Arten können Sie auch im dunklen Keller in den Winterschlaf schicken.

❯ *Nach kräftigem Rückschnitt überwintert Ananassalbei an einem dunklen, kühlen Ort.*

Achten Sie auf den Wetterbericht: Bald wird es Zeit, frostempfindliche Kräuter- und Gewürzpflanzen nach drinnen zu räumen.

Ab ins Winterquartier

Lassen Sie die Pflanzen am besten so lange wie möglich draußen: Für die meisten wärmebedürftigen Kübelpflanzen ist das Winterquartier nicht mehr als eine Notlösung. Nur bei optimalen Bedingungen, z. B. bei einem hellen Gewächshaus oder Wintergarten, können Sie schon im Oktober mit dem Auf- und Einräumen auf der Terrasse beginnen.

Die einen Arten früher, robuste später

Je nach Herkunft und Art kommen exotische Kräuter mit Kälte besser oder schlechter zurecht. Pflanzen mit weichen Blättern wie Süßkraut oder Kapknoblauch sind besonders empfindlich. Sie sollten auf jeden Fall vor dem ersten Frost an einen warmen, hellen Platz umziehen. Fallen die Temperaturen unter –5 °C, müssen auch Gewürzlorbeer, Fruchtsalbei und Afrikanisches Strauchbasilikum ins Haus. In raueren Lagen sollte man auch junge Rosmarinsträucher und Französischen Estragon im Topf nicht dem langen Winter im Freien aussetzen.

Hell und warm oder dunkel und kühl

Tageslänge und Lichtintensität reichen aufgrund des niedrigen Sonnenstandes hierzulande selbst im Wintergarten nicht aus, um mediterrane Bedingungen nachzuahmen. Stehen die Pflanzen kühl, schalten sie ihren Stoffwechsel auf »Sparflamme« und überleben so bis zum Frühling. Dabei gilt als Faustregel: Je dunkler der Standort, desto kühler sollte der Raum sein (→ Tabelle sowie Porträts). Unter 12 °C fühlen sich die Arten aus tropischen Regionen allerdings nicht mehr wohl.

So kommen exotische Kräuter gut über den Winter

NAME	LICHTBEDARF/TEMPERATUR	PFLEGETIPPS
Fruchtsalbei	ohne Rückschnitt möglichst hell, bei 5–15 °C, nach Rückschnitt auch dunkel bei ca. 5 °C	im zeitigen Frühling zurückschneiden
Gewürzlorbeer	hell, frostfrei aber möglichst kühl bei 6 bis max. 10 °C	den Topfballen nie völlig austrocknen lassen
Kapknoblauch	hell bei Zimmertemperatur, in einem dunklen Raum ziehen die Pflanzen ihre Blätter ein	bei Winternutzung alle 4 Wochen sparsam düngen
Rosmarin	hell und kühl bei 8–12 °C	ab Blühbeginn im Januar/Februar wieder häufiger gießen
Aztekisches Süßkraut	warm und sehr hell	im Winter alle 2 Wochen organischen Flüssigdünger ins Gießwasser geben
Süßkraut (Stevia)	für die Winterernte hell bei 10–15 °C, bei Lichtmangel sterben die Triebe ab	bei dunkler Überwinterung die Zweige auf 5 cm einkürzen
Strauchbasilikum	hell, aber kühl bei 8–12 °C	häufig mit entkalktem Wasser übersprühen, Rückschnitt im Frühling
Zitronenverbene	hell bei 0–5 °C, zurückgeschnitten auch dunkel und kühl	bei zu wenig Tageslicht fallen die Blätter ab

Wintergäste stets im Auge behalten

Exotische Pflanzen sollten Sie regelmäßig auf Wasserbedarf oder Schädlingsbefall kontrollieren.

• An einem kühlen, luftfeuchten Platz verdunsten die Pflanzen weniger und müssen meist nur alle 1–2 Wochen gegossen werden. Im warmen Zimmer brauchen sie entsprechend mehr, leiden jedoch häufiger unter Schädlingen und Krankheiten wie Schild- und Wollläusen oder Fäulnispilzen.

• Der Wurzelballen sollte gerade eben feucht bleiben. Trocknet die Erde einmal zu stark aus, stellen Sie die Töpfe ein paar Stunden in eine Schüssel mit Wasser und lassen sie dann gut abtropfen. Gerade im Winter dürfen sie nie länger im Wasser stehen.

• Kräuter in trockener Heizungsluft besprühen Sie jeden Mittag mit kalkfreiem, warmem Regenwasser.

• Bei Schimmel- oder Moosbildung auf der Erdoberfläche nehmen Sie den Wurzelballen aus dem Topf. Lockere Erde und braune, faulende Wurzeln entfernen und in frische Kräutererde setzen. Wichtig: Wiederverwendete Töpfe gründlich reinigen!

• Düngen sollte man erst wieder mit Beginn des Frühlings, sobald die Tage länger werden.

❯ *Hängerosmarin ist frostempfindlich. Holen Sie die Pflanze deshalb im Herbst ins Haus.*

Topfkräuter

Ein mobiler Kräutergarten eröffnet kulinarisch neue Möglichkeiten. Duftpflanzen aus aller Welt betören mit exotischen Aromen, und Stevia bietet für Süßschnäbel Genuss ohne Reue. Auch der mediterrane Gewürzlorbeer schmeckt frisch viel besser.

Ananassalbei

Salvia rutilans ☼ ◑

- **Nährstoffbedarf:** mittel
- **Familie:** Lippenblütler
- **Vermehrung:** durch Stecklinge im Frühjahr oder Sommer

Viele Salbeiarten zeichnen sich durch ein fruchtiges Aroma aus und können mehrjährig im Topf gezogen werden. Einer der schönsten Vertreter ist der aus Mexiko stammende Ananassalbei. Den intensiven Duft nach frischer Ananas geben die Halbsträucher schon bei leichter Berührung frei.

Ananassalbei – die roten Blüten sind essbar.

ANBAU/PFLEGE: Ein Topfvolumen von 10 l sollten Sie den Pflanzen gönnen. Im Lauf der Jahre fordern die bis zu 1,50 m hohen und 1 m breiten Halbsträucher mehr Platz und füllen auch größere Pflanzkübel. Eine eigene Mischung aus je einem Drittel Kompost, Sand und lehmiger Gartenerde eignet sich ebenso wie gekaufte Bioerde. Im Sommer ist der Wasserbedarf hoch, im Winter sparsamer gießen. Pflanzen, die bereits im Herbst zurückgeschnitten wurden, können auch im Dunkeln überwintern. Das wäre aber schade, weil Sie sich damit um den Anblick der feuerroten Lippenblüten bringen. Diese erscheinen erst ab Oktober, im hellen Wintergarten oder an einem Platz vor einer Glastür erfreuen sie den ganzen Winter hindurch. Im Frühjahr schneidet man die Pflanzen kräftig zurück, damit sie kompakt bleiben. Alle 2 Jahre in frische Erde umpflanzen.

SCHÄDLINGE UND KRANKHEITEN: Blattläuse, Spinnmilben, Wurzelpilze (bei Staunässe)

GUTE SORTEN: 'Pineapple Scarlet'

ERNTE UND VERWENDUNG: Fast ganzjährig die frischen weichen Blätter oder Triebspitzen und im Winter auch die Blüten als essbare Deko pflücken. Das Ananasaroma der Blätter macht sich besonders gut in warmem Tee und Eistee und verleiht Obstsalat, Quark oder selbst gemachtem Fruchtjoghurt den Geschmack der Tropenfrüchte. Auch Gerichte mit Huhn profitieren vom Ananasgeschmack, mitkochen sollte man die Blätter aber nicht, sondern diese erst kurz vor dem Servieren zugeben.

TIPP: Es gibt noch weitere Salbeiarten, deren Blätter nach Früchten duften. **Schwarzer Johannisbeerensalbei** (*S. microphylla*); **Honigmelonensalbei** (*S. elegans*): so anspruchslos wie Ananassalbei, blüht bereits ab Sommer; **Fruchtsalbei** (*S. dorisiana*): auch Zimmerlindensalbei, kommt bei uns nur selten zur Blüte, dafür herrlicher Blattduft, vor allem für Tee und Süßspeisen.

Strauchbasilikum

Ocimum kilimandscharicum × basilicum ☀-◐

- **Nährstoffbedarf:** mittel bis hoch
- **Familie:** Lippenblütler
- **Vermehrung:** durch Stecklinge

ANBAU/PFLEGE: Anders als die einjährigen Basilikumarten kann das aus Afrika stammende Strauchbasilikum nur über Stecklinge vermehrt werden. Selbst gezogene oder zugekaufte Pflanzen entwickeln sich rasch zu 70 cm hohen Büschen. Möchten Sie mehrere Exemplare, brauchen Sie genügend Sommer- und Winterplätze. Da der Mitteltrieb nach einiger Zeit verholzt, lässt sich das Strauchbasilikum leicht zu dekorativen Stämmchen erziehen. Dafür muss man nur ein- oder zweimal im Jahr alle störenden Zweige unterhalb der gewünschten Krone herausschneiden. Ins Freie darf Strauchbasilikum erst ab Mitte Mai, ein Platz im lichten Schatten ist ideal, in voller Sonne werden die Blätter zäh. Die kräftigen Stängel sind purpurviolett gefärbt, auch die grünen Blätter fallen durch ihre purpurfarbenen Adern auf. Die ab Mai oder Juni erscheinenden rosa-violetten Blütenähren ziehen Hummeln, Bienen und Schmetterlinge wie das seltene Taubenschwänzchen an. Weil die Blätter dann härter werden, kann man dieses Ereignis durch das laufende

Die dekorativen Blüten sind ebenfalls essbar.

Einkürzen der Triebspitzen hinauszögern. Wie die einjährigen Arten braucht auch Strauchbasilikum reichlich Nährstoffe und im Sommer fast täglich Wasser. Im Winter gießt man zurückhaltend, lässt den Topfballen aber nie ganz austrocknen. Schneidet man die Pflanzen im Herbst nach der Blüte oder erst im Frühjahr stark zurück, treiben sie wieder kräftig aus.

SCHÄDLINGE UND KRANKHEITEN: Pilzbefall durch Blattflecken und Welkekrankheit, z. B. Fusarium

GUTE SORTEN: 'African Blue' und 'African Green'

ERNTE UND VERWENDUNG: Man erntet laufend einzelne Blätter oder die Triebspitzen. Das etwas herbe, kampferartige Aroma der Blätter und Blüten passt zu asiatischem Wok-Gemüse, Thai-Curry und gegrilltem Fisch.

WEITERE ARTEN: Einjähriges Thai-Basilikum (*Ocimum basilicum* 'Thai') wird wie einjähriges italienisches Basilikum (→ Seite 187) gezogen. Der Geschmack der Blätter erinnert ein wenig an Lakritze. Hübsch ist der Kontrast der rotvioletten Blütenkerzen zu den hellgrünen Blättern. Als heilkräftigste Basilikumart gilt Tulasi, das Heilige Basilikum (*Ocimum sanctum*) mit stark würzigen, nach Zimt und Nelken duftenden Blättern und Blüten.

❯ *Strauchbasilikum lässt sich einfach durch Stecklinge vermehren.*

215

Gewürzlorbeer

Laurus nobilis ☼ ☽

ANBAU/PFLEGE: Der mit Stamm und Krone gezogene immergrüne Würzstrauch benötigt Jahre, bis daraus ein Bäumchen geworden ist. Lorbeer ist zwar recht robust, aber gerade als Topfpflanze nicht völlig frostfest, deshalb in unseren Breitengraden in einem windgeschützten, halb offenen Schuppen, Carport oder an einem sehr kühlen Platz im Haus überwintern. Alle 2 Jahre in einen etwas größeren Pflanzkübel umtopfen. Beim Wasser- und Nährstoffanspruch ist Lorbeer genügsam. Im Frühjahr schmückt sich der Strauch mit kleinen, kugeligen, duftenden Blüten.
SCHÄDLINGE UND KRANKHEITEN: Schildläuse bei zu warmer Überwinterung
BEETPARTNER: Unterpflanzung aus anderen Kräutern, z. B. Kriechender Rosmarin
ERNTE UND VERWENDUNG: Frische Blätter sind wesentlich aromatischer als getrocknete. Weil man jeweils nur ein oder zwei Blätter benötigt, kann man selbst kleine Pflanzen rund ums Jahr beernten.

Zitronenverbene

Aloysia triphylla ☼

ANBAU/PFLEGE: Die Zitronenverbene ist nur bis etwa −4 °C winterhart, kurzfristig überstehen die Sträucher bis zu −10 °C. Am sichersten kultiviert man die Pflanzen von April bis Ende Oktober bzw. bis Frostbeginn in Töpfen auf dem Balkon oder der Terrasse. Wenn es draußen kühler wird, lassen sie ihre Blätter fallen und können in einem unbeheizten, dunklen Raum überwintert werden. Vorher die Triebe kräftig einkürzen und die Pflanzen während der Wintermonate nur leicht feucht halten. Nach den letzten Frösten die Töpfe wieder ins Freie stellen, häufiger gießen und zwischen Mai und Ende Juli im Abstand von ca. 6 Wochen düngen.
SCHÄDLINGE UND KRANKHEITEN: Blattläuse, Spinnmilben und Weiße Fliege, vor allem in trockenen, warmen Räumen im Winter
ERNTE UND VERWENDUNG: Ganzjährig die frischen Blätter für Tee, Obstsalat oder Desserts pflücken, sobald sie ihre volle Größe erreicht haben, aber noch weich sind.

216

Süßkraut

Stevia rebaudiana ☼

- **Nährstoffbedarf:** gering
- **Familie:** Korbblütler
- **Aussaat:** ab März (Keimtemperatur 22 °C)
- **Vermehrung:** durch Stecklinge oder Absenker

Stevia wird in Südamerika seit Hunderten von Jahren als Heilpflanze und Süßungsmittel verwendet. Seit einigen Jahren sind in der EU hochreine Pflanzenextrakte (Steviolglykoside) als Lebensmittelzusatzstoff zugelassen (→ auch Kasten).

ANBAU/PFLEGE: Wer selbst Pflanzen anzieht, sät ab März in magere Aussaaterde, drückt die Samen nur leicht an (Lichtkeimer) und deckt die Schale nach dem Anfeuchten mit Folie ab. An einem hellen, warmen Ort kommen die ersten Keimlinge oft schon nach 10 Tagen. Nach 2–3 Wochen pikiert man die Sämlinge in humusreiche, mit grobem Sand vermischte Blumenerde. Bereits vorgezogene Jungpflanzen gibt es in vielen Gärtnereien. An einem warmen, hellen Ort bleiben die Sträucher auch im Winter grün, bilden ohne Zusatzbeleuchtung aber lange, dünne Zweige mit hellen, weichen Blättern. In einem dunklen Raum ziehen die oberirdischen Teile ein und treiben wieder aus, sobald man die

Stevia oder Süßkraut

Pflanze ab Ende Februar hell stellt. Während der Ruhepause nicht düngen, selten gießen, die Erde aber auch nicht völlig austrocknen lassen.

SCHÄDLINGE UND KRANKHEITEN: Bei Staunässe droht Wurzelfäule.

ERNTE UND VERWENDUNG: Die Blätter können Sie frisch verwenden oder getrocknet und fein zerkrümelt zum Süßen von Tee, für Desserts, zum Backen oder Würzen von Salatsoßen. Gewöhnungsbedürftig ist der lakritzartige Geschmack. Getrocknete Blätter lassen sich leicht zerbröseln und besser dosieren.

Gesundes Süßen

Das aus Nicaragua und Panama stammende Aztekische Süßkraut (*Lippia dulcis*, → Foto rechts) wirkt – anders als die sparrigen Steviasträucher – mit den herabhängenden Zweigen auch als Ampelpflanze hübsch. Die kleinen Blüten duften intensiv nach Honig. Wie Stevia besitzt es Inhaltsstoffe, die sehr viel stärker süßen als Zucker und deshalb ebenfalls bestens zum kalorienfreien und stoffwechselunschädlichen Süßen geeignet sind. Sie beeinflussen nicht den Blutzuckerspiegel. Verwendet werden die frischen Blätter oder – bei Stevia – die isolierten Steviolglykoside.

Ein Garten für Duftkräuter

Birgit Wonneberger ist Kräutergärtnerin in der Bio-Gärtnerei Syringa im Hegau, nahe am Bodensee. Im Sommer zeigt sie Besuchern, wie man Kräuter vermehrt und welche Arten besonders gut duften.

BIRGIT WONNEBERGER, Duftpflanzen-Expertin, bei der Ernte von Lavendel

▶ **Worauf sollte man achten, wenn man Beete mit Würz- und Duftkräutern anlegt?**

An der Niederschlagsmenge oder den Lichtverhältnissen kann man nichts ändern, aber am Boden! Bei lehmiger Erde unbedingt Sand einarbeiten – am besten zwei Spaten tief – und den Sand zu gleichen Teilen mit Gartenerde mischen. Bringen Sie zusätzlich Splitt ein: Das schafft Struktur, die man alleine mit Sand nicht hinbekommt. Das ist mühsam, aber dafür habe ich dann für viele Jahre Ruhe. Bin ich dazu nicht bereit, kann es sein, dass ich jedes Jahr wieder neu pflanzen muss, weil die Bedingungen für viele Kräuter einfach nicht stimmen.

▶ **Gilt der Grundsatz, erst einmal für Struktur zu sorgen, auch für die Gestaltung?**

Gut ist, wenn man sich am Anfang überlegt, welche Wirkung man erzielen möchte. Große Sträucher im Hintergrund oder lieber eine bunte Mischung aus großen und kleinen Pflanzen? Meist hilft es, Räume zu schaffen. Das ist wie beim Einrichten des Wohnzimmers – hier kommt die Sitzgruppe hin, dort der Schrank – den stelle ich ja auch nicht mitten hinein. Den Garten dabei aber nicht zu voll stopfen – wie in einem Zimmer, in dem man sich von nichts trennen kann, das man mal gesammelt hat.

▶ **Wie plant man Kräuterbeete oder -gärten?**

In unserem Schaugarten haben wir uns am Standort orientiert. Im unteren Bereich ist schwerer Boden, dort wurde das Minzebeet angelegt. Der Wind kommt hier meist von Westen, also wurde der Lavendel so an den Sitzplatz gepflanzt, dass jedes Lüftchen den Duft dorthin trägt. Das Beet mit weiß blühenden Kräutern und Duftpflanzen haben wir wegen des Farbkontrasts unter einer großen purpurblättrigen Blutpflaume gestaltet. Bei anderen Beeten haben wir die Kräuter nach ihrem Duft ausgewählt. Es gibt ein Beet mit Kräutern, die nach Schokolade duften, dort kann man an Schokoladenkosmee und Schwarzwurzelblüten schnuppern, und ein Beet mit Pflanzen mit Zitrusaromen, z. B. Zitronen- und Orangenthymian, Melisse und Zitronen-Bergbohnenkraut.

▶ **Ist es also gut, wenn man sich ein Thema sucht und dann dabei bleibt?**

Nein, was man liebt, sollte man versuchen. Das gilt auch, wenn die Pflanzen aus unterschiedlichen Regionen stammen. Ich persönlich mag

> *Gute Bio-Universalerde zerfällt in lockere, stabile Krümel, wenn man einen Finger hineindrückt.*

Doldenblütler sehr. Gewürzfenchel, Kerbelrübe und Engelwurz haben aber ganz andere Ansprüche als der mediterrane Lavendel oder die attraktiven Salbeiarten. Darauf möchte ich aber nicht verzichten, sondern ich versuche, für alle den besten Platz zu finden.

▶ **Wenn alles gut vorbereitet ist, was sollte man beim Pflanzenkauf beachten?**

Ich bevorzuge Kräuter, die in kühleren Regionen angezogen wurden. Die sind langsam aufgewachsen, entwickeln sich aber beständig.

▶ **Sollte ich lieber selbst aussäen?**

Beim Pflanzenkauf kann man von vornherein verschiedene Sorten kaufen. Ich habe also mehr Vielfalt. Ich kaufe mir z. B. einen gelblaubigen Oregano, einen Blütenoregano und einen Griechischen Oregano. Die Aussaat lohnt sich, wenn man viele Pflanzen derselben Art, Sorte oder Auslese heranziehen möchte.

▶ **Raten Sie mir eher zu kleinen Pflanzen?**

Ja und nein – bei größeren Pflanzen kann ich mehr und früher ernten. Das klappt aber nur, wenn sie sparsam gedüngt wurden und sich langsam entwickelt haben. Mineralische Dünger werden von den Pflanzen schnell aufgenommen. Kommt noch Wärme dazu,

explodieren sie geradezu, die Triebe sind aber weich und weniger widerstandsfähig.

▶ **Braucht man also spezielle Kräutererde?**

Nicht überall, wo Kräutererde draufsteht, ist gute Kräutererde drin. Gerade preiswerte, aber auch teure konventionelle Pflanzerde ist oft ein Mischmasch aus Torf oder Torfersatzstoffen. Für mich fühlen sie sich an wie beliebig zusammengemischtes Material, das kompostiert, mit Sand versehen und in Säcke gefüllt wird. Auch hohe Kompostanteile halte ich für problematisch. Kompost hat viele Schmierstoffe und keine gute Struktur. Für Kräuter ist eine Mischung aus Grün- und Laubkompost und mineralischen Bestandteilen wie Ziegelbruch, Splitt oder Tonkügelchen ideal.

▶ **Bedeutet das, man sollte Kräutererde selbst mischen?**

Nein, nicht unbedingt. Auch Bio-Universalerde mit guter Struktur eignet sich für Kräuter. Im Zweifelsfall testet man, ob die Erde matscht. Lässt sie sich zusammendrücken und klebt, haben die Wurzeln später zu wenig Luft. Die Erde muss in strukturreiche Krümel zerfallen, wenn ich mit dem Finger hineinstupse.

> *Im Schaugarten der Kräutergärtnerei Syringa kann man zwischen unzähligen Duftpflanzen auf Entdeckungstour gehen. Schnuppern und berühren erlaubt!*

Einlagern und konservieren

Obst und Gemüse lagern

Das Einlagern Ihrer Gartenschätze ist mehr als die sinnvolle Verwertung von Ernteüberschüssen. Bei richtiger Lagerung bleiben sie lange frisch und vermitteln zum Wissen, dass alles »bio« ist, das gute Gefühl etwas zurückeroberter Unabhängigkeit.

> *Kontrollieren Sie Lagerobst regelmäßig auf Faulstellen und sortieren Sie kranke Früchte aus, bevor sie die anderen anstecken.*

Ab in die Kisten und Keller!

Einlagern von frischem Obst und Gemüse in einen kühlen, luftfeuchten, dunklen Naturkeller mit gestampftem Boden macht kaum Arbeit und schont Vitamine und Mineralstoffe. Leider ist er heutzutage Mangelware. Trotzdem finden sich genügend Möglichkeiten, gute Lagerbedingungen zu schaffen.

Beetgemüse rechtzeitig retten

Möhren, Pastinaken und Wurzelpetersilie bleiben unter einer Decke aus Stroh und Vlies im Beet stehen. Droht mehrwöchiger Bodenfrost oder haben Mäuse das Lager entdeckt, bringen Sie zumindest einen Teil der Wurzeln in Sicherheit. Gefrorener Boden und durchgefrorene Stangen machen die Lauchernte unmöglich. Holen Sie sich vor dem Kälteeinbruch genügend davon für die Küche herein.

Die besten Bedingungen für die Lagerung

Die meisten Obstarten und Gemüse lassen sich bei 80–90 % relativer Luftfeuchtigkeit und Temperaturen zwischen 0,5–4 °C am längsten aufbewahren.
- Fahrradschuppen oder Carports mit Abstellraum können Sie zum Lagerraum umfunktionieren.
- In Kisten verpackt, lagert kältefestes Wurzelgemüse auf überdachten Balkonen oder im Lichtschacht an der Nordseite des Hauses. Die Kisten können Sie auch im Frühbeet in Sand eingraben.
- Wurzelgemüse wie Möhren und Sellerie halten sich gut in einer Erdmiete (→ Seite 105).

Um die Temperatur möglichst konstant zu halten, Schwitzwasserbildung vorzubeugen oder die Luftfeuchtigkeit zu erhöhen, lüften Sie häufig, am besten über Nacht. In Betonkellern ist die Luft erfahrungsgemäß viel zu trocken. Stellen Sie dort mehrere große, flache Tonschalen mit Wasser auf. Noch wirkungsvoller: den Boden ein- bis zweimal pro Woche mit der Gießkanne befeuchten.

Viele Obst- und Gemüsearten halten sich ohne Energieaufwand aus der Steckdose im geeigneten Lager. Verwenden Sie dafür nur unverletztes, gesundes und nicht überreifes Erntegut. Lassen Sie die Früchte und Gemüse für die Vorratshaltung zunächst eine Nacht im Freien. Dann sind sie bis zum Einräumen ins Lager bereits schön kühl.

> *Wurzelgemüse lagern Sie schichtweise in feuchtem Sand. Rote Bete nicht verletzen, sonst faulen sie.*

Obst und Gemüse getrennt halten

Äpfel und Birnen scheiden Reifegase aus, die die Lagerfähigkeit von Kartoffeln, Wurzel- und Blattgemüse stark verkürzen. Ist eine Trennung nicht möglich, packt man die Obstkisten in Lochfolie ein und stellt diese unter ein leicht geöffnetes Kellerfenster. Dennoch möglichst häufig und längere Zeit lüften!

• Rote Bete, Herbstkohlrabi und Sellerie werden spätestens Ende Oktober abgeerntet. Die Blattschöpfe vorher 1–2 cm über den Knollen abschneiden.

• Weißkohl, Wirsing und Rotkohl im Lagerraum an den Wurzeln aufhängen. Die Umblätter trocknen mit der Zeit ein und schützen vor Verdunstung.

• Zwiebeln und Knoblauch trockener lagern: Sie verdunsten wenig, faulen bei Feuchte aber leicht.

• Äpfel und Birnen kann man portionsweise in gelochte Kunststoff- oder Zipp-Beutel verpacken. Die Temperaturen im Lagerraum sollten nicht schwanken (Kondenswasser!) und 7 °C nicht übersteigen.

Beste Bedingungen zum Lagern

GEMÜSE	OPTIMALE LAGERTEMPERATUR UND REL. LUFTFEUCHTIGKEIT	DURCHSCHNITTLICHE LAGERDAUER IM NATURLAGER
Herbstkohlrabi	0–2 °C/90–95 %	bis ins Frühjahr
Kartoffeln	1–3 °C/85–95 %	6–8 Monate
Knollensellerie	0–5 °C/80–95 %	3–4 Monate
Kopfkohl	0–1 °C/90–97 %	bis ins Frühjahr
Kürbisse	10–14 °C/70–75 %	bis April/Mai
Möhren	0–1 °C/90–95 %	5–6 Monate
Pastinaken	0–1 °C/90–95 %	7–8 Monate
Porree/Lauch	0–2 °C/85–90 %	bis ins Frühjahr
Rote Bete	0–5 °C/85–95 %	4 Monate
Wurzelpetersilie	0–1 °C/90–95 %	4–6 Monate
OBST		
Äpfel	3–4 °C/85–95 %	Herbst- und Winteräpfel je nach Sorte Dezember bis April
Birnen	2–6 °C/80–90 %	Winterbirnen je nach Sorte bis Januar
Pflaumen/Zwetschgen	3–4 °C/80–90 %	1 Monat

Obst & Gemüse haltbar machen

Wer Gläser mit eingekochten Bohnen, süßem Kompott, pikantem Chutney oder Würzöl im Haus hat, kann jederzeit ein Essen aus dem Ärmel zaubern. Und kleine Geschenke aus der Küche wie Würzsalz sind allemal origineller als der übliche Blumenstrauß.

❯ *Den Sommer verlängern: Tomaten, Peperoni, Zucchini und andere Fruchtgemüse lassen sich durch Einkochen und Einlegen in Öl oder Essig leicht in Gläsern konservieren. Saft- und kernarme Tomatensorten, z. B. Romatomaten, eignen sich auch zum Trocknen im Backofen (ca. 12 Stunden bei max. 50 °C).*

Wie im Garten ist beim Einkochen ein wenig Planung gefragt. Gerade wenn Sie angesichts einer reichen Ernte von der Einweck-Euphorie gepackt werden, sollten Sie kurz überschlagen, wie viele Gläser Kompott, Marmelade, eingelegte Gürkchen oder Bohnen bei Ihnen pro Woche tatsächlich verbraucht werden. Bis zur nächsten Ernte sollte nämlich so gut wie alles aufgebraucht sein. Werden die Vorräte aus dem vergangenen Jahr von der neuen Ernte überholt, bleiben sie meist im Regal stehen.

Verschenken können Sie ein solches Glas guten Gewissens auch nur in Ausnahmefällen.

Jetzt geht's ans Eingemachte!

Nur einwandfreies Obst und Gemüse schmeckt und bleibt lange haltbar. Überreife, fleckige oder von Maden befallene Früchte und Gemüse sollten Sie daher vor dem Einmachen aussortieren. Fallobst von Äpfeln und Birnen müssen Sie unbedingt sorgfältig ausschneiden, sonst beginnt daraus fabriziertes Kompott oder Mus im Glas zu gären. Ebenso wichtig ist die schon fast peinliche Sauberkeit in der Küche, vor allem wenn man auf konservierenden Zucker ganz oder teilweise verzichtet oder auch weniger Salz verwenden möchte als üblich. Einmachgläser und Schraubdeckel müssen Sie so heiß wie möglich ausspülen und am besten in der Spülmaschine bei 70 °C oder im Einkochtopf sterilisieren. Gummiringe dürfen nicht in die Spülmaschine und werden kurz in siedendes Wasser gelegt.

Gemüse einfach einkochen

Gemüse, die sowieso gekocht verzehrt werden, wie Bohnen, Erbsen oder Rotkohl, eignen sich ganz besonders zum Einkochen. Blattgemüse wie Mangold und Spinat verlieren dabei ihre frische grüne Farbe, deshalb steckt man sie besser in die Gefriertruhe. Das Grundrezept zum Einkochen:
Pro 1-Liter-Glas 600 g geputztes Gemüse, z. B. Bohnen, Erbsen oder Möhren (in Stiften, Scheiben oder Würfeln geschnitten), in die Gläser füllen und mit kaltem, leicht gesalzenem Wasser übergießen. Geben Sie ganz nach Geschmack frische Kräuter (z. B. einen Zweig Bohnenkraut, eine Dill- oder Fencheldolde) in jedes Glas. Dann Gläser fest verschließen. Bei 90 °C ca. 60 Min. einkochen.

Obst monatelang haltbar machen

Bei Obst bewahrt ein Schuss Zitronensaft oder Zitronensäure aus dem Päckchen die appetitliche Farbe von Kirschen und Pflaumen. Etwas Säure verleiht sehr süßen Früchten auch mehr Geschmack. Empfindliche Beeren wie Himbeeren und Erdbeeren und ganz besonders Kulturheidelbeeren und Brom-

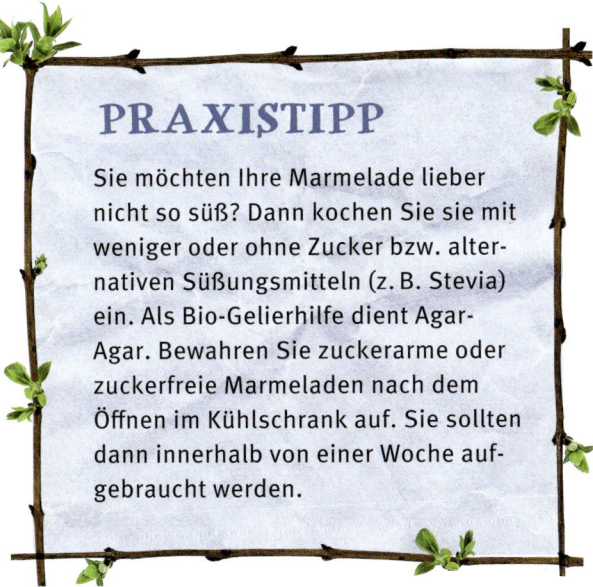

PRAXISTIPP

Sie möchten Ihre Marmelade lieber nicht so süß? Dann kochen Sie sie mit weniger oder ohne Zucker bzw. alternativen Süßungsmitteln (z. B. Stevia) ein. Als Bio-Gelierhilfe dient Agar-Agar. Bewahren Sie zuckerarme oder zuckerfreie Marmeladen nach dem Öffnen im Kühlschrank auf. Sie sollten dann innerhalb von einer Woche aufgebraucht werden.

> *Selbst gemachte Marmelade aus eigenen Garten- und Wildfrüchten schmeckt so gut, wie sie aussieht.*

beeren werden beim Einkochen meist zu weich. Streuen Sie die Früchte lieber auf ein Backblech oder eine flache Schale, lassen sie im Gefriergerät gut durchfrieren und füllen sie anschließend portionsweise in Kunststoffbeutel oder -dosen um. Für schnelle Quarkspeisen, Fruchtjoghurt und -soßen zum Pudding kann man die Früchte auch mit ein wenig Zucker oder Honig pürieren und in kleinen Dosen oder Eiswürfelbehältern einfrieren.
Zum Einkochen von Obst brauchen Sie für ein handelsübliches 1-Liter-Einweckglas ca. 800–850 g vorbereitete Beeren oder andere Früchte (ohne Steine oder Kerngehäuse). Obstmenge abwiegen, in die entsprechende Anzahl Einmachgläser füllen. Pro Kilogramm Früchte 175–250 g Zucker in je 1 Liter Wasser aufkochen. Den Sirup bis ca. 2 cm unter den Rand in die Gläser füllen, eventuell in jedes Glas ein Stückchen längs halbierte Vanilleschote oder ein Stück Zimtstange geben. Gummiring und Glasdeckel auflegen, mit Metallklammern fixieren. Beeren 20 Min., übrige Obstarten knapp 30 Min. bei 75–80 °C sterilisieren (im Einmachtopf/Einkochautomat oder im Wasserbad im Backofen). Abkühlen lassen, die Klammern entfernen und die Gläser kühl und dunkel aufbewahren.

Fangen Sie das Aroma ein!

Trocknen intensiviert Duft und Würze von Kräutern. Achten Sie beim Abzupfen oder Abstreifen darauf, Blütenblätter und Laubblätter nicht zu quetschen: Manche Druckstellen verfärben sich. Dunkel und kühl aufbewahrt, halten sich getrocknete Kräuter mindestens ein Jahr. Basilikum, Blattkoriander, Dill und Liebstöckel verlieren beim Trocknen ihr Aroma. Sie lassen sich besser als Pesto haltbar machen. Auch in Salz, Essig oder Öl können Sie Kräuterwürze bewahren.

Was Sie dafür benötigen:

Schnur

Einweckgläser

Mörser

Kräuterschere und Wiegemesser

Thymian-, Rosmarin- und Oreganozweige bei trockenem Wetter schneiden und an den Stielen zu kleinen Bündeln binden. Zum Tocknen halbschattig und luftig aufhängen. Nach 7–12 Tagen Blätter abstreifen und in Schraubgläser füllen.

Für Kräutersalz mit frischen Kräutern eine drittel Tasse Meersalz mit einer Tasse fein geschnittener Blätter vermischen, z. B. von Petersilie, Liebstöckel, Ysop und Pimpinelle; Dill und Zitronenschale schmecken zu Fisch. Getrocknete Kräuter im Mörser mit Salz zerstoßen oder zusammen in der Kaffeemühle mahlen. In Gläser abfüllen.

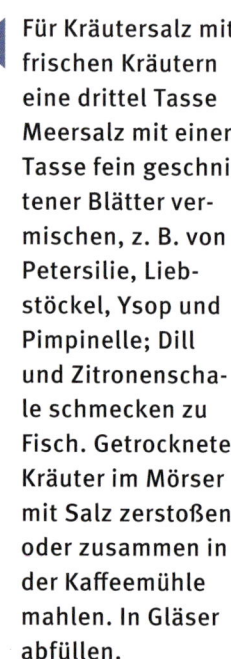

Für Würzessig und -olivenöl beliebige Kräuter (z. B. Estragon, Basilikum) und Gewürze (Knoblauch, Senfkörner, getrocknete Chili) verwenden. In Flaschen hell und warm mind. 14 Tage ziehen lassen. Weichblättrige Kräuter danach abfiltrieren, sonst werden sie schleimig. Getrocknete Zweige können drinbleiben.

▼

▲

Für Pesto mörsern Sie einen Bund Bärlauch, Basilikum, Petersilie oder andere Kräuter mit 15 g gerösteter Ölsaat (Pinien-, Sonnenblumenkerne), 20 g Käse (Parmesan, Bergkäse), 50 ml Öl (Olive, Walnuss, Sonnenblume), evtl. 1 Knoblauchzehe sowie Salz und Pfeffer. In saubere Gläser füllen, mit Öl abdecken. Im Kühlschrank 3–4 Wochen haltbar, portionsweise eingefroren 10 Monate.

Auf »Eis« gelegt

Zum Einfrieren eignen sich vor allem Küchengewürze wie Petersilie, Schnittlauch, Dill, Koriander, Liebstöckel, Zitronenmelisse und Kerbel. Dafür die Blätter oder Halme grob hacken, einzeln oder gemischt in Eiswürfelschalen füllen und etwas kaltes Wasser angießen. Nach dem Durchfrieren lösen Sie die Kräuterwürfel heraus und verpacken sie in Gefriertüten. Zum Würzen können Sie sie einzeln entnehmen und noch gefroren in Suppen und Soßen geben.

Pflanzenkrankheiten bei Gemüse

Trotz guter Pflege gelingt es nicht immer, Krankheiten und Schädlinge in Schach zu halten. Wer die wichtigsten Schaderreger kennt, kann frühzeitig Gegenmaßnahmen ergreifen.

Kraut- & Knollenfäule

SCHADBILD: Bei Kartoffeln entdeckt man auf der Unterseite der Blätter einen weißgrauen Pilzbelag, das Kraut vergilbt und stirbt ab. Auf den Knollen bilden sich eingesunkene, braungraue Flecken.
VORBEUGUNG: Kartoffelreihen in Windrichtung anlegen, sodass die Blätter nach Regenfällen rasch abtrocknen. Widerstandsfähige Sorten wählen. Brennnesselbrühe oder Algenextrakte spritzen.

Kraut- & Braunfäule

SCHADBILD: Erste Befallsanzeichen an Tomaten sind dunkle Flecken an Trieben und Blättern, später werden die Früchte hart und runzelig. Befallene Pflanzen sterben rasch ab.
VORBEUGUNG: Tomaten unter Dach ziehen, nie über die Blätter gießen. Widerstandsfähige Sorten wählen. Mehrmals Brennnesselbrühe oder Algenextrakte spritzen.
BEKÄMPFUNG: Kupfermittel spritzen.

Gemüsefliegen

SCHADBILD: Die Maden verschiedener Gemüsefliegen fressen an Wurzeln und Blättern sowie an den Stängeln von Zwiebeln, Lauch, Möhren und Kohl.
VORBEUGUNG: Vielseitige Mischkultur, Gemüseschutznetz auflegen, Beete mit stark duftenden Kräutern (Rainfarn, Minze etc.) mulchen.

Erdflöhe

SCHADBILD: Winzige, nur 1,5–3 mm große Blattkäfer fressen siebartige Löcher in die Blätter von Kohlpflanzen, Rucola und Rettichen.
VORBEUGUNG: Boden feucht halten, taunasse Jungpflanzen mit Algenkalk oder Gesteinsmehl bestäuben, Mischkultur mit Spinat oder Salat.
BEKÄMPFUNG: Wermuttee über Boden und Pflanzen spritzen.

Kohlhernie

SCHADBILD: Die Pilzkrankheit kann durch alle Kreuzblütler wie Kohl, Gelbsenf und Rettich übertragen werden und verursacht eine mangelhafte Wurzelbildung mit krebsartigen Wucherungen. Als Folge davon kümmern die Pflanzen.
VORBEUGUNG: Fruchtwechsel einhalten! Beete mit Schachtelhalmtee überbrausen.

Echter Mehltau

SCHADBILD: Auf der Blattoberseite, teilweise auch blattunterseits, bildet sich ein mehlig weißer Pilzbelag.
VORBEUGUNG: Widerstandsfähige Sorten wählen, weiter Pflanzabstand, sparsame Stickstoffdüngung.
BEKÄMPFUNG: Biologische Pilzbekämpfungsmittel spritzen.

Blattläuse

SCHADBILD: Blattläuse saugen an vielen Gemüsearten und Kräutern und können Viruskrankheiten übertragen. Auf den Blättern und Trieben siedeln sich Schwärzepilze an.
VORBEUGUNG: Nützlinge fördern, Gemüsenetz auflegen.
BEKÄMPFUNG: Pflanzenschutzmittel auf Seifenbasis spritzen.

Kohlweißlinge

SCHADBILD: Die hellgrünen, mit schwarzen Punkten gezeichneten Raupen des weiß-schwarzen Falters fressen an allen Kohlarten.
VORBEUGUNG: Mischkultur mit Tomaten und Sellerie. Natürliche Feinde (Vögel, Schlupfwespen) fördern, Gemüseschutznetz auflegen. Frischer Mist und Brennnesseljauche ziehen die Falter magisch an!

Drahtwürmer

SCHADBILD: Drahtwürmer nennt man die Larven der Schnellkäfer. Sie fressen an Kartoffeln, Möhren und Salatwurzeln; sie hinterlassen runde Fraßgänge.
VORBEUGUNG: Gründüngung mit Bienenfreund oder Gelbsenf.
BEKÄMPFUNG: Halbierte rohe Kartoffeln als Köder auslegen und mitsamt den Würmern entsorgen.

Falscher Mehltau

SCHADBILD: Der Pilz verursacht weißlich gelbe Flecken auf der Blattoberseite, auf der Unterseite bildet sich ein schmutzig grauer Belag.
VORBEUGUNG: Großzügige Pflanzabstände, Jungpflanzen mit Schachtelhalmauszügen spritzen.
BEKÄMPFUNG: Milch mit Wasser verdünnt (1:9) über die Blätter spritzen.

Erbsenwickler

SCHADBILD: Die Raupen des Erbsenwicklers (Kleinschmetterling) bohren sich in die Hülsen und fressen an den Kernen.
VORBEUGUNG: Fruchtwechsel einhalten, möglichst früh aussäen, befallene Hülsen (erkennbar am Bohrloch) entsorgen.
BEKÄMPFUNG: Mit Spritzen nicht möglich. Eine Abdeckung mit Kulturschutznetzen hält zwar die erwachsenen Falter ab, verhindert aber die Befruchtung der Blüten durch andere Insekten.

Wurzelälchen

SCHADBILD: Die winzigen Fadenwürmer (auch Nematoden genannt) verursachen eine Gallen- und Zystenbildung an den Wurzeln. Bei starkem Befall welken die oberirdischen Triebe.
VORBEUGUNG: Regelmäßiger Fruchtwechsel, Gründüngung mit Tagetes, Ringelblumen und Zinnien.

Pflanzenkrankheiten bei Obst

Lassen Sie sich nicht die Ernte streitig machen. Auch bei der Pflege von Obstbäumen und Beerensträuchern gilt: Vorbeugen ist besser als spritzen!

Apfel-/Pflaumenwickler

SCHADBILD: Die Raupen der graubraunen, kleinen Falter fressen sich durch das Fruchtfleisch und hinterlassen mit Kot gefüllte Gänge. Befallene Früchte fallen vom Baum. Die Maden wandern über den Boden und den Stamm wieder in die Krone.
VORBEUGUNG: Fallobst aufsammeln.
BEKÄMPFUNG: Im Juni Wellpappe-Fanggürtel um den Stamm binden, später mit den darin versteckten Raupen entsorgen.

Blattläuse

SCHADBILD: Mehrere Arten, z. B. die Mehlige Apfelblattlaus oder Schwarze Kirschenlaus, saugen an den Blättern und hinterlassen klebrige Beläge. Die Pflaumenlaus ist Überträger des gefürchteten Scharka-Virus.
VORBEUGUNG: Nützlinge fördern (Meisen, Marienkäfer, Florfliegen).
BEKÄMPFUNG: Austriebsspritzung mit Rapsöl, nützlingsschonende Präparate auf der Basis von Kaliseife einsetzen (z. B. Naturen Blattlausfrei, Neudosan Blattlausfrei).

Grauschimmel (Botrytis)

SCHADBILD: Glasige, später von grauem Pilzgeflecht überzogene Beeren. Befällt auch Himbeeren und Weintrauben.
VORBEUGUNG: Befallene Früchte entfernen. Erdbeerpflanzen mit Stroh unterlegen. Ab Beginn der Blüte mit Pflanzenstärkungsmitteln spritzen.

Feuerbrand

SCHADBILD: Bei feuchtwarmem Frühjahrswetter treten an den Zweigen von Äpfeln, Birnen und Quitten bernsteinfarbene Schleimtröpfchen aus. Die Triebspitzen sind bogenförmig verkrümmt, die Blüten werden braunschwarz. Die von Bakterien verursachte Erkrankung ist meldepflichtig!
VORBEUGUNG: Weniger anfällige Sorten pflanzen. Bei Verdacht die Triebe 30–50 cm unterhalb der Schadstelle abschneiden. Pflanzenteile verbrennen oder im Hausmüll entsorgen. Schnittwerkzeuge desinfizieren.

Brombeer-Gallmilbe

SCHADBILD: Die Gallmilbe ist nur mit der Lupe zu sehen. Befallene Früchte reifen nicht mehr ab, ein Teil oder alle Einzelbeeren bleiben hellrot, hart und schmecken sauer.
VORBEUGUNG: Abgeerntete Ruten herausschneiden.
BEKÄMPFUNG: Im Frühjahr Rainfarntee oder Netzschwefel spritzen.

Himbeerkäfer

SCHADBILD: Die 3–4 mm großen Käfer legen ihre Eier an die Blüten der Sommerhimbeeren. Die weißen Maden fressen im Inneren der Früchte.
VORBEUGUNG: Leimfallen (Weißtafeln) in die Reihen hängen.
BEKÄMPFUNG: Käfer morgens abklopfen.

Johannisbeer-Gallmücke

SCHADBILD: Die Mücken legen ihre Eier an die Triebspitzen. Die Blätter kräuseln sich, werden braun und sterben ab. Zwischen ihnen findet man weißliche Maden.
VORBEUGUNG: Boden mulchen. Ab Anfang April mehrmals Rainfarntee spritzen.
BEKÄMPFUNG: Befallene Triebspitzen abschneiden.

Rutenkrankheit

SCHADBILD: Durch Pilze verursachte, rotbraune oder violette, eingesunkene Flecken auf den Ruten.
VORBEUGUNG: Auf Dämme mit humusreicher Erde pflanzen. Abgeerntete Ruten entfernen. Widerstandsfähige Sorten wählen.
BEKÄMPFUNG: Bei starkem Auftreten den Standort wechseln.

Kirschfruchtfliege

SCHADBILD: Die Fliegen legen ihre Eier an reifende Kirschen. Die Maden fressen sich durch die Früchte, verpuppen sich später im Boden und überwintern dort.
VORBEUGUNG: Abgefallene Kirschen aufsammeln, Bäume vollständig abernten.
BEKÄMPFUNG: Vor Gelbfärbung der Früchte Gelbtafeln aufhängen.

Spitzendürre

SCHADBILD: Besonders anfällig für Monilia-Pilze sind Sauerkirschen. Die Triebspitzen welken und sterben ab, Blüten oder Früchte vertrocknen.
VORBEUGUNG: Früchte frühzeitig ausdünnen. Während der Blüte Meerrettichwurzeltee spritzen. Widerstandsfähige Sorten wählen.
BEKÄMPFUNG: Zu Beginn und während der Blüte Präparate mit Schwefelzusatz spritzen (z. B. Netz-Schwefelit).

Schorfpilze

SCHADBILD: Die Sporen werden durch Wind und Regen verbreitet. Symptome: olivgrüne, später »ölige« Flecken auf Blättern und Früchten von Äpfeln und Birnen, zum Schluss Risse und Warzen.
VORBEUGUNG: Widerstandsfähige Sorten wählen, Kronen auslichten.
BEKÄMPFUNG: Netzschwefel spritzen. Vorsicht bei schwefelempfindlichen Sorten wie 'Berlepsch' und 'Cox Orange'.

Mehltaupilze

SCHADBILD: Mehliger bis grauer Pilzbelag auf Triebspitzen und Blättern von Stachelbeeren und Äpfeln. Stachelbeeren werden ledrig und platzen.
VORBEUGUNG: Widerstandsfähige Sorten wählen. Auslichtungsschnitt.
BEKÄMPFUNG: Mit Netzschwefel spritzen.

Gemüse- und Kräuterfahrplan

Legende:
- Vorkultur
- Direktsaat (Freiland)
- Pflanzung
- Ernte
- AN = Andrücken, nicht abdecken

		Keimtemperatur in °C (Optimum)	Keimdauer in Tagen	Saattiefe in cm
Asia-Salat		16	7	1–2
Aubergine		25–28	6–21	0,5–1
Basilikum		18–25	7–10	AN
Bohne	Buschbohne	12–18	8–14	2–3
	Stangenbohne	12–18	8–14	3
Brokkoli		15–20	6–10	2
Dill		10–20	14–21	2–3
Erbse		8–16	8–14	3–5
Feldsalat		5–20	8–14	1–2
Fenchel	Gewürzfenchel	20–25	7–14	1
	Knollenfenchel	20–22	10–14	1
Grünkohl		15–18	6–10	1,5–2
Gurke		23–26	5–10	2
Kartoffel		10–15	15–21	7–10
Kerbel		16–18	10–14	2–3
Kohl	Chinakohl	18–20	6–10	2
	Kopfkohl, Wirsing	15–18	6–10	1–2
Kohlrabi		18–20	6–10	1
Koriander		20–25	7–10	1–2
Kürbis		15–20	8–12	2
Mais (Zuckermais)		25	5–7	2–3
Mangold		8–20	7–12	2–3
Möhre (Karotte)		6–20	10–22	1–2
Paprika und Peperoni (Chili)		23–28	7–25	0,5–1
Pastinake		9–22	21–28	2–3

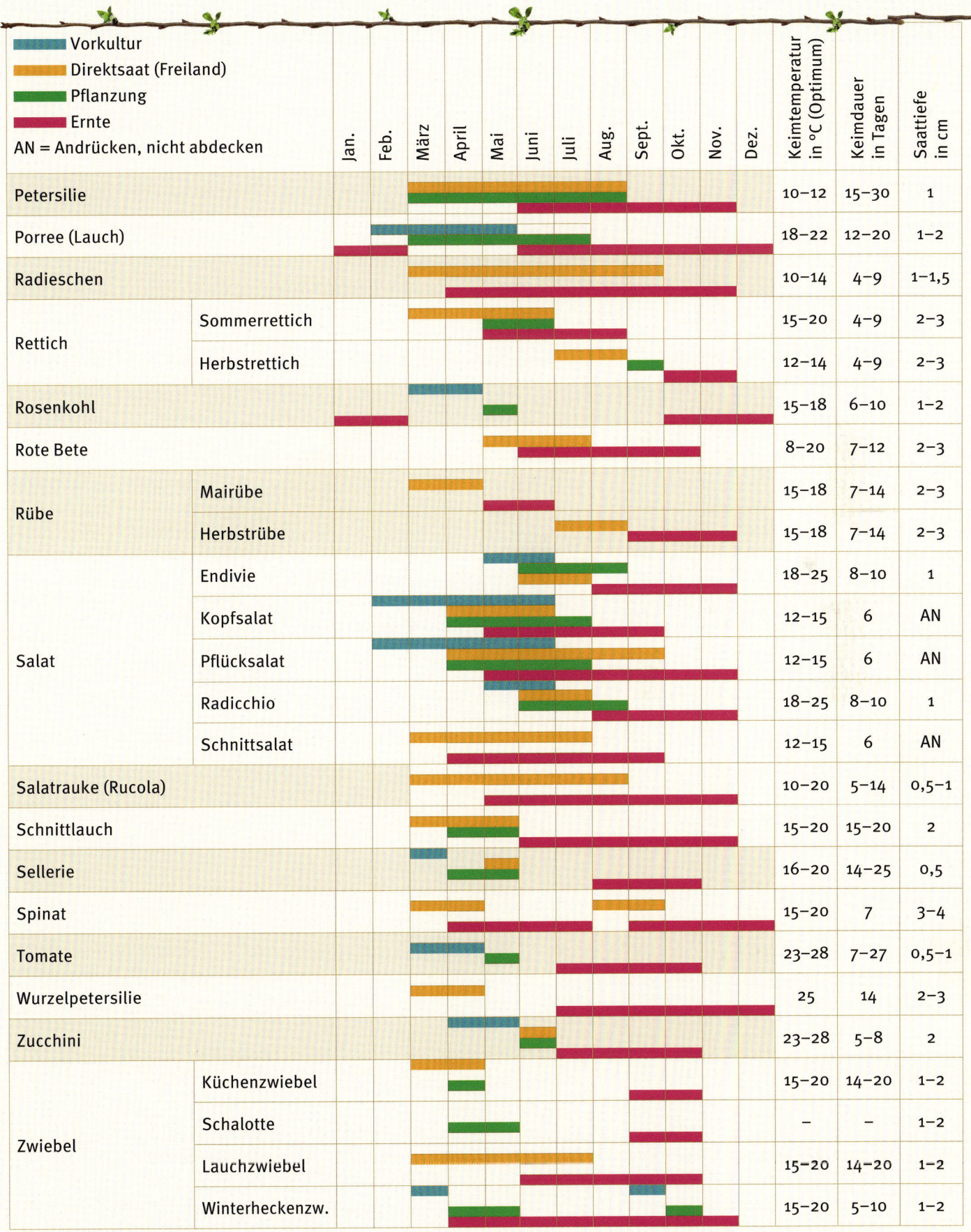

Legend:
- Vorkultur (blau)
- Direktsaat (Freiland) (orange)
- Pflanzung (grün)
- Ernte (rot)

AN = Andrücken, nicht abdecken

Gemüse		Keimtemperatur in °C (Optimum)	Keimdauer in Tagen	Saattiefe in cm
Petersilie		10–12	15–30	1
Porree (Lauch)		18–22	12–20	1–2
Radieschen		10–14	4–9	1–1,5
Rettich	Sommerrettich	15–20	4–9	2–3
	Herbstrettich	12–14	4–9	2–3
Rosenkohl		15–18	6–10	1–2
Rote Bete		8–20	7–12	2–3
Rübe	Mairübe	15–18	7–14	2–3
	Herbstrübe	15–18	7–14	2–3
Salat	Endivie	18–25	8–10	1
	Kopfsalat	12–15	6	AN
	Pflücksalat	12–15	6	AN
	Radicchio	18–25	8–10	1
	Schnittsalat	12–15	6	AN
Salatrauke (Rucola)		10–20	5–14	0,5–1
Schnittlauch		15–20	15–20	2
Sellerie		16–20	14–25	0,5
Spinat		15–20	7	3–4
Tomate		23–28	7–27	0,5–1
Wurzelpetersilie		25	14	2–3
Zucchini		23–28	5–8	2
Zwiebel	Küchenzwiebel	15–20	14–20	1–2
	Schalotte	–	–	1–2
	Lauchzwiebel	15–20	14–20	1–2
	Winterheckenzw.	15–20	5–10	1–2

Anbauverbände

Bioland e. V.
Kaiserstr. 18
55116 Mainz
www.bioland.de

Demeter e. V.
Brandschneise 1
64295 Darmstadt
www.demeter.de

Kultursaat e. V.
Kronstr. 24
61209 Echzell
www.kultursaat.org

Naturland e.V.
Kleinhaderner Weg 1
82166 Gräfelfing
www.naturland.de

Vereine

Gartenakademien in Deutschland
www.gartenakademien.de

Naturgarten e. V.
Kernerstr. 64
74076 Heilbronn
www.naturgarten.org

Dreschflegel e.V.
In der Aue 31
37213 Witzenhausen
www.dreschflegel-verein.de

**Dachverband Kulturpflanzen-
und Nutzpflanzenvielfalt e. V.**
Burghofstraße 116
53229 Bonn
www.kulturpflanzen-
nutztiervielfalt.org

VEN – Verein zur Erhaltung der
Nutzpflanzenvielfalt e. V.
Mondrianplatz 11
36041 Fulda
www.nutzpflanzenvielfalt.de

Pomologen-Verein e. V.
Bundesgeschäftsstelle
Dehlenkamp 11
32756 Detmold
www.pomologen-verein.de

Arche Noah
Östereichische Gesellschaft für
die Erhaltung der Kulturpflanzenvielfalt & ihre Entwicklung
Obere Straße 40
A–3553 Schiltern
www.arche-noah.at

Bioterra
Schweizerische Gesellschaft für
biologischen Land- & Gartenbau
Dubsstrasse 33
CH-8003 Zürich
www.bioterra.ch

ProSpecieRara – Schweizerische
Stiftung für die kulturhistori-
sche und genetische Vielfalt von
Pflanzen und Tieren
Unter Brüglingen 6
CH-4052 Basel
www.prospecierara.ch

Bodenproben

VDLUFA
Verband Deutscher
Untersuchungs- und Forschungs-
anstalten e. V.
c/o LUFA Speyer
Oberer Langgasse 40
67346 Speyer
www.vdlufa.de

Saatgut

Bingenheimer Saatgut AG
Ökologische Saaten
Kronstraße 24
61209 Echzell-Bingenheim
www.bingenheimersaatgut.de

Bioland Hof Jeebel
Jeebel 17
29410 Salzwedel
www.biogartenversand.de

Bio-Saatgut Gaby Krautkrämer
Weingartenstrasse 58
97252 Frickenhausen am Main
www.bio-saatgut.de

Sativa Rheinau AG
Klosterplatz 1
CH-8462 Rheinau
www.sativa-rheinau.ch

Kräuter

Syringa Duftpflanzen & Kräuter
Bachstraße 7
78247 Binningen
www.syringa-pflanzen.de

Staudengärtnerei Gaißmayer
Jungviehweide 3
89257 Illertissen
www.gaissmayer.de

Nützlinge

AMW Nützlinge GmbH
Außerhalb 54
64319 Pfungstadt
www.amw-nuetzlinge.de

Katz Biotech AG
An der Birkenpfuhlheide 10
15837 Baruth
www.katzbiotech.de

W. Neudorff GmbH KG
An der Mühle 3
31860 Emmerthal
www.neudorff.de

Sautter & Stepper GmbH
Rosenstraße 19
72119 Ammerbuch
www.nuetzlinge.de

Register

Bildnachweis

Cover: Trunkarchive/ Tessa Traeger

Bannier, Hans-Joachim: 163-2, 170-2, 171; **Bingenheimer Saatgut:** 46/47 alle, 66-1, -2; **Bonisolli, Barbara:** 13-1; **Borkowski, Elke:** 10, 60, 68-2, 72-1, 73-2, 96-1, 102, 106, 147-1, 178, 179, 181, 187-1, 187-3, 192-1, 200-2, 205-1, 206-3, 207-3, 208, 209, 217-2, 227-1; **botanikfoto/Steffen Hauser:** 217-1; **Brand, Christa:** 12; **Flora Press/ Biosphoto:** 37-1, 56-3, 70-2, 91-1, 103-2, 151-1, 158-1, 190-2, 228-1; **/Botanical Images:** 79-2, 107-1, 127-2, 154-2, 229-7; **/Butz:** 148-3; **/Diez:** 113-2, 167-3, 202-1; **/Emotive Images:** 98-1; **/Föll:** 73-1; **/Hughes-Jones:** 23-1, 114-2, 125, 203-2, 204-2, 205-2; **/Lohrer:** 229-4, 230-5; Flora Press/**MAP:** 157, 163-1, 166-1, 231-5; **/MBPimages:** 167-1; **/Noack:** 94-3, 135-1; **/Nova Photo Graphik:** 156-1, 154-1, 155-2, 162-2, 164-1, 166-2, 167-2, 168-1, 204-1; **/Peschel:** 192-3; **/Rech:** 80-2, 198-2; **/Royal Horticultural Society:** 101-2, 193-1, 193-3; **/Schneider, Will:** 216-2; **/Schinner:** 37-2; **/The Garden Collection:** 88-2, 229-5, 231-7; **/Visions:** 88-3, 109-2, 109-3, 123-1, 177-2, 180-1, 199-2; **GAP:** 11, 15-1, 23-2, 36, 51-1, 52-1, 52-4, 53-1, 55-1, 57-3, 58, 62, 66-2, 67-2, 68-1, 69-3, 71-3, 72-2, 74-3, 75 beide, 76-1, 77-1, 79-1, 80-1, 80-4, 85-1, 87-1, 89-1, 90-1, 90-3, 93-2, 93-3, 95 beide, 97-2, 98-2, 99 beide, 100-4, 101-1, 101-3, 107-2, 110-2, 111-2, 111-3, 112 beide, 115 beide, 122-3, 123-2, 123-3, 124, 126, 134, 136-1, 137-1, 138-4, 146-2, 147-2, 147-3, 148-1, 148-2, 149 beide, 150-1, 152-1, 153, 154-3, 155-1, 156-2, 158-4, 159-2, 159-3, 162-1, 164-2, 169-1, 176-1, 176-4, 177-1, 182, 186-2, 187-2, 188/189 alle, 191 beide, 192-4, 194, 195-2, 20, 200-1, 201 beide, 203-1, 206-1, 207-1, 207-2, 214, 215 beide, 216-1, 222, 225, 228-3, 229-1, 229-6, 230-3; **gartenfoto.eu/Martin Staffler:** 9-2, 18, 19, 21 beide, 24/25 alle, 26/27 alle, 31, 32/33 alle, 43-2, 44/45 alle, 48/19, 56 alle, 57-1, 57-2, 6/7, 63 beide, 64 beide, 65-1, 65-3, 74-1, 8, 83-1, 86-1, 87-2, 105-1, 118/119, 128/129 alle, 131, 133 alle, 135-3, 140, 141-1, 142, 144/145 alle, 146-1, 150-2, 16/17, 172/173, 184/185 alle, 196/197 alle, 206-2, 210/211 alle, 212, 213, 22, 220/221, 231-2; **Getty Images:** 80-3, 121-1, 138-3; **MMGI/Marianne Majerus:** 127-1; **Gura, Susanne:** 116; **Haas, Hansjörg:** 132-1; **Herwig, Modeste:** 42; **Hokka, Leena:** 9-1, 35, 67-1, 74-2, 84, 89-2, 180-2, 199-1, 34-1, 94-2, 94-4, 96-2; **living4media:** 53-2, 100-2, 122-1, 137-2; **Matic, Kristijan:** 28 alle 5, 29 alle 7 außer u re, 34-2, 132-2, Hintergründe 24, 26, 32/33, 44, 50, 56, 64/65, 120/121, 128/129, 144, 174/175, 184, 196/197, 210/211, 226; **mauritius images:** 52-3, 100-3, 122-4, 176-2; **Mense, Alfred:** 170-1; **Michael, Volker:** 30, 59, 93-1; **Nickig, Marion:** 38, 69-1, 71-2, 151-2, 186-1, 190-1, 198-1; **plainpicture:** 81-1, 81-3, 122-2, 138-1, 138-2, 139-3, 158-2, 158-3, 159-1, 175-1, 176-3, 177-3; **Reinhard Tierfoto/Hans Reinhard:** 14 beide; **Rupp, Christel:** 117 beide, 143, 152-3, 218/219 alle; **Sachse, Guido:** 228-4, 230-2; **Shutterstock:** 2/3, 15-2, 29 u re, 40, 41-2, 50/51 unten alle, 52-2, 67-3, 71-1, 76-2, 81-2, 83-2, 85-3, 88-1, 92 beide, 94-1, 105-2, 110-1, 111-1, 120/121 unten alle, 139-1, 141-2, 150-3, 164-3, 168-2, 174/175 unten alle, 195-1, 224-2, 229-3, Hintergründe 52/53, 80/81, 100/101, 122/123, 132/133, 138/139, 158/159, 176/177, 192/193, 206/207, alle Zweige in den Kästen; **Steve Masley:** 69-2; **Stockfood:** 4-1, 4-2, 5, 192-2, 202-2, 139-2, 227-2, 152-2, 183, 227-3, 226-2; **Strauß, Friedrich:** 39, 54, 65-2, 70-1, 76-3, 78-2, 82, 90-2, 104, 108-1, 130, 135-2, 136-2, 160, 161-1, 164-4, 165, 169-2, 206-4, 223, 224-1, 226-1; **The Garden Collection:** 55-1, 78-1; **Timmermann, Annette:** 41-1, 53-3, 77-2, 85-2, 97-1, 100-1, 103-1, 107-3, 108-2, 113-1, 114-1, 13-2, 193-2; **Vietmeier, Andreas:** 43-1, 161-2, 163-3, 228-2, 228-5, 229-2, 230-1, 231-1, 231-3, 231-4, 231-6; **wikipedia/ Sebastian Stabinger:** 230-4.

Alle Illustrationen von Sylvia Bespaluk: 24, 26, 32, 44, 56, 61, 64, 128, 132, 144, 184, 196, 210, 226 mit Ausnahme von 4, 5, Griffleisten (Shutterstock).

Gartenlust pur.

ISBN 978-3-8338-2907-9

ISBN 978-3-7742-6978-1

ISBN 978-3-8338-1612-3

ISBN 978-3-8338-1129-6

ISBN 978-3-8338-1723-6

ISBN 978-3-8338-2536-1

Die Autorin

Christel Rupp hat Landwirtschaft studiert und arbeitet seit vielen Jahren als Freie Fachjournalistin mit eigenem Redaktionsbüro für bekannte Gartenmagazine und Fachzeitschriften. Ihren eigenen kleinen, aber vielseitigen Nutzgarten bewirtschaftet sie biologisch. Er ist für sie Inspirationsquelle und Experimentierfeld zugleich: Hier probiert sie immer wieder traditionelle und neue Gemüse-, Obst- und Kräutersorten aus oder testet verschiedene Anbaumethoden.

Danksagung

Für die Produktion der Praxisbilder von Martin Staffler mit Cora, Daniela, Maren, Rebecca, Sandra, Stephanie, Tanja und Valerie und für die Erlaubnis, Motive aus ihren Gärten zu verwenden, bedanken wir uns bei Rozina und Anto Matic, Durlach, sowie Ina und Hajo Kullmann, Leonberg, sowie bei der Ökostation in Stuttgart.

Erklärung der Symbole

☀ sonnig

☼ halbschattig (mindestens 6 Std. Sonne am Tag)

Impressum

© 2014 GRÄFE UND UNZER VERLAG GMBH, München

Umwelthinweis: Dieses Buch ist auf PEFC-zertifiziertem Paprier aus nachhaltiger Waldwirtschaft gedruckt.

Projektleitung: Angelika Holdau
Lektorat: Silke Kluth, Angelika Lang, Dr. Folko Kullmann
Bildredaktion: Dr. Folko Kullmann, Petra Ender (Cover)
Gestaltungskonzept: independent Medien-Design, Horst Moser, München
Satz: Kristijan Matic
Produktion: Petra Roth
Reproduktionen: Longo AG, Bozen
Druck: Firmengruppe APPL, aprinta druck, Wemding
Bindung: Conzella, Pfarrkirchen

ISBN 978-3-8338-3469-1
1. Auflage 2014

Syndication:
www.jalag-syndication.de

 www.facebook.com/gu.verlag

Ein Unternehmen der GANSKE VERLAGSGRUPPE

Liebe Leserin, lieber Leser,

haben wir Ihre Erwartungen erfüllt? Sind Sie mit diesem Buch zufrieden? Haben Sie weitere Fragen zu diesem Thema? Wir freuen uns auf Ihre Rückmeldung, auf Lob, Kritik und Anregungen, damit wir für Sie immer besser werden können.

GRÄFE UND UNZER Verlag
Leserservice
Postfach 86 03 13
81630 München
E-Mail:
leserservice@graefe-und-unzer.de

Telefon: 00800 / 72 37 33 33*
Telefax: 00800 / 50 12 05 44*
Mo–Do: 8.00–18.00 Uhr
Fr: 8.00–16.00 Uhr
(* gebührenfrei in D, A, CH)

Ihr GRÄFE UND UNZER Verlag
Der erste Ratgeberverlag – seit 1722.